企业重组所得税税制理论与政策研究

蒋 琳 著

科 学 出 版 社

北 京

内 容 简 介

本书针对我国企业重组行为中的企业所得税问题进行深入研究，对我国现行企业重组所得税税制的价值取向、原则和框架进行深入分析、研究，并针对我国企业重组涉及的所有业务类型的所得税处理原理、方法进行深入探讨，在借鉴国际税制的基础上，系统构建企业并购重组所得税税制的理论体系；同时，基于我国企业并购重组实践，首次对我国自2009年以来关于企业重组的重大企业所得税税收政策进行系统梳理和评析，为我国完善企业重组所得税政策与法律制度提供理论依据与政策建议，从而提高企业重组的决策水平，推动我国企业并购重组实践的顺利开展。

本书内容覆盖面广、体系完整、实操性强，是企业开展重组活动关于涉税问题的参考指南，可作为高等院校财政、税收、会计、工商管理等专业本科学生的参考书，也可作为自学者的学习用书。

图书在版编目（CIP）数据

企业重组所得税税制理论与政策研究/蒋琳著. —北京：科学出版社，2021.11

ISBN 978-7-03-069728-8

Ⅰ. ①企… Ⅱ. ①蒋… Ⅲ. ①企业重组-企业所得税-税收制度-研究-中国 ②企业重组-企业所得税-税收政策-研究-中国 Ⅳ. ①F812.424

中国版本图书馆CIP数据核字（2021）第178986号

责任编辑：宋 芳 王 琳 / 责任校对：王 颖
责任印制：吕春珉 / 封面设计：东方人华设计部

科学出版社出版
北京东黄城根北街16号
邮政编码：100717
http://www.sciencep.com

北京九州迅驰传媒文化有限公司 印刷
科学出版社发行 各地新华书店经销
*
2021年11月第 一 版 开本：B5（720×1000）
2021年11月第一次印刷 印张：16
字数：322 000

定价：129.00元

（如有印装质量问题，我社负责调换〈九州迅驰〉）
销售部电话 010-62136230 编辑部电话 010-62135319

前　言

在市场经济条件下，特别是在科学技术日新月异、经济日益全球化、市场竞争加剧的今天，企业面临着市场需求瞬息万变、生产要素不断更替的内外部生存环境。企业要在激烈的市场竞争中保持长远发展，就必须建立核心竞争力，不断适时地进行要素再组合，而企业重组就是要素再组合的一种重要手段。企业通过对土地、资金、劳动力、技术、管理等各种要素进行有效配置，从企业外部获得自身发展所需要的各种资源和优势，从而构建新的生产经营模式，使企业在竞争中立于不败之地。改革开放以来，特别是随着我国市场经济发展的不断深入、国民经济结构的战略调整及全球经济一体化的发展，我国企业重组活动呈现蓬勃发展态势，规模不断扩大，形式推陈出新。值得注意的是，随着产权和资金的转移，税务问题几乎涉及企业重组过程的各个环节，税负成为企业重组过程中不得不考量的成本因素。税负作为企业重组成本的重要组成部分，不但影响企业重组决策的选择乃至企业重组的顺利进行，而且决定着重组双方企业未来的经营发展。因此，重组活动中的税务问题渐渐成为备受企业关注的焦点，对企业重组过程中的税务问题进行深入研究成为一项重大研究课题。

企业重组活动涉及流转税、所得税、土地增值税等诸多税种，其中以企业所得税最为复杂，对重组的影响最为广泛。在影响企业重组的税负中，企业所得税占比最大，企业所得税成本对企业重组决策和支付方式选择等方面有着重要影响。与发达国家百年并购史、完善规范的重组税制相比，我国企业并购历史较短，企业重组所得税税制的形成和发展较晚。我国现行企业重组所得税税制虽然已经在价值取向、原则和框架上形成了初步的内容体系，但该理论体系是建构在税法加政策法规的框架之下的，诸多重组涉税政策是以通知的形式颁布实施的，政策内容相对较为零散，存在法律层级较低、系统性较差、逻辑性不够严密、技术性细则不够详尽完善等问题，导致征纳双方在税政理解上存在分歧，阻碍重组活动的有效开展。为此，作者旨在通过对企业重组企业所得税税制的系统研究，梳理、总结和分析我国企业重组不同类型的所得税税制，并在借鉴国际税制的基础上对进一步完善我国企业重组所得税税制提出政策建议。

本书共 10 章，第 1～2 章为重组理论及企业重组企业所得税税收制度概述；第 3 章对我国 2009～2017 年关于重组的重大税收政策进行系统梳理并展开评析，分析各项政策的出台背景、立法精神、内容实质、实际操作中重点把握的关注点及政策利弊等；第4～9章重点介绍我国不同类型的重组所得税税制；第10章介绍国外主要发达国家企业重组所得税税制，并在借鉴国际税制的基础上为进一步完善我国企业重组所得税税制提供有益的思考。

1）本书对我国现行企业重组所得税税制的价值取向、原则和框架进行了深入的分析、研究，并针对我国企业重组涉及的所有业务类型的所得税处理原理、方法进行了深入探讨；在借鉴国际税制的基础上，系统构建了企业并购重组所得税税制的理论体系，填补该领域的研究空白，具有较为重要的理论价值。

2）基于我国企业并购重组实践，首次对我国2009～2017年关于企业重组的重大企业所得税税收政策进行系统梳理和评析，深入探讨各项政策的出台背景、立法精神、内容实质、实际操作中重点、难点及政策利弊等，为我国完善企业重组所得税政策与法律制度提供理论依据与具体对策，指导企业在税收法律框架下规范、有效地开展并购重组业务。

3）本书基于企业视角的重组所得税政策的研究，对企业重组活动的顺利开展具有很好的指导和借鉴意义，是企业开展重组活动关于涉税问题的重要指南。力求帮助企业准确理解和把握各项政策的立法精神和内在实质，合理规避潜在的政策风险，从整体上提高企业决策的正确度；帮助企业合理有效地运用现有的所得税税收优惠政策，在制度允许的范围内，尽可能地降低企业并购重组的成本，推动企业重组战略目标的顺利实现。

本书参考和借鉴了国内有关专家和学者的研究成果和著作，在此一并表示衷心的感谢。

由于时间仓促，加之作者水平有限，书中难免存在不足之处，敬请广大读者批评指正。

贵州财经大学　蒋琳

2020年11月

目　录

导 论

中国经济新常态催生企业并购重组的发展

所谓经济常态，是一个经济体运行的“经常性状态”“稳定性状态”的简称，即正常状态。经济新常态是相对于上个时期或阶段，或者是相对于历史时期或阶段经济运行的状态而言的，突出一个“新”字，是指经济经过一段不正常状态后重新恢复正常状态。人类社会发展就是一个不断从常态到非常态，再到新常态的否定之否定的发展过程，经济新常态就是人类经济认识、发展肯定—否定—否定之否定的螺旋式上升过程。

2014 年 12 月 9 日至 11 日，中央经济工作会议首次提出“经济发展新常态”，从消费需求、投资需求、出口和国际收支、生产能力和产业组织方式、生产要素相对优势、市场竞争特点、资源环境约束、经济风险积累和化解、资源配置模式和宏观调控方式九个方面阐释新常态的九大特征，得出了我国“经济发展进入新常态”的明确判断。

从我国经济发展历程来看，新常态是相较于旧常态而言的，旧常态本质上就是粗放型、数量型、扩张型的发展模式，它靠低成本的扩张来实现。经济新常态就是要转变为质量型、集约型、效率型的经济发展模式，促进经济结构优化升级，从要素驱动、投资驱动转向创新驱动，注重经济发展内在质量的提升，而不仅仅是 GDP（gross domestic product，国内生产总值）、人均 GDP 增长与经济规模最大化，着眼于实现经济长期可持续发展。经济新常态主要特点表现如下。

1. 在速度上从高速增长转为中高速增长

改革开放以来，我国经济 1979～2012 年以平均约 10%的增长率高速增长，之后呈现出从高速增长转为中高速增长。我国 GDP 增速从 2012 年起开始回落，2012～2014 年增速分别为 7.8%、7.7%、7.4%；2015 年起，GDP 增速回落至 7.0%以下，2015 年、2016 年、2017 年、2018 年、2019 年增速分别为 6.9%、6.7%、6.9%、6.6%、6.1%，呈现出经济增长阶段的根本性转换。2020 年，受国内外环境，尤其是新冠肺炎疫情的影响，GDP 增速下降至 2.3%。但与世界其他国家或全球经济增长速度相比，这一增长速度仍处于领跑地位。

2. 在结构上体现为经济结构不断优化升级

长期以来，我国粗放型的经济发展模式使资源环境遭受严重破坏，经济发展与资源环境之间的矛盾日益显现，成为制约我国经济发展的“瓶颈”。资源环境约束主要表现如下：一是资源消耗大，资源约束显著增强。我国耕地、森林、淡水、煤炭、石油、铁矿石等重要资源的人均占有量均大大低于世界平均水平；我国人均可再生淡水资源拥有量仅为世界平均水平的1/3；人均石油可开采储量、人均天然气可开采储量均不到世界平均水平的1/10；原油、铁矿石等主要能源、矿产资源的对外依存度持续上升，石油的对外依存度已逼近60%。二是环境污染严重。土壤污染面积大，重金属、持久性有机物污染较重。城市大气污染严重，尤其是京津冀、长三角、珠三角等地区雾霾等极端天气增多，影响民众健康。三是仍然存在产能过剩的问题，这在一定程度上制约了经济高质量发展。同时，随着外部环境的变化及发展程度的加深，我国传统竞争优势正在逐步减弱。在外需增速放缓的同时，国内的综合成本持续上涨，劳动力价格不断攀升，企业盈利空间急剧缩小。此外，创新能力不强、研发能力有限等问题也制约着我国产业发展的质量与效益，长期以来的高投入、高消耗、高污染、低效益的粗放型增长方式已难以为继。

在我国社会经济步入新常态的今天，转变经济发展方式需要坚持市场的导向作用，开展以市场为基础的生产要素与结构调整，积极调动市场主体积极性，更大限度地发挥市场在资源有效配置中的关键作用，积极引导结构性产能过剩行业进行产业优化升级，不断提高制造业的工艺技能水平，提升传统产业的技术水平。大力发展信息技术、生物、高端装备制造、新能源、新材料等新兴产业，推动制造业从低端向高端产业升级。目前，随着我国社会经济的不断发展，尤其是以信息技术为依托的信息经济正推动着我国经济逐渐向稳增长、优结构的方向不断迈进。信息技术的快速发展可极大地推动国民经济相关领域的有机融合。例如，互联网和云计算技术应用于现代化农业，可以为粮食生产的稳定性提供良好的保障，从而加快农业现代化的进程；将信息技术运用于制造业，可大大提高制造业的质量水平与生产效率；将信息技术应用于服务行业中，可以实现对服务行业的优化和升级，促进现代服务业实现更加快速的发展。信息经济正成为一种新型的经济形态，对优化传统产业供给结构，促进经济结构的优化与升级，实现经济发展质量、效益与竞争力的全面提升发挥着十分重要的作用。

3. 在动力上从要素驱动、投资驱动转向创新驱动

长期以来，我国经济增长主要依赖投资和出口拉动，主要依靠劳动力、资本、

资源三大传统要素投入，是一种典型的要素驱动型。然而发展至今，由投资、出口拉动型的经济增长模式，以及这些传统要素均面临诸多瓶颈约束，难以支撑国民经济长期可持续发展。

从投资需求看，在经历40多年大规模投资开发建设后，传统产业相对饱和，尤其在经济面临全球衰退时，需要对投资方向与投融资方式的选择不断加以创新，才能使投资继续在经济发展中发挥关键作用。

从出口和国际收支看，出口一直是拉动我国经济快速发展的重要动能。然而当今全球经济发展持续低迷，国际贸易保护主义思潮抬头，加之我国低成本比较优势正发生转化，高水平引进来、大规模走出去渐成发展趋势，因此必须加紧培育新的比较优势，使出口继续对经济发展发挥支撑作用。

从劳动力角度看，人口红利的消减导致我国劳动力短缺，进而导致人力成本增加、人力资本改善速度和投资回报率的下降，以及资源重新配置效率的减慢，从而导致经济潜在增长率的下降。

从消费需求看，在经济进入新常态、居民收入不断增长、新消费渐成主流、消费拉动经济作用明显增强的整体环境下，消费需求早已从过去的温饱型向品质型迈进，“品质消费”这一消费需求的新主流是对消费质量、安全、绿色、文明、理性等的新追求，其在促进经济发展的同时，势必激活经济增长的内生动力，倒逼产业供给侧结构性改革的优化升级，形成适合消费品质提升的新供给，为经济社会高质量发展提供新动力，使消费继续在推动经济发展中发挥基础作用。

从生产能力和产业组织方式看，传统产业产品结构老化、供给能力过剩，产业结构必须优化升级，企业兼并重组、生产相对集中有利于培育新的核心竞争力，增强所处领域的优势，使创新成为驱动发展的新引擎。

由此可见，我国经济在经历了改革开放高速发展之后，结构性矛盾一直是困扰中国经济发展的深层次矛盾之一。我国长期累积的体制性、结构性、行业性的问题日益突出，以投资驱动、要素驱动为主的发展方式难以为继，经济转型升级的紧迫性、艰巨性与世界经济结构深度调整的剧变力、震荡力广度交融，我国经济已步入从粗放型经济向内涵式高质量发展转型的关键时期，经济结构的调整成为关系到提高我国国际竞争力和保持国民经济持续、快速、健康发展的重大问题。目前，我国经济发展步入新常态，正从高速增长转向中高速增长，经济结构正从以增量扩能为主转向优化产业结构调整，经济发展动力正从投资和出口驱动转变为依靠内需支撑、创新驱动的可持续发展模式，经济发展方式正从注重规模速度的粗放型增长模式转向注重质量效率的集约型增长模式（王海勇，2015a）。

从实践操作层面来看，我国正致力于转换经济结构的调整就是通过并购重组改变重复、低效的产业组织结构，提升产业竞争力，并将我国的产业重组纳入国际重组的框架中，利用国际经济秩序重构的机会使我国企业在新的国际分工体系和国际竞争格局中找到合适的定位。因此，作为社会经济组成单元，企业的发展状况无疑成为衡量我国经济新常态下转换经济增长方式的重要标志。当前中国处于重要的战略机遇期，经济新常态倒逼产业结构调整，不仅是传统产业，新兴产业也在大规模地并购整合。经济新常态成为近年来国内并购市场繁荣的核心动力，并购整合也是推动经济结构调整和实现可持续发展的战略途径（徐强，2014）。我国企业并购重组历程大致可分为三个发展阶段，一是初创发展期，二是成长成熟期，三是强势爆发期（姜宁，2009）。第一个阶段为改革开放初期（1979～1991年），这一阶段主要是政府主导型并购阶段，即政府以企业所有者的身份，运用其行政权力主导企业的并购活动。这一阶段之所以政府主导并购，主要是因为国有企业虽然经历了“放权让利”“利改税”“承包制”“股份制改造”“建立现代企业制度”等一系列改革，但仍然存在产权不明晰、政企不分的现象，企业的市场主体地位尚未确立。第二阶段为1992～2013年，这一阶段主要是政府与市场共同主导型并购阶段，即政府与市场共同作用于企业的并购活动。这一阶段，随着我国市场经济体制的不断培育和完善，企业并购日趋活跃。一方面政府通过一系列的政策法规鼓励企业的并购行为，另一方面企业根据自身的发展战略在资本市场上选择并购目标，完成资源整合，寻求协同发展优势。第三个阶段始于2014年，该阶段蓬勃发展的重要推动力，一方面来自资本市场的基本功能，整个市场处于国家经济布局结构调整、产业结构调整及产权结构调整阶段，亟须资本市场的助推力；另一方面来自产业自身、企业自身升级换代、产品结构等方面的要求。在内外部力量的共同推动下，我国企业并购重组呈现出强劲发展势头。普华永道近年来对中国企业并购市场的研究显示，中国并购市场在2016年创历史新高，交易数量较2015年上升21%，达11 409宗，并购交易金额上升11%，达7 700亿美元。此后，受全球经济放缓的影响，2017年中国并购市场发展速度有所减缓，并购交易金额回落至6 710亿美元；2018年中国并购交易金额约为6 780亿美元，基本与2017年持平；2019年受国内和海外并购双双减少的影响，中国并购市场交易金额降为5 587亿美元。这三年尽管并购总金额有所下降，低于2016年的历史最高水平，但在并购数量上基本保持总体稳定的趋势。2020年是中国资本市场改革关键之年。随着各项改革举措的推出，企业上市通道逐步放开，资本市场业务整合能力日益增强，全年各类并购交易金额达7 338亿美元，较2019年呈现较快的增长势头。

总体来看，在我国经济发展进入新常态的大背景下，国家鼓励通过并购重组，支持新经济、新产业等国家创新驱动发展战略，以产业整合服务供给侧结构性改革，促进国有企业做优做大、民营企业跨越式发展；企业通过并购重组主动服务国家战略大局，顺应产业调整趋势，通过并购重组推进相关行业化解产能过剩矛盾、优化产业结构和提高发展质量效益，并购重组是企业快速扩张或缩小规模的主要途径。这对于提高企业经营效率、优化资源配置、促进产业转型升级、推进供给侧结构性改革、培育新经济新动能、发挥企业的创新优势，以创新驱动引领中国经济可持续发展都具有十分重要的意义（陈泽明，2010）。

第1章

重 组 概 述

1.1　经济新常态下企业兼并重组的意义

进入21世纪，在经济全球化的背景下，企业重组作为一种直接的投资方式，已成为各国经济发展不可忽视的力量。发达国家企业重组已有近百年的历史，相比之下，我国企业重组历史虽然仅有30多年，但发展十分迅速。改革开放以来，特别是近年来，随着市场经济的深入发展、国民经济结构的战略调整及全球经济格局的变化，我国企业的并购重组活动日趋活跃。我国企业并购重组不断发展，已成为企业加强资源整合、实现快速发展和提高竞争力的有效措施，也是企业资本运作、实现外延式扩张，化解产能过剩矛盾、优化产业结构和提高发展质量效益的重要途径。

企业是各种生产要素的有机组合。企业的功能在于对各种各样的生产要素进行最佳组合，实现资源的优化配置和利用。总体来看，我国企业结构质低、分散和重复，生产要素处于条块分割、凝固化和大量闲置状态，企业不能实现优势互补，难以形成规模经济。因此，调整经济结构，通过重组方式实现我国企业的转型升级，是我国提高国际竞争力和保持国民经济持续、快速、健康发展的重要路径。经济新常态下，在现代日趋激烈的市场经济下，企业之间的竞争越来越激烈，企业的市场需求和生产要素不断变化，企业生存的内外环境瞬息万变，特别在科学技术突飞猛进、经济日益全球化的背景下，企业要想在这种变动的环境中保持长久的竞争优势，就必须不断及时进行竞争力要素再组合。企业重组就是要素再组合的一种手段，通过企业内部各种生产要素、经营活动和管理组织的重新组合，从外部获得企业发展所需要的各种资源和专长，实现资源优化配置，培育和发展企业的核心竞争力，提高企业整体实力。

1.1.1　优化资源配置，提升企业竞争力

在现代经济运行条件下，随着企业经营主要对象——资源（人力、物力、财

力）的日益短缺，企业对资源占有的排他性和资源经营的长期性，加之自然资源的不可再生性，资源紧张和短缺问题日益突出。与此同时，企业间形成了彼此衔接、相互依存的密切关系，任何企业都很难做到拥有所有发展优势，因此，企业发展壮大所需的各种资源往往是通过企业重组实现整合的，企业通过企业并购重组的形式，充分利用相关企业拥有的资源及社会上的存量资源，提高资源的使用效率和产出效率。一方面，企业重组可以重新配置和调整内部资源，优化资源配置，调整企业结构，使资源优势互补，从而获得超常规发展的资源。例如，企业通过资本重组和流动来实现资本的保值和增值，以资本的重组配置来扩大资本支配的范围。又如，通过对现有企业存量资产的重组，可大力化解过剩产能、清理处置长期亏损企业和低效无效资产、退出缺乏竞争优势的非主业、剥离企业富余职能和解决好“退得出”等问题。另一方面，企业重组可以使社会资源从效益低的部门向效益高的部门转移和流动，实现资源效用的最优化和最大化。总之，企业通过并购重组实现企业间的资源优化配置，达到资源共享，加速企业创新，从而实现强强联合，为企业获取更多的效益和更广的发展空间。

1.1.2 形成规模经济效应，扩大经营能力

企业的规模与经营成本及效率紧密联系、相互影响。企业要取得最佳的经济效益，就必须有合理的规模。企业并购重组，使相关产业的企业在内生发展的基础上，通过外生动力快速积累资本、技术、人才、品牌、渠道等优势，在短期内完成规模扩张以达到企业经营发展所需要的规模，从而获得最优的经济效益。这主要表现在以下两个方面：一是企业的生产规模经济效应。企业可以通过并购对企业的资产进行整合，达到最佳经济规模，降低企业的生产成本；并购也使企业有条件在保持整体产品结构的前提下，在一个工厂专注于生产单一品种，提高专业化水平；并购还能有效解决专业化生产带来的协作程度低的问题，使各生产过程之间有机地衔接与配合，以产生规模经济效益。二是企业的经营规模经济效应。企业通过并购重组扩大经营规模，使企业的融资相对容易，从而降低营运成本；从满足市场需求来看，通过并购不同企业可以针对不同的顾客或目标市场进行专门的生产和服务，满足消费者的多元化需求；从企业研究、设计、开发和生产工艺改进等方面来看，并购可集中人力、财力、物力迅速推出新产品、采用新技术等。历史经验表明，企业重组是企业规模扩张最迅速、最便捷的路径。当今世界，大多闻名遐迩的大公司是通过并购重组进行扩张发展起来的。例如，美国在1898～1903年的第一次企业并购高潮中，100家大公司通过并购重组使其规模增长了4倍，控制了全国工业资本的40%，产生了像杜邦公司、美国烟草公司、美国冶炼公司等一批世界级的大企业。2001年

11 月，美国菲利普斯石油公司以 154 亿美元的股票并购大陆石油公司，组成美国第三大石油公司大陆—菲利普斯公司。两家公司合并后，通过提高经营效率，每年节省了至少 7.5 亿美元的成本。

1.1.3 扩大市场主导效应，增强市场竞争力

企业并购重组通常采取横向、纵向、混合并购三种方式。不同企业可根据自身的实际采取不同的策略，从而有效地提高市场占有率，增强市场竞争优势。

横向并购又称水平并购，是指企业在同类产品的产销部门之间发生的并购行为。企业通过对同类企业的横向并购，扩大企业规模，形成规模经济，提高市场占有率，增强企业抵抗外来竞争的能力，在优胜劣汰的市场竞争中逐步发展成为市场的领军企业。

纵向并购是指在生产或经营的各个相互连接或紧密相连的公司之间发生并购的行为，旨在实现业务的前向或后向的扩展。由于纵向并购是沿着产品生产制造过程的直线，即企业的采购、运输、设计、生产、装配、包装、销售及售后服务的全过程进行并购，或者从上至下或者由下至上，纵向并购能够推动产业链向上下游延伸，掌控大量关键原材料的供应链条和产品销售渠道，减少来自竞争对手的威胁，提高企业所在领域的进入壁垒和企业的差异化优势，大大提高其市场竞争力。

混合并购是指横向与纵向相结合的并购行为。混合并购可推动企业跨行业协同发展，产业转型升级，实现多元化经营，扩大市场份额，分散经营风险。同时可以实现各种交易费用成本的内部化，从而提高企业经营利润，增强市场竞争力。

1.1.4 形成专业分工，发挥协同效应

在重组分立中，可以把大而全的企业通过分立，变成几个法人实体，改组成为更精干、生产更专业化的公司。重组合并中，可把单个企业组成企业集团，通过协同效应消除企业管理的无效性，提高收入，降低企业的综合成本，使重组企业的获利能力高于原有各企业的总和，实现 1＋1＞2 的效应。企业之间的协作关系在过去是靠联合或协议的方式进行的，而随着国内外分工不断深化，经济联系不断紧密，传统联合方式已难以适应生产专业化和协作的发展，企业重组便成为企业之间进行专业化和协作的有效途径。企业重组的协同效应主要体现在以下几点：一是在生产领域，企业通过重组可充分利用闲置的生产能力，实现规模经济效应，并减少供给短缺的可能性。同时，还可通过并购拥有高端技术的企业，吸收当下最先进的技术、管理技能，实现前沿研究与开发、生产部门融合，迅速抢

占新兴行业。二是在市场及分配领域，企业通过重组可扩展市场进入渠道，拓展现存分布网络，增加产品市场控制力，提高产品市场占有率。三是在财务领域，企业通过重组可充分获取相关税收利益，并有效开发潜在的偿债能力。四是在人事领域，企业通过重组可实现人力资源的优化整合，有利于强化人才队伍的素质建设，提高整体管理水平。例如，美国波音飞机公司制造的747民航机，零部件来自其国内44个州和世界13个国家的3600家各类专业化企业，数量高达5万多种，其中相当部分企业是通过重组而成为波音公司的主干企业的。

1.1.5 提高企业管理水平，增强竞争能力

企业并购重组实质是一个优胜劣汰的过程。企业要在激烈的市场竞争中立于不败之地就需要不断发展、壮大自己。企业既要加强内部管理，以最小的投入获取一定的产出，实现企业内部效益最大化，还要优化产品结构和提高工艺技术，保持行业的领先水平。企业重组本身可能就意味着自身不断地更新、转换、发展而产生的直接经济效益，可以改变原有企业产权单一化、抽象化的弊端，通过产权多元化和具体化实现多个投资者共同助力企业的生存发展，使企业在新的领导机制下更好地适应市场经济的变化和发展。

企业重组的另一价值来源是提高管理效率。一种情形是，当现存企业的管理者以非标准方式经营时，其被更有效率的企业收购后，将改变原有企业的人事组织架构，任用更称职的管理者，从而提高管理效率。例如，采用杠杆购买，现有管理者的财富构成取决于企业的财务成功，这时管理者要集中精力于企业市场价值的最大化。要做到这一点，财务分析有着至关重要的作用：第一，兼并对象的预期会计收益率在行业分布中所处的位置；第二，分布的发散程度，企业在行业分布中的位置越低，分布越发散，对新的管理者的收益越大。企业重组提高管理效率的另一情形是，当管理者的自身利益与现有股东的利益能够更好地协调时，可增加管理效率。

1.1.6 促进企业与资本市场的融合，活跃资本市场

企业并购不同于普通商品的交易，其资金需求呈现数额巨大，所需时间灵活、紧迫、不确定性，所需资金的成本弹性，以及资金金融工具和利率品种的多样性等特点，市场的发展与发达程度对企业并购产生较大的影响。一方面，资本市场是产业并购重组的重要平台，发达的资本市场可为企业并购重组提供金融上的支持，为企业在化解过剩产能、盘活企业存量资产、变更公司的股权结构、僵尸企业市场出清等方面提供专业化的服务，同时企业并购对资金的需求也促进了资本

市场的发展。另一方面，资本市场的发展演变，特别是金融工具创新对企业并购融资及企业并购交易方式产生了深刻的影响，使小企业吞并大企业成为可能，最典型的是 LBO（leveraged buy-out，杠杆收购）和 MBO（management buy-out，管理层收购）。

从并购重组的企业来看，对上市公司而言，通过重组并购可获得资金、先进技术、专业人才和管理经验等各类资源，实现资源优势互补，提高企业整体实力，增强市场竞争力。对非上市企业而言，通过被上市公司并购重组，可以快速实现资产证券化，是进入资本市场的一条快捷通道。例如，重组过程中的分拆业务是拟上市公司业务的行为，它是企业重组的基础、前提。重组时着重划分经营性业务和非经营性业务、营利性业务和非营利性业务、主营业务和非主营业务，然后把经营性业务和营利性业务纳入上市公司业务，剥离非经营性业务和非营利性业务，为企业 IPO（initial public offering，首次公开募股）做好充分准备。

1.1.7 充分利用未来税收利益

企业为了实现战略目标，在重组过程中往往选择不同的重组方式，企业无论是选择企业法律形式改变、债务重组、股权收购、资产收购，还是合并、分立方式，每种方式都适用不同的税法规定，且企业重组税负不但涉及流转税还涉及所得税及其他税种，对企业带来的税收负担也不同。因此，企业应针对不同重组方式事前进行整体税收筹划以较低成本实现重组，获取最大的税收收益。例如，企业重组中交易支付方式和支付时间的选择对重组双方所得税影响较大，把握一般重组和特殊重组的界定标准，充分利用企业重组税收优惠政策，可较大限度地减轻企业的重组成本。又如，在债务重组中涉及资金的时间价值问题，需要通过坏账与债务重组损失的确认不同进行筹划，因为损失发生时能否及时在税前扣除对企业而言至关重要。支付时间的选择也是影响因素之一。从资金时间价值的利用来看，交易支付时间的推迟提供给企业利用资金赚取多重利润的空间，也为延迟纳税创造了条件。重组企业可以根据各税种的纳税期限，把交易支付时间选定在纳税期限的期初进行，或者分期纳税，使税负得以递延，为企业提供充足的修整和发展空间与时间。再如，分立重组的纳税筹划中要充分考虑分立后企业的经营特点，由于业务范围在此情况下一般变得较为简单，因此，以关注重点税种为核心，针对个别税种制订专属方案（陈娟，2012）。

1.1.8 以最低的成本投入，实现多元化发展

近年来，我国完善的金融体系、多层次的资本市场、丰富的金融创新为企业

并购重组提供了十分广阔的空间，越来越多的企业采取并购重组形式进行产业整合和升级，以更好地满足市场需求或拓展业务边界。灵活多样的并购，可以使企业在保持原有经营领域的同时，快速向新的领域扩张并实现多元化经营，以更加经济高效的方式实现企业战略目标。对于大的企业集团来说，如果想进入一个新的领域，面对激烈的市场竞争，通过投资建厂（包括开发或引进新产品技术、招募新员工、开发市场等）是不经济的，因此企业集团在进入新产业或新业务时，更倾向于采用并购的方式快速实现企业的多元化经营，通过并购相关行业中的现有企业，直接获得正在经营的发展研究部门，获得时间优势，避免延误时间；同时减少竞争对手，并直接获得其在行业中的位置。

1.2 企业重组的内涵及其主要交易形式

1.2.1 企业重组的内涵

企业重组是对企业的资金、资产、劳动力、技术、管理等要素进行重新配置，构建新的生产经营模式，使企业保持竞争优势的过程。企业重组贯穿于企业发展的每个阶段。企业重组是针对企业产权关系和其他债务、资产、管理结构所展开的企业的改组、整顿与整合的过程，以此从整体上和战略上改善企业经营管理状况，强化企业在市场上的竞争能力，推进企业创新发展。

企业重组有广义和狭义之分。广义的企业重组，包括企业的所有权、资产、负债、人员、业务等要素的重新组合和配置，以及业务机构和管理体制的调整。

狭义的企业重组是指对企业的资产和负债的划分和重组，是指企业以资本保值增值为目标，运用资产重组、负债重组和产权重组方式，优化企业资产结构、负债结构和产权结构，以充分利用现有资源实现资源优化配置。本书的研究内容主要是指狭义的企业重组。

根据《财政部 国家税务总局关于企业重组业务企业所得税处理若干问题的通知》（财税〔2009〕59 号），企业重组，是指企业在日常经营活动以外发生的法律结构或经济结构重大改变的交易，包括企业法律形式改变、债务重组、股权收购、资产收购、合并、分立等。

1. 企业法律形式改变

财税〔2009〕59 号文件规定，企业法律形式改变是指企业注册名称、住所以及企业组织形式等的简单改变。

2. 债务重组

（1）债务重组的含义

财税〔2009〕59号文件规定，债务重组是指在债务人发生财务困难的情况下，债权人按照其与债务人达成的书面协议或者法院裁定书，就其债务人的债务作出让步的事项。

（2）与不良资产处置的关系

不良资产处置是指债务人不能清偿到期债务，而其资产的运营不能满足清偿债务，需要利用该资产处置偿还债务。

不良资产处置有广义和狭义之分。广义的不良资产处置是指不良资产的持有人（包括金融企业、资产管理公司及地方债务的债权人）对不良资产开展的资产处置前期调查、资产处置方式选择、资产定价、资产处置方案制订、审核审批和执行等各项活动。与不良资产处置相关的资产剥离（转让）、收购和管理等活动也包含在不良资产处置的范围中。

狭义的不良资产处置是指不良资产的持有人在持有不良资产期间通过各种手段获取债务清偿的具体方式及规程。不良资产处置中的常见手段有债务重组、诉讼、转让、企业重整和债转股、以物抵债。

一般情况下，不良资产的部分债务主体具有一定的行业地位和运营价值，通过企业（破产）重整程序或者债转股可以帮助企业减轻债务负担，改善资产质量，提高融资能力，将不良资产转变为优良资产的战略性管理。

3. 股权收购

1）财税〔2009〕59号文件规定，股权收购是指一家企业（以下称为收购企业）购买另一家企业（以下称为被收购企业）的股权，以实现对被收购企业控制的交易。收购企业支付对价的形式包括股权支付、非股权支付或两者的组合。

股权支付，是指企业重组中购买、换取资产的一方支付的对价中，以本企业或其控股企业的股权、股份作为支付的形式。所谓非股权支付，是指以本企业的现金、银行存款、应收款项、本企业或其控股企业股权和股份以外的有价证券、存货、固定资产、其他资产及承担债务等作为支付的形式。

2）《非上市公众公司收购管理办法》第5条规定，收购人可以通过取得股份的方式成为公众公司的控股股东，可以通过投资关系、协议、其他安排的途径成为公众公司的实际控制人，也可以同时采取上述方式和途径取得公众公司控制权。收购人包括投资者及其一致行动人。

第 43 条规定，《非上市公众公司收购管理办法》所称一致行动人、公众公司控制权及持股比例计算等参照《上市公司收购管理办法》的相关规定。

3）《上市公司收购管理办法》第 5 条规定，收购人可以通过取得股份的方式成为一个上市公司的控股股东，可以通过投资关系、协议、其他安排的途径成为一个上市公司的实际控制人，也可以同时采取上述方式和途径取得上市公司控制权。收购人包括投资者及与其一致行动的他人。

4. 资产收购

（1）资产收购的含义

财税〔2009〕59 号文件规定，资产收购是指一家企业（以下称为受让企业）购买另一家企业（以下称为转让企业）实质经营性资产的交易。受让企业支付对价的形式包括股权支付、非股权支付或两者的组合。

其中，实质经营性资产是指企业用于从事生产经营活动、与产生经营收入直接相关的资产，包括经营所用各类资产、企业拥有的商业信息和技术、经营活动产生的应收款项、投资资产等。

（2）上市公司重大资产重组

重大资产重组是指上市公司及其控股或者控制的公司在日常经营活动之外购买、出售资产或者通过其他方式进行资产交易达到规定的比例，导致上市公司的主营业务、资产、收入发生重大变化的资产交易行为。

根据证监会 2014 年 10 月 23 日发布的《上市公司重大资产重组管理办法》，上市公司及其控股或者控制的公司购买、出售资产，达到下列标准之一的，构成重大资产重组：

1）购买、出售的资产总额占上市公司最近一个会计年度经审计的合并财务会计报告期末资产总额的比例达到 50%以上。

2）购买、出售的资产在最近一个会计年度所产生的营业收入占上市公司同期经审计的合并财务会计报告营业收入的比例达到 50%以上。

3）购买、出售的资产净额占上市公司最近一个会计年度经审计的合并财务会计报告期末净资产额的比例达到 50%以上，且超过 5 000 万元人民币。

（3）非上市公众公司重大资产重组

《非上市公众公司重大资产重组管理办法》所称的重大资产重组是指公众公司及其控股或者控制的公司在日常经营活动之外购买、出售资产或者通过其他方式进行资产交易，导致公众公司的业务、资产发生重大变化的资产交易行为。

公众公司及其控股或者控制的公司购买、出售资产，达到下列标准之一的，构成重大资产重组：

1）购买、出售的资产总额占公众公司最近一个会计年度经审计的合并财务会计报表期末资产总额的比例达到50%以上。

2）购买、出售的资产净额占公众公司最近一个会计年度经审计的合并财务会计报表期末净资产额的比例达到50%以上，且购买、出售的资产总额占公众公司最近一个会计年度经审计的合并财务会计报表期末资产总额的比例达到30%以上。

5. 合并

财税〔2009〕59号文件规定，合并是指一家或多家企业（以下称为被合并企业）将其全部资产和负债转让给另一家现存或新设企业（以下称为合并企业），被合并企业股东换取合并企业的股权或非股权支付，实现两个或两个以上企业的依法合并。合并是全部资产和负债的转让，分为新设合并和存续合并；资产收购则是实际经营资产的转让行为。

6. 分立

分立是指一家企业（以下称为被分立企业）将部分或全部资产分离转让给现存或新设的企业（以下称为分立企业），被分立企业股东换取分立企业的股权或非股权支付，实现企业的依法分立。

1.2.2 企业重组的主要交易形式

重组按不同的分类方式可分为以下主要形式。

1. 按重组的方式划分

（1）资本扩张

资本扩张表现为合并、收购、上市扩股、合资等。

1）合并。合并是兼并和联合的统称。兼并（merger），也称吸收合并，通常是指一家企业以现金、证券或其他形式（如承担债务、利润返还等）投资购买取得其他企业的产权，使其他企业丧失法人资格或改变法人实体，并取得对这些企业决策控制权的投资行为；联合（consolidation），也称新设合并，是指两个或两个以上公司合并设立一个新的公司，合并各方的法人实体地位消失。

2）收购（acquisition）是指企业用现款、债券或股票购买另一家企业的部分或全部资产或股权，以获得该企业的控制权的投资行为。根据《中华人民共和国公司法》（以下简称《公司法》），企业收购可以分为协议收购和要约收购。

3）上市扩股是指通过股份制改组的企业，在符合一定条件，并履行一定程序后成为上市公司的行为。

4）合资是指两个或两个以上独立的企业或实体合并成一个新的独立决策企业或实体的过程。除此之外，还有许多企业合作的形式，如技术许可证，对某一合同的联合投标，特许权经营或其他短期或长期的合同等。

（2）资本收缩

资本收缩的方式有资产剥离或资产出售、公司分立、分拆上市、股票回购。

1）资产剥离或资产出售。资产剥离或资产出售是指公司将其现有的某些子公司、部门、产品生产线、固定资产等出售给其他公司，并取得现金或有价证券的回报。

2）公司分立是指一个母公司将其在某子公司中所拥有的股份，按母公司股东在母公司中的持股比例分配给现有母公司的股东，从而在法律上和组织上将子公司的经营从母公司的经营中分离出去。这会形成一个与母公司有着相同股东和持股结构的新公司。

3）分拆上市（也称剖股上市或部分股权出售），是指母公司把一家子公司的部分股权拿出来向社会出售。随着子公司部分股权的出售，母公司在产生现金收益的同时，重新建立控股子公司的资产管理运作系统。

4）股票回购是指股份有限公司通过一定的途径买回本公司发行在外的股份的行为，这是一种大规模改变公司资本结构的方式。

股票回购有两种基本方式：一是公司将可用的现金分配给股东，这种分配不是支付红利，而是购回股票；二是公司认为自己企业的资本结构中股本成分太高，因此就发售债券，所得款项用于购回本公司的股票。

（3）资本重整

资本重整的方式包括改组改制、股权置换或资产置换、国有股减持、管理层收购、职工持股基金（employee stock ownership plans，ESOP）。

1）改组改制。改组改制是指企业进行股份制改造的过程。根据《股份制企业试点办法》和《公司法》，我国企业实行股份制主要有两条途径：一是新组建股份制企业；二是将现有企业有选择地改造为股份制公司。据此，按公司设立时发起人出资方式不同，分为新设设立和改建设立。新设设立按其设立的方式不同，又可分为发起设立和募集设立两种。

2）股权置换或资产置换。股权置换是指控股公司将其持有的股份的一部分与另一公司的部分股份按一定比例对换，使本来没有任何联系的两个公司成为一个以资本为纽带的紧密联系的企业集团。

3）国有股减持。国有股减持是指依据国有经济采取有进有退的战略调整方针，根据各上市公司在国民经济中的地位有选择、有计划地减少国有股的份额，逐步完成国有股的上市流通。

4）管理层收购。管理层收购是指目标公司的管理层利用借贷所融资本购买本公司的股份，从而改变本公司所有者结构、控制权结构和资产结构，进而达到重组本公司目的并获得预期收益的一种收购行为。管理层收购属于杠杆收购的一种。

5）职工持股基金。职工持股基金从本质上讲是一种股票投资信托，所投资的是雇主公司的股票。投资的付款方式可以是现金，也可以是其他公司的股票，公司职工通过获得的股息分享公司增长的成果。

（4）表外资本经营

表外资本经营是指不在报表上反映的，但将导致控制权变化的行为。具体形式包括托管、战略联盟（合作）。

1）托管是指企业的所有者通过契约形式，将企业法人的财产交由具有较强经营管理能力，并能够承担相应经营风险的法人有偿经营，明晰企业所有者、经营者、生产者责权利关系，保证企业财产保值增值并创造可观的社会效益和经济效益的一种经营活动。

2）战略联盟（合作）是指两个或两个以上的企业为了达到共同的战略目标、实现相似的策略方针而采取的相互合作、共担风险、共享利益的联合行动。战略联盟（合作）的形式多种多样，包括股权安排、合资企业、研究开发伙伴关系、许可证转让等。

2. 按重组的内容划分

（1）产权重组

产权重组是指以企业财产所有权为基础的一切权利的变动与重组。它既可以是终极所有权（出资者所有权）的转让，也可以是经营使用权的让渡；产权转让的对象既可以是整体产权，也可以是部分产权。

（2）产业重组

宏观层面的产业重组是通过现有资产存量在不同产业部门之间的流动、重组或相同部门间的集中、重组，使产业结构得以调整优化，提高资本增值能力。微观层面的产业重组则主要涉及生产经营目标及战略的调整。

（3）组织结构重组

组织结构重组是指在公司产权重组、资本重组后如何设置组织结构和组织形式的重组方式，旨在解决设立哪些组织机构、具备哪些职能、机构间的相互关系如何处理和协调、管理层人选如何调整等问题。

（4）管理重组

管理重组是指企业重组活动相应涉及企业管理组织、管理责任及管理目标的变化，由此而产生的重新确立企业管理架构的一种重组形式。管理重组的目的是创造一个能长远发展的管理模式或方式，帮助企业在激烈的市场环境中更好地生存与发展。

（5）债务重组

债务重组是指对企业的债权债务进行处理，并且涉及债权债务关系调整的重组方式。债务重组是一个为了提高企业运行效率，解决企业财务困境，对企业债务进行整合优化的过程。

3. 按企业重组的具体项目划分

按企业重组的具体项目，可以把股份结构变动定义为股权重组；把企业债务变动定义为债务重组；把企业资产变动定义为资产重组。

本书所讨论的重组类型主要按照财税〔2009〕59 号文件所规定的企业重组形式。

1.3 企业重组的程序

企业重组活动由于涉及面广、业务复杂，通常要经历较为漫长、复杂的过程，履行必要的法律手续，为保障重组活动有条不紊、合规合法地开展，必须对重组的程序有一个清晰、全面的了解。企业重组具体包括以下程序（张远堂，2011）。

1.3.1 前期调查，收集材料

对拟重组企业进行全面、科学、详细的调查和分析，对重组企业的组织结构状况、人员状况、技术水平状况、产品销售状况、生产设备状况、企业管理状况、经济效益状况、资产财务状况等进行全面调查摸底，充分收集第一手资料。

1.3.2 明确思路，设计方案

成立企业重组工作领导小组，组织精兵强将对本企业内外部的现状和问题进行分析，明确企业重组的目的、方向与基本思路。在此基础上，草拟企业重组总体计划和实施方案、配套方案及一系列重组法律文件。重组活动有别于日常管理活动，企业重组首先要根据自身的实际情况，结合有关的法律、法规和政策规定，制订切实可行的企业改制重组方案。重组必须经企业的权力机构批准，取得授权或同意企业重组方案的法律文件。例如，企业合并意向书、重组当事人各方权力机构的决议、债权人会议纪要、国有企业改组改制时相关政府部门的标准文件等。

1.3.3 提交全体员工讨论，确定重组方案

重组方案需提交全体员工讨论，并修订完善。重组方案大致包括以下内容。

1）改制企业的基本情况，包括企业简况及企业财务状况和经营业绩：原企业改制前的基本经营状况列表（各年度总资产、负债、资产效益状况、净资产利润率等）。

2）企业改制的必要性和可行性。阐释企业的业务发展情况及阻碍企业进一步发展的障碍和问题。结合企业情况和改制方向详细阐明企业改制所具备的条件，改制将给企业带来的积极影响和正面效应。

3）企业重组的具体实施方案。

拟订详尽的企业重组方案，内容大致如下。

① 业务重组方案：根据企业生产经营业务实际情况，并结合企业改制目标，采取合并、分立、转产等方式对原业务范围进行重新整合。

② 人员重组方案：改制过程中企业职工的安置情况，包括富余、离退人员的安置等。

③ 资产重组方案：根据改制企业产权界定结果及资产评估确认额，确定股本设置的基本原则，包括企业净资产的归属、处置，是否有增量资产投入，增量资产投资者情况等。

④ 股权结构：股东名称、出资比例、出资额和出资方式的详细情况，股权数、股权比例、股权性质。

⑤ 股东简况：法人股东、自然人股东的基本情况，如有职工持股会等其他形式的股东要详细说明其具体构成、人数、出资额、出资方式等。

⑥ 拟改制方向及法人治理结构：选择哪种企业形式，有限责任公司、股份合作制或其他形式。法人治理结构是指改制后企业的组织机构及其职权，如执行董事、监事及经营管理层的设置等。

⑦ 相关问题的说明：资产重组的模式及基本原则、剥离资产处置的办法、债务重组的基本方法、关联交易的处置办法、知识产权及专利技术的处置、土地使用权的处置及其他相关问题。

此外，企业重组支付方式也是需要重点关注的一个问题。企业重组中支付方式的选择对重组各方的经营及各自的股东利益都会产生重大影响，因此也是重组谈判中各方关注的焦点问题。通常来说，重组中的支付方式主要有现金、股票、

债券、财务杠杆等。其中，现金支付就是向对方的股东支付现金，包括一次性支付和分期支付；股票支付是指重组方向被重组方定向发行新股或定向配售新股；债券支付就是向被重组方定向发行债券，或用已发行的债券交换对方股东的股票；财务杠杆是指重组方通过举债，即增加自身的财务杠杆来完成重组，如企业并购中的LBO等。各种支付方式对企业的融资能力要求各不相同，在实践中重组方要结合自身的现金能力、资产的流动性和对外融资能力，以及对方对支付方式的要求等诸多因素，选择有利于自身并能得到对方认可的支付方式。总的来看，在我国的企业重组实务中，运用最多的是现金支付方式和股票支付方式，相比之下，由于融资的局限性运用财务杠杆进行企业重组尚未得到人们普遍的认知。但随着市场经济环境的不断完善、金融产品的不断创新、企业重组相关法律规范的逐步健全及企业风险-收益意识的不断增强，财务杠杆支付方式必将成为未来重组活动中的主要支付方式。

⑧ 中介机构的聘请：通常聘请会计师事务所、资产评估事务所、律师事务所或证券公司展开后续工作，并明确各中介机构相应开展的工作内容。

4）重组的时间、进度、工作安排。

1.3.4 清产核资，界定产权

清产核资、界定产权是企业重组过程中的重要环节，旨在验证重组企业在特定时期和时点的财务成果及财务状况，为有关各方分析、评价重组企业的资产状况及其获利能力，并考核经营者的履责情况提供依据。实际操作中，重组企业通过招投标方式选择有相关资质的、高水平的中介机构开展清产核资、界定产权的专项工作。

1）清产核资按照国家有关规定，主要进行资产清点、盘库、造册等，并对准备进行重组的资产进行准确评估。资产评估的目的是对重组中的相关资产进行核查后，采用专门方法和价值标准对重组资产在特定基准日的价值进行评估，从而为确定重组行为的交易价格及确定各方权益提供科学依据。

2）界定产权。在企业资产价值评估确认之后，必须在此基础上明确资产的产权归属，首先清理债权债务，核实企业法人财产占用量，划分经营性资产与非经营性资产，从总资产中剔除和剥离三类资产（企业的非主业资产、闲置资产和关闭破产企业的有效资产）和非经营性资产。通过债权债务清理，在投资者与债权人之间作出具体明确的划分，然后确定不同投资主体所占份额。这是保证“归属清晰、权责明确”的关键步骤。

1.3.5 形成企业重组必要的法律文件

在开展上述一系列工作的基础上，拟定重组的相关法律文件，包括有关重组的协议、合同、重组后企业章程等。如果企业要上市募集资金，需提出股票发行与上市申请，并得到证券主管部门的核准。

1.3.6 实施企业重组

在具体实施重组的过程中，针对不同的重组业务类型开展相关工作。

在实施资产重组时，须办理资产的移交、过户手续，进行价款计算，对资产重新进行整合、配置。

在进行债务重组时，应支付或交付债务重组的现金或非现金资产，履行债务重组协议规定的义务。

在股权重组时，应根据合同规定的国家股、法人股、个人股、外资股等股权结构认缴或招募股份，或进行股份转让等，并按选定的验证机构验证重组后的企业资产。

在企业合并、分立中被合并或被分立企业应依法履行公告程序等，凡注销原法人登记的，应向原工商登记机关、主管税务机关提交申请，并履行规定手续。企业实施上述重组行为时，如涉及公司新设立登记或变更登记的，应根据《中华人民共和国公司登记管理条例》（以下简称《公司登记管理条例》）和《中华人民共和国税收征收管理法》（以下简称《税收征管法》）的有关规定办理工商注册登记和税务登记。

1.3.7 企业重组时的纳税处理

企业在重组时，重组各方必须依照国家税法对重组前、重组过程中及重组后存在或产生的企业所得税、流转税、个人所得税、土地增值税等作出合法而恰当的处理和安排。

第 2 章

企业重组所得税税收制度

2.1 税收对企业重组活动的影响

在企业重组过程中伴随着产权和大量的资金转移，税务问题往往涉及企业重组过程的各个环节，进而产生直接的税负成本，有时税额可能非常巨大，甚至和重组金额本身处于同一数量级。可见，尽管税收不是公司重组的主要动因，但是任何重组活动都不能不考虑税收的影响。税收作为企业重组成本的一部分对重组决策起着举足轻重的作用，税收有时甚至会成为重组能否成功的决定性因素（王清剑，2013）。若进行重组活动之前没有进行税收方面的充分考量和精心安排，将会对企业重组收益乃至企业存续产生重大影响，因此，关注企业重组中的税收政策，最大限度地降低税收风险，选择最低的税务成本，对于实现企业重组的目标，降低重组成本，提升企业竞争力都具有重要意义。

2.1.1 重组活动中的税收利益及其实现

税收利益是指通过节税少缴纳的税款，也通常被认为是纳税人的正当收益。从原理上说，税收利益要通过与正常情况下或名义上应付的税额进行比较来确定。企业重组活动的多样性、复杂性，决定了获取税收利益的途径也是多种多样的，基本方法主要包括：一是利用税收优惠政策；二是高纳税义务转换为低纳税义务；三是纳税期的递延（上海国家会计学院，2011）。

1. 利用税收优惠政策

税收优惠是政府通过特定政策导向影响人们生产与消费的偏好来实现对纳税人的税收鼓励，以实现一定的经济、社会和政治目的，是国家调控经济的重要杠杆。无论是经济发达国家还是发展中国家，都将税收优惠政策作为调整产业结构、引导投资方向、扩大就业机会、刺激经济增长的重要手段加以利用。

改革开放以来，我国税收优惠政策随着我国经济发展不同阶段战略目标的调整适时加以调整和完善，在长期的历史演进过程中，较好地发挥了促进经济发展的杠杆作用。我国税收优惠政策具体包括区域税收优惠、行业优惠政策、社会福利优惠政策及涉外税收优惠政策。以优惠范围最广、力度最大的企业所得税为例，在区域税收优惠方面，主要有对“西部大开发”实施的税收优惠政策、自贸区优惠政策等，对于东北老工业基地振兴、中部崛起给予了不同的政策优惠；在行业优惠政策方面，2008 年《中华人民共和国企业所得税法》（以下简称《企业所得税法》）颁布实施，将优惠重点由以区域优惠为主转向以产业优惠为主：在保留对农林牧渔业、基础设施投资的税收优惠政策，以及对劳服企业、福利企业、资源综合利用企业的直接减免税政策采取替代性优惠政策的基础上，对国家需要重点扶持的高新技术企业实行 15%的优惠税率，扩大对创业投资等企业的税收优惠，以及企业投资在环境保护、节能节水、安全生产等方面的税收优惠。此外，我国在税收优惠形式上采用了多元化优惠方式，从较为单一的降低税率、减免税，向投资税收抵免、加速折旧、亏损结转等多种形式并用转变。迄今为止，通过一系列税收优惠政策的实施，促进了区域经济发展，提升了我国产业的科技水平和综合实力（胡正燕和吴金波，2013）。

2. 高纳税义务转换为低纳税义务

高纳税义务转换为低纳税义务，是指纳税人的同一经济行为在存在多种税收方案可供选择时，纳税人通过避开高税率，取向低税率，以减轻纳税义务，获取相应的税收利益。典型的例子是所得税边际税率的选择。边际税率是指在增加一定收入时，增加这部分收入所纳税额与增加收入之间的比例。在这里，边际税率是相对于平均税率而言的，平均税率是指全部税额与全部收入之比。平均税率和边际税率的关系取决于所适用的税率类型。在比例税率条件下，边际税率等于平均税率。在累进税率条件下，边际税率往往要大于平均税率。一般情况下，边际税率的提高往往会引起平均税率的上升。边际税率上升的幅度越大，平均税率提高就越多，调节收入的能力也就越强，但对纳税人的反激励作用也就越大。

对于企业所得税来说，其边际税率就是企业新增加 1 元所得税收所占的比例。边际税率的高低会对经济产生不同影响。边际税率越高，纳税人增加的可支配收入就越少，因此，纳税人往往选择边际税率的临界点作为税负考量的重要因素，尽可能使税基适用低税率而规避高税率，从而实现节税的目的。当然，除了收入、费用的实现与确认对适用税率高低有影响，获利所处年度的确认、融资的不同方式、资本物的持有期、亏损的弥补、生产经营的组织结构等都可能导致纳税义务从重到轻或从轻到重的变动与转化。

3. 纳税期的递延

纳税期的递延，也称为递延纳税，是指纳税人根据税法的规定允许企业在规定的期限内，分期或延迟缴纳税款。纳税期的递延有利于企业资金的周转，节省利息支出，减轻纳税人的税负。从企业特定业务的整个经营过程来看，递延纳税虽然不能减少应纳税额，但纳税期的推迟可以使纳税人无偿使用这笔款项而不需支付利息，相当于纳税人获得一笔“无息贷款”，对纳税人来说降低了税收负担。此外，在递延纳税的情形下，纳税人在某一年度实现的高额应纳税所得额，有可能被允许将这些所得平均分摊到数年之后计税和缴纳税款，或者对取得高额所得年度应纳税款采用分期缴纳的方式，以避免纳税人的税负过重。当然，税收递延的途径很多，纳税人应在遵守法律规范的前提下，充分利用税收优惠政策，积极开展税收筹划，最大限度地获取税收利益（雷霆，2015）。

值得注意的是，采取有利的会计处理方法是企业实现递延纳税的重要途径。由于会计核算遵循会计准则，而应纳税所得额的计算依据税法，会计所得与所得税申报表上的计税所得在多数情况下是不一致的。这种差异按原因和性质划分，可以分为永久性差异和时间性差异两大类。

永久性差异是指某一会计期间，由于会计制度和税法在计算收益、费用和损失时的口径不同，所产生的税前会计利润与应纳税所得额之间的差异，这种差异在本期产生，不能在以后各期转回，即永久存在，如非公益、救济性捐赠，会计处理计入“营业外支出”科目，因而抵减了企业利润。计算应纳税所得额时，税法规定这类捐赠是不允许税前扣除的，即需全额计缴企业所得税，会计利润不等于应税所得。

时间性差异是指税法与会计制度在确认收益、费用和损失的时间不同而产生的税前会计利润与应纳税所得额的差异，这种差异发生在某一期间，在以后一期或者若干期内可转回。例如，产品保修费用，按照会计上权责发生制原则于产品销售的当期计提费用，并确认为当期费用或损失，但按照税法规定应于实际发生时从应税所得中扣减，于是产生可抵减时间性差异。这种可抵减时间性差异是指未来可以从应税所得中扣除的时间性差异。又如，开办费摊销在会计处理上按照“在开始生产经营的当月一次计入当月损益”，而税法规定其必须分 5 年摊销。5 年中，会计利润和应税所得的金额不同，但 5 年后两者是一致的。永久性差异的发生是由所得税法与会计准则的实质性差别所引起的，应税所得调增和调减不作返回性调整，因此不存在应纳税额的递延问题。可见，从是否可作返回性调整的角度看，税收递延涉及的只是时间性差异。因为任何会计期的税前会计所得同计税所得的时间性差额，在以后会计期将随着两类所得之间差额发生相反变化得到冲减（高金平，2014）。

从会计核算的角度，时间性差异造成会计上资产账面价值和计税基础的差异。当会计上资产账面价值小于计税基础时，说明会计上当期的费用大于税务上的费用，从而会计上的利润小于税收意义上的应纳税所得额，所得税费用小于应交所得税，出现预付税金，反映为税收损失，形成暂时的资产——“递延所得税资产”；反之，当会计上资产账面价值大于计税基础时，说明会计上当期费用小于税务上的费用，即会计上的利润大于税收意义上的应纳税所得额，所得税费用大于应交所得税，将出现递延所得税负债，即纳税期的递延，反映为税收利益，形成暂时的负债——“递延所得税负债”。对于纳税人来讲，递延就是以后分摊的意思。递延所得税资产是当前会计上不应确认但是税法要求确认的税款，且当期已缴纳，相当于预交了这部分税款，但是从会计核算的角度不应该计入当期费用，应予递延在以后再计入费用，以后会少缴税。反之，递延所得税负债是当前会计上应确认但是税法暂不要求确认的税款，这笔钱当期未交，相当于暂时未交这部分税款，以后要多交税，但仍应计入当期费用，以后再实缴。所以，递延所得税资产科目类似“待摊费用”科目，递延所得税负债科目类似“预提费用”科目。

2.1.2 并购重组活动中当事方的税收利益

1. 企业层面的税收利益

在企业层面上，企业并购重组的税收待遇取决于目标企业的交易形式，即收购企业是采取在目标企业税收属性保持不变的条件下并购目标企业的交易形式，还是在目标企业清算且丧失税收属性的条件下购买目标企业资产的交易形式。前者主要包括股权收购，后者主要有应税资产收购形式。

在目标企业税收属性保持不变的并购目标企业的交易情形下，税收收益主要体现为亏损和税收抵免的增大利用。收购企业通常继承目标企业的税收属性，收购企业可获得目标企业向未来年度结转的税收抵免或亏损的税收利益；同时，也可获得目标企业在将来发生的任何内在亏损。原因在于，在资产计税基础及预计折旧折扣额相对较高而资产的公允市场价值相对较小时，目标企业将会产生内在亏损。此外，目标企业的选择也将对税收收益产生影响。我国现行税制以行业优惠为主、地区优惠为辅，公司税收收益的实现要侧重于对并购目标企业的选择，兼有考虑地区差异，在并购重组过程中充分重视行业优惠因素，在最大范围内选择适用行业优惠因素的企业类型实施并购重组，以充分享受税收优惠。同时，由于税收优惠政策在地区之间存在差异，并购企业可选择在享有优惠政策的地区（西部地区）的企业作为并购对象，从而降低企业的整体税收负担，使并购后的纳税主体能够享受到这些税收优惠政策带来的税收收益。在采取目标企业清算且丧失税收属性的交易方式情形下，收购企业将可能获取目标企业资产的计税基础增大的税收利益，因此，那些可折旧或可损耗的资产将会得到较高税收折扣。值得一提的是，我国企业重组的税务处理分别适用于一般性税务处理规定和特殊性税务处理规定。因此，无论企业并购采取何种交易形式，必将体现倾向于特殊性税务处理的趋向，以最大限度地获取税收利益。

另外，从借债能力增大方面也能获得税收收益。企业融资有内部融资和外部融资渠道。外部融资包括债务性融资和权益性融资两类。前者包括银行贷款、发行债券和应付票据、应付账款等；后者主要是指股票融资。企业集团可采取内部融资途径解决资金需求，然而由于资金使用者和所有者为同一者，资金使用成本不能在税前抵扣，存在双重征税问题，税负较重。采取股权融资方式，企业只为股东支付股利，并购方不需要偿还本金，资金压力较小，但其会稀释每股股东收益，甚至稀释大股东的控股权，所支付的股利不允许在税前抵扣，增加税收负担。采取向银行等贷款方式，并购方除少量的手续费外，主要成本是借款利息。根据税法规定，借款利息一般可在企业所得税前扣除，所以从税务筹划的角度来看，向银行等金融机构贷款可以起到减少企业所得税款、降低企业税负的目的。发行债券的方式，在时间上和流程上要比银行信贷灵活很多，且债券利息也可以在企业所得税前扣除，发行债券方式融资所承担的税负相对较轻。此外，如果发行的是可转换公司债券，且企业经营状况良好，债券持有者愿意将债券转为股份则可以免除债券到期还款的压力。

2. 股东层面的税收利益

企业重组所得税制度可根据并购重组过程中收购企业采取的收购对价不同，将企业并购分为应税并购与免税并购两大类。在并购中，目标企业股东放弃目标企业股份时可能换取不同形式的收购对价，这些收购对价形成了相应并购交易的应税交易和免税交易类型。一项并购交易是否应税原则上取决于并购的支付方式。并购交易的支付方式主要有现金、股票、债券、混合支付及财务杠杆等。用现金支付可减少目标企业的风险但加大了税收影响；用股票支付可减小收购方财务压力且避免目标公司即时纳税，但此时目标企业的实际收入取决于股票所属公司的经营表现；混合收购则兼具两种方式的优点。当然，在并购交易中选择何种支付方式，不仅仅取决于支付方式的优劣，更为重要的是需要进行多方面因素的综合考量。例如，并购企业的实际情况，包括企业是否上市、财务状况、经营成果和现金流量水平、融资能力等，并购交易可能带来的合理税收收益，支付金额和所需融资额的大小等。

并购交易的支付方式往往决定是应税交易还是免税交易。如果并购方以现金或债务工具等货币性方式进行并购，一般目标企业应就其所得纳税；如果并购方以自己或母公司的股票等非货币性方式支付，只要符合特殊性税务处理相关规定就构成免税并购交易。一般来讲，在并购交易中，如果目标企业股东换取应税的收购对价，那么企业必须按收购对价的市场公允价值扣除原股份的计税基础的收益部分缴纳所得税。如果收购对价不属于应税事项，则不必确认并购重组时已体现于收购对价之中的资本利得，只在最后处置收购对价（即收购企业股份）时涉及应税问题。显然，对于目标企业股东来说，后者的税收待遇优于前者。值得注意的是，只有在企业并购交易符合特殊性税务处理要件时，目标企业股东才能获得并购重组所得递延纳税利益，我国企业重组所得税制度对免税重组施加了要件，即支付给目标企业股东的收购对价必须是收购企业股份，这严格限制了收购企业使用现金收购对价的能力。此外，在免税并购交易中，由于收购企业对收购的目标企业资产按原计税基础计价，因此当目标企业资产评估增值时，收购企业将无法获取在采取应税并购方式时，目标企业资产的计税基础按资产重估增值所带来的税收利益。

在并购重组实践中，应税并购与免税并购方式的选择往往也并不绝对，有时应税并购可能更为可取，原因在于现金对价在税收上也可能带来利益。现金流量充足的收购企业，倘若在并购中不使用现金支付对价，收购企业则可能将资金分配给股东。向股东分配资金有分派股息与股份回购两种方式。分派股息使收购公司股东缴纳的税收高于在应税并购交易中目标公司股东所缴纳的资本利得所得税。因此，应税并购使收购企业股东与目标企业股东总税负低于在免税并购与收购企业分派股息相结合时的总税负。当然，收购企业也可以用现金向股东回购股份，但回购股份将丧失应税并购可能带来的上述税收利益。

总之，免税并购可使目标企业股东实现多种方式的股权投资，在目标企业股东未将收购企业股份变现时，目标企业股东可获得并购重组资本利得所得税递延纳税的收益，但同时有可能限制收购企业层面与收购企业股东层面的税收利益（周兰翔，2014）。

2.1.3 现行税制下税收对企业重组的影响

我国在长期的税收实践中，已初步形成企业重组的税制体系。企业重组中涉及不同税种的税收问题，既涉及有关实体税法的制定及其实施相关政策的执行问题，也涉及税收程序法关于纳税人的注销、变更、设立等有关问题。从实体法层面来看，我国目前已形成了由增值税、企业所得税、土地增值税、契税等税种共同构成的重组税收体系。从现行税收政策执行来看，增值税、土地增值税在重组涉税业务中很大程度上予以税收减免，这样企业所得税就成为并购重组业务中最为主要、复杂，对并购重组的影响最为广泛、深远的税种。所得税成本是重组成本中的重要组成部分，影响并购决策和支付方式选择等诸多方面，因而，所得税问题成为企业重组时的重要考虑因素，这也是本书研究的出发点之所在（易茜，2012）。

1. 增值税的影响

2016年“营改增”全面完成后，重组业务中流转税的影响主要体现在增值税。

企业重组中涉及资产转让，转让动产的（如机器设备、存货等），以及转让不动产或无形资产的情形涉及增值税。企业重组过程中，企业合并、分立的实质是财产共有关系的确立或消灭，而企业合并、分立后，财产所有权的归属并未发生变化，合并、分立前的股东不因合并、分立而丧失其对原有财产的要求权。此外，企业合并、分立的结果是几个企业合为一个新企业或一个企业分为几个新企业，在合并、分立过程中不存在买方和卖方。因此，企业的合并、分立不应属于转让行为，其结果只是企业的产权发生了转移，企业产权发生转移不属于现行流转税的课税对象。

在增值税方面，《国家税务总局关于纳税人资产重组有关增值税问题的公告》（国家税务总局公告2011年第13号）就纳税人资产重组有关增值税问题公告如下：纳税人在资产重组过程中，通过合并、分立、出售、置换等方式，将全部或者部分实物资产及与其相关联的债权、负债和劳动力一并转让给其他单位和个人，不属于增值税的征税范围，其中涉及的货物转让不征收增值税。这项政策基本涵盖重组实际过程中的操作事项均可不征收增值税，无疑给重组企业带来极大的利好。“营改增”资产重组中涉及不动产、土地使用权转让时，《财政部 国家税务总局关于全面推开营业税改征增值税试点的通知》（财税〔2016〕36号）附件2“营业税改征增值税试点有关事项的规定”规定：“在资产重组过程中，通过合并、分立、出售、置换等方式，将全部或者部分实物资产以及与其相关联的债权、负债和劳动力一并转让给其他单位和个人，其中涉及的不动产、土地使用权转让行为。”此外，附件3“营业税改征增值税试点过渡政策的规定”第一条规定“将土地使用权转让给农业生产者用于农业生产”。可见，并购重组活动中较少涉及增值税应税行为。

2. 土地增值税的影响

企业在重组时，若涉及不动产或土地使用权的转让，或所转让的股权属于不动产或土地使用权投资入股形成，要缴纳土地增值税。关于重组过程中的土地增值税问题，我国自2015年起陆续出台相关政策鼓励企业改制重组，加强企业资源整合、化解产能过剩矛盾、调整优化产业结构、提高企业竞争力。2015年2月，财政部和国家税务总局联合发布了《企业改制重组有关土地增值税政策的通知》(财税〔2015〕5号)，明确了2015年1月1日至2017年12月31日期间，企业改制重组过程中整体改建、合并、分立和不动产投资4种行为暂不征土地增值税。

2018年5月16日，财政部和国家税务总局延续财税〔2015〕5号文件的政策至2020年底，发布了《关于继续实施企业改制重组有关土地增值税政策的通知》(财税〔2018〕57号)，同时对一些细节作了修订与进一步规范明确。具体内容如下。

1）按照《公司法》的规定，非公司制企业整体改制为有限责任公司或者股份有限公司，有限责任公司（股份有限公司）整体改制为股份有限公司（有限责任公司)，对改制前的企业将国有土地使用权、地上的建筑物及其附着物（以下称房地产）转移、变更到改制后的企业，暂不征土地增值税。

财税〔2018〕57号所称整体改制是指不改变原企业的投资主体，并承继原企业权利、义务的行为。

2）按照法律规定或者合同约定，两个或两个以上企业合并为一个企业，且原企业投资主体存续的，对原企业将房地产转移、变更到合并后的企业，暂不征土地增值税。

3）按照法律规定或者合同约定，企业分设为两个或两个以上与原企业投资主体相同的企业，对原企业将房地产转移、变更到分立后的企业，暂不征土地增值税。

4）单位、个人在改制重组时以房地产作价入股进行投资，对其将房地产转移、变更到被投资的企业，暂不征土地增值税。

5）上述改制重组有关土地增值税政策，不适用于房地产转移任意一方为房地产开发企业的情形。

6）企业改制重组后，在转让国有土地使用权并申报缴纳土地增值税时，应以改制前取得该宗国有土地使用权所支付的地价款和按国家统一规定缴纳的有关费用，作为该企业“取得土地使用权所支付的金额”扣除。企业在改制重组过程中，经省级以上（含省级）国土管理部门批准，国家以国有土地使用权作价出资入股的，在转让该宗国有土地使用权并申报缴纳土地增值税时，应以土地作价入股时省级以上（含省级）国土管理部门批准的评估价格，作为该企业“取得土地使用权所支付的金额”扣除。办理纳税申报时，企业应提供该宗国有土地作价入股时省级以上（含省级）国土管理部门的批准文件和批准的评估价格，不能提供批准文件和批准的评估价格的，不得扣除。

7）企业在申请享受上述土地增值税优惠政策时，应向主管税务机关提交房地产转移双方营业执照、改制重组协议或等效文件，相关房地产权属和价值证明、转让方改制重组前取得土地使用权所支付地价款的凭据（复印件）等书面材料。

8）不改变原企业投资主体。投资主体相同，是指企业改制重组前后出资人不发生变动，出资人的出资比例可以发生变动；投资主体存续，是指原企业出资人必须存在于改制重组后的企业，出资人的出资比例可以发生变动。

可见，我国对于企业重组过程中涉及的土地增值税给予较大优惠，这些政策是落实对企业进一步减税降负要求的重要举措。

3. 企业所得税的影响

在企业并购重组活动中，企业所得税的影响主要表现在以下几个方面。

（1）企业重组损益的处理

若企业重组以股权转让、资产转让的方式进行，一般会产生重组损益。企业获得重组收益，应当缴纳企业所得税；而一旦产生重组损失，可在当期的应纳税所得额中扣除。企业在重组时，若对已有资产进行评估，资产重估价值与原账面价值的差异部分，不作为企业损益。

（2）资产计价的处理

企业重组时涉及的企业所得税计税问题主要有以下几个方面。

1）企业重组后企业资产的计税成本如何确定问题；其他与企业所得税有关的税收待遇，如购买国家鼓励发展行业国产设备可抵免所得税的处理问题；按评估后的资产折旧、摊销或结转成本是否需要进行纳税调整等问题。

2）企业整体改制时，资产评估增（减）值是否要计入当期应纳税所得额问题；重组企业被合并、分立、置换、对外投资等方面的资产是否要视同销售计征企业所得税问题。

3）重组后企业股东的投资成本如何确定问题。税收的主要功能是组织国家的财政收入，积累财政资金，并为企业创造公平的竞争环境。从税收的本质看，企业重组过程中只要发生了资产或权利的转让，就产生了相应的税收属性。在企业所得税的涉税处理上就应将其划分为按公允价值转让资产（包括股权），以及按公允价值购置资产（包括股权）两项交易。重组后企业的各项资产，除了在资产转让时受让方所受让的资产可按实际受让价计入有关资产账目，其他应按重组前企业的账面历史成本计价。不过在重组实践中，由于企业重组中转让资产或权利往往不以变现为目的，考虑到即时课税对企业现金流量和支付能力的影响，税法对企业重组所得税问题作出特殊性税务处理的安排，并充分体现“中性原则”。例如，在重组涉税业务中采取的递延纳税的处理方式，具体对企业重组改制时资产增值已经课税，重组后企业税前扣除的折旧额或费用摊销额可以公允价值（如评估确认值）为基础；反之，如果对企业重组改制时资产增值未予课税，则此后企业税前扣除的折旧额或费用摊销额只能以重组前资产的原账面价值为基础。因此，如果企业按资产评估价值在重组后会计损益核算中调整了有关资产账面价值并据此计提折旧或摊销，应在计算应纳税所得额时进行调整，多计提的折旧或摊销部分不得在税前扣除。显然，后者并非一种免税待遇，而是一种递延纳税的处理方式。当然，税法作出这样的规定是有前提条件的，除了对企业重组时涉及的现金等交易补价有限制，还要求重组活动要基于合理的商业目的，具备合理的重组特征（即经营上的连续性和权益上的连续性）。

（3）前期亏损的处理

重组涉及的亏损问题主要表现在企业尚未弥补的亏损如何处理的问题。

企业重组前后民事主体未发生变化的，如股权重组、资产转让，一般其重组前后纳税主体也不会发生变化。因此，重组前企业尚未弥补的经营亏损，可以在合并后逐年延续弥补；企业重组前后民事主体发生变化的，如合并、分立，重组前各企业尚未弥补的经营亏损，在税法处理上与以上有所不同。就合并而言，如果合并后的企业各方仍符合独立纳税人条件，应分别进行亏损弥补，即分别用其以后年度的经营所得弥补合并前尚未弥补的亏损，各方不得互补；如果企业以新设合并方式及以吸收合并方式合并，且被吸收企业不具备独立纳税人资格，各企业合并前尚未弥补的经营亏损，可由合并后的企业逐年延续弥补。就分立而言，分立前企业尚未弥补的经营亏损，由分立后各企业按分立协议的约定分担的数额，由分立后的企业逐年延续弥补。

符合特殊性税务处理的企业在合并重组时，如果被合并企业存在亏损，则可以有条件地进行限额弥补。财税〔2009〕59 号文件规定，可由合并企业弥补的被合并企业亏损的限额＝被合并企业净资产公允价值×截至合并业务发生当年年末国家发行的最长期限的国债利率。《国家税务总局关于发布〈企业重组业务企业所得税管理办法〉的公告》（国家税务总局公告 2010 年第 4 号）第二十六条对“可由合并企业弥补的被合并企业亏损的限额”给予了明确规定，是指按《企业所得税法》规定的剩余结转年限内，每年可由合并企业弥补的被合并企业亏损的限额。适用特殊性税务处理的企业分立，被分立企业未超过法定弥补期限的亏损额可按分立资产占全部资产的比例进行分配，由分立企业继续弥补。一般性税务处理时，被合并企业的亏损不得相互结转弥补。企业分立相关企业的亏损不得相互结转弥补。

（4）再投资退税的处理

企业若以合并、分立或资产转让等方式进行重组，因重组后原投资者的出资并未减少，故对于按上述方式进行的重组，不能视为再投资的撤出，不必缴回已退税款。企业以股权转让的方式进行重组的，如果外国投资者（包括由外国投资者持有100%股份和专门从事投资业务的外商投资企业）在5年内转让以取得的利润直接再投资而形成的股权或股份，应当缴回该部分实际已获得的退税款。但在以合理经营为目的进行公司集团重组中，该项再投资转让给与其有直接、间接或被同一人拥有100%股权关系的公司，可不被认定为撤回该项再投资，因而不必缴回该项再投资已退税款。对于受让股权或股份的外国投资者，因其受让行为未增加企业注册资本，无论其用何种资金来源或形式受让股权或股份，均不能享受再投资退税。

（5）税收优惠的处理

无论企业采取何种方式进行重组，都不能视为新办企业，不能享受新办企业的税收优惠照顾。重组前企业应享受的定期减免税优惠，且已享受期满的，重组后的企业不再享受优惠；重组前企业应享受的定期减免税优惠，未享受期满的，重组后的企业符合减免税条件的，合并后的企业可继续享受优惠至期满；重组后不符合减免税优惠的，应照章纳税。

适用一般性税务处理和适用特殊性税务处理的企业合并或分立要视具体情况而论。适用一般性税务处理的企业合并或分立，各方企业涉及享受相关税收优惠过渡政策尚未期满的，仅就存续企业未享受完的税收优惠政策继续执行。适用特殊性税务处理的企业合并或分立，就企业整体（即全部生产经营所得）享受税收优惠过渡政策的，合并或分立后的企业性质及适用税收优惠条件未发生改变的，可以继续享受合并前各企业或分立前被分立企业剩余期限的税收优惠。合并前各企业剩余的税收优惠年限不一致的，合并后企业每年度的应纳税所得额，应统一按合并日各合并前企业资产占合并后企业总资产的比例进行划分，再分别按相应的剩余优惠计算应纳税额。

4. 其他税种的影响

企业重组业务涉及的其他税种还有契税。当重组活动中存在转让不动产时，则需要缴纳契税。

综上分析表明，企业所得税对企业并购重组活动影响范围最大、程度最深，这也是本书基于企业重组所得税税制研究的动因之所在。本书仅研究企业所得税对企业重组产生的影响，不讨论其他税种。

2.2 企业重组所得税制度的演进历程

随着我国市场经济的不断发展，在产业结构调整与升级的背景下，我国已经逐渐出现了比较活跃的重组市场。为了加快经济发展方式的转变、促进产业结构优化升级，2009 年我国出台了十大产业振兴规划，推动企业兼并重组。2010 年，国务院下发了《国务院关于促进企业兼并重组的意见》（国发〔2010〕27 号），要求进一步落实重点产业调整和振兴规划，切实推进企业兼并重组，加强对企业兼并重组的引导和政策扶持。2011 年 3 月发布的国家“十二五”规划纲要也提出，要坚持市场化运作，完善配套政策，推动优势企业实施强强联合、跨地区兼并重组。2014 年 3 月，国务院印发了《国务院关于进一步优化企业兼并重组市场环境的意见》（国发〔2014〕14 号），要求加快推进审批制度改革、改善金融服务、落实和完善财税政策、完善土地管理和职工安置政策、加强产业政策引导、健全企业兼并重组的体制机制，通过优化市场环境促进企业兼并重组。2019 年 12 月，中共中央、国务院下发《关于营造更好发展环境支持民营企业改革发展的意见》，旨在进一步激发民营企业活力和创造力，鼓励民营企业因地制宜聚焦主业，加快转型升级优化重组，要求各级政府不断优化企业兼并重组市场环境，畅通市场化退出渠道，完善企业破产清算和重整等法律制度等，进一步做好僵尸企业的处置工作，如通过企业重组把僵尸企业的资源配置到有发展前景的企业中去，引导中小民营企业走“专精特新”发展之路，支持民营企业参与国有企业改革，支持民营企业做优做强，培育更多具有全球竞争力的世界一流企业。

随着国家经济政策的调整，为规范企业重组活动中涉及的所得税业务，自《企业所得税法》实施以来，财政部和国家税务总局相继出台一系列的税收政策（表 2-1），鼓励和支持有利于资源优化配置的并购重组行为，完善企业所得税法的配套政策体系，从而构建了我国企业重组所得税制完整的法律框架，为有效促进企业并购重组，营造我国企业重组业务新税收环境提供了良好的税收法律保障。

表 2-1 财政部、国家税务总局关于企业重组企业所得税税收政策

时间	文件号	文件名称
2009 年 4 月	财税〔2009〕59 号	《关于企业重组业务企业所得税处理若干问题的通知》
2009 年 4 月	财税〔2009〕60 号	《关于企业清算业务企业所得税处理若干问题的通知》
2010 年 7 月	国税〔2010〕4 号	《关于发布〈企业重组业务企业所得税管理办法〉的公告》

续表

时间	文件号	文件名称
2014年12月	财税〔2014〕109号	《关于促进企业重组有关企业所得税处理问题的通知》
2014年12月	财税〔2014〕116号	《关于非货币性资产投资企业所得税政策问题的通知》
2015年5月	国税〔2015〕33号	《关于非货币性资产投资企业所得税有关征管问题的公告》
2015年5月	国税〔2015〕40号	《关于资产（股权）划转企业所得税征管问题的公告》
2015年6月	国税〔2015〕48号	《关于企业重组业务企业所得税征收管理若干问题的公告》
2017年9月	国税〔2017〕34号	《关于全民所有制企业公司制改制企业所得税处理问题的公告》

追溯我国企业重组所得税税制的发展历程，大致经历了内外资企业所得税法统一、税收政策、征管服务、跨境重组税收管辖权、反避税措施不断完善的过程。我国企业重组所得税政策体系的演进大体可分为四个阶段。

第一个阶段是2008年之前，内外资两套企业所得税制度并存框架下各自独立的政策体系。这一时期以《国家税务总局关于企业股权投资业务若干所得税问题的通知》国税〔2000〕118号（已废止）和《国家税务总局关于企业合并分立业务有关所得税问题的通知》119号（已废止）为代表，我国企业重组的税收问题主要以企业并购、分立、股权投资和资产转让与置换业务中涉及的企业所得税问题处理为重点，并且仅针对企业合并、分立、整体资产转让和置换这四项业务有免税规定。

第二个阶段是2008年以后以《企业所得税法》颁布实施为标志。2008年1月1日起，我国开始实施的《企业所得税法》及其实施条例，对企业并购重组的所得税处理作出原则性的规定。这一时期，特别是财税〔2009〕59号文件发布以来，重新构建了内外资企业统一适用的一套政策体系。

第三个阶段是2014年国务院发布《关于进一步优化企业兼并重组市场环境的意见》（国发〔2014〕14号），特别是财政部、国家税务总局联合发布《关于促进企业重组有关企业所得税处理问题的通知》（财税〔2014〕109号）以来，进一步丰富完善了企业兼并重组所得税政策体系。这套政策体系的核心基于递延纳税的制度设计，释放重组企业的活力。

第四个阶段是国家税务总局于2017年9月22日发布《关于全民所有制企业公司制改制企业所得税处理问题的公告》（国税〔2017〕34号），这一政策主要针对国有企业，旨在进一步发挥税收对国有企业改革的推动作用，推进中央企业全部改制为有限责任公司或者股份有限公司，加快形成有效制衡的公司法人治理结构和灵活高效的市场化经营机制。国税〔2017〕34号公告明确此类改制中评估增值的资产递延纳税待遇，有效解决了企业改制纳税难题，促进了国有企业改革的顺利推进。可见，后面两套政策体系的核心皆是基于递延纳税的制度设计的，旨在通过递延纳税，提高现实重组交易的经济效率，在激活资产增值潜能后再回收政府让渡的税收，这正是重组税收政策设计的初衷（张春燕，2015）。

2.3 企业重组所得税制度的价值取向

法律的价值在于对社会主体（人）所具有的积极意义，即法律价值是法律对人的需要的满足，也是人关于法律的绝对超越指向。法律价值取向属于价值哲学的范畴，法律的价值取向是对合适法律价值的选择，是立法者基于公众的价值观在规范各种行为或面对、处理各种矛盾、冲突、关系时所持的基本价值态度、价值立场及所表现出来的基本价值倾向。价值取向的突出作用在于决定、支配立法者的价值倾向和价值选择，合理化的价值取向是推动人类进步的信念，因而只有具有正确价值取向的法律才能使法律发挥应有的效力（林德木，2016）。我国税收法律制度充分彰显鼓励正当的企业重组活动和阻止避税活动的两种价值取向。一方面，为鼓励企业重组，《企业所得税法》从法律层面对重组涉及的所得税问题作出全面的规范，并给予所得税的优惠处理。在税收实践中，财政部、国家税务总局出台了一系列税制政策促进重组活动的开展。税收政策尤其是税收优惠政策，是国家意图的一种表达方式。我国自2008年《企业所得税法》实施以来，相继出台了一系列并购重组所得税政策，以鼓励和支持有利于资源优化配置的并购重组行为。另一方面，对重组活动的避税行为进行规范。总览企业重组所得税处理的各项法律、法规和规章，从宏观层面、操作层面对重组行为进行规范，并充分体现鼓励重组活动和反避税行为并重两种价值取向的统一。目前，我国反避税立法有三个层次：一是法律，包括《企业所得税法》（第六章特别纳税调整）和《税收征管法》（第三十六条）；二是《中华人民共和国企业所得税法实施条例》（以下简称《企业所得税法实施条例》）（第六章特别纳税调整）和《税收征管法实施细则》（第五十一至五十六条）；三是财政部或国家税务总局发布的规范性文件，包括财税〔2008〕121号（资本弱化的债资比例规定）、国税发〔2009〕2号（特别纳税调整实施办法）和财税〔2009〕59号（企业重组业务企业所得税处理若干问题）等。其中，财税〔2009〕59号文件应该说是最具代表性的纲领性文件。财税〔2009〕59号文件虽不是法律层次的立法，但该文件的出台不仅仅填补了我国所得税法对重组有关处理规定的一项空白，为企业特定重组业务的税务处理提供了指引，有效解决企业重组过程中的所得税纳税事项涉及范围广、业务复杂、处理难度大的突出问题，更为重要的是从深层次揭示了企业重组业务税务处理规定所体现的鼓励重组活动与反避税并重的价值取向。

本书以财税〔2009〕59号文件为例，剖析其内容实质所体现的鼓励重组活动和反避税行为两大价值取向。

2.3.1 鼓励重组活动的价值取向

财税〔2009〕59号文件鼓励重组活动的价值取向主要体现在特殊性税务处理上。它将企业重组的税务处理区分不同条件分别适用一般性税务处理规定和特殊性税务处理规定。特殊性税务处理相较于一般性税务处理，其实质是为具有合理商业目的企业重组行为提供优惠的税务待遇，包括纳税递延和对税收属性的承继。递延纳税是指纳税人根据税法的规定将应纳税款推迟一定期限缴纳。例如，财税〔2009〕59号文件规定，在特殊重组中，满足一定条件的股权或资产出让方可以选择对重组相关的收益或损失暂时递延确认。在满足相关条件的情况下，重组相关的收益可在10年内均匀计入各年度应纳税所得。这一政策实质上是让企业实现在重组税务成本上的一个递延或达到类似"分期付款"的效果。递延纳税不能减少应纳税额，但纳税期的推迟可以使纳税人无偿使用这笔款项而不需支付利息，从而降低了税收负担，减少了企业重组成本。重组企业对被重组企业的税收属性的承继，尤其是亏损和优惠事项的承继，使重组后续存企业的实际税负大大降低。因此，特殊性税务处理对企业重组行为来说发挥了较好的激励作用。

2.3.2 反避税行为的价值取向

企业重组业务中特殊性税务处理的规定，作为一项激励企业开展重组活动的税收优惠待遇，在推动重组过程中发挥积极作用的同时也对重组各方纳税人的行为产生一定影响，势必存在以减少、免除或者延迟缴纳税款为主要目的的企业重组活动，从而损害国家的税收权益，这也是我们通常所说的避税理论。

为减少和消除纳税人利用特殊性税务处理行为，立法者必须确立反避税的价值取向，在保障合法纳税人优惠的税务待遇的同时维护国家的税收权益（章建良，2011a）。

财税〔2009〕59号文件反避税的规定主要体现在以下几个方面。

1）首次厘清了重组的内涵，规定了适用企业重组业务企业所得税处理的概念和范畴。财税〔2009〕59号文件明确重组是指企业在日常经营活动以外发生的法律结构或经济结构重大改变的交易，包括企业法律形式改变、债务重组、股权收购、资产收购、合并、分立等。这一规定意味着其他形式的重组不能适用财税〔2009〕59号文件的税务处理方式，尤其是关系纳税人税收收益的特殊性税务处理方式。

例如，资本结构调整、整体资产置换等不能适用递延纳税的优惠待遇。

2）规定各种重组形式适用特殊性税务处理方式需要符合的基本条件。企业重组同时符合下列条件的，方能适用特殊性税务处理规定。

① 具有合理的商业目的，且不以减少、免除或者推迟缴纳税款为主要目的。

② 被收购、合并或分立部分的资产或股权比例符合本通知规定的比例。

③ 企业重组后的连续 12 个月内不改变重组资产原来的实质性经营活动。

④ 重组交易对价中涉及股权支付金额符合本通知规定比例。

⑤ 企业重组中取得股权支付的原主要股东，在重组后连续 12 个月内，不得转让所取得的股权。

3）规定税收属性的承继上的限制条件。纳税人为利用亏损、优惠事项等税收属性的结转，必然会产生企业重组业务交易的动机。为此，财税〔2009〕59 号文件制定了相关的反避税条款。例如，亏损的承继上，分立形式的计算公式如下：

合并企业弥补的被合并企业亏损的限额＝被合并企业净资产公允价值×
截至合并业务发生当年年末国家发行的最长期限的国债利率

4）确立多步骤交易税务处理原则。

财税〔2009〕59 号文件第十条规定："企业在重组发生前后连续 12 个月内分步对其资产、股权进行交易，应根据实质重于形式原则将上述交易作为一项企业重组交易进行处理。"由于企业重组是一项十分复杂的系统工程，涉及范围广、业务复杂、处理难度大、专业性很强，纳税人往往会利用复杂性的特点，将一个本应适用一般性税务处理的重组业务筹划成多个交易步骤，从而使其中的重要组成部分在形式上符合特殊性税务处理要求，享受有利的税收待遇。因此，财税〔2009〕59 号文件强调应从重组业务的实质加以判定，企业的多步骤交易只要实质上违反特殊性税务处理的要求则要对多步骤交易进行实质性课税。

5）为维护国家的税收管辖权，制定跨境重组业务适用特殊性税务处理的额外条款。

企业发生涉及中国境内与境外之间（包括港澳台地区）的股权和资产收购交易，除应符合财税〔2009〕59 号文件第五条规定的适用特殊性税务处理的条件，还应同时符合下列条件，才可选择适用特殊性税务处理规定。

① 非居民企业向其 100%直接控股的另一非居民企业转让其拥有的居民企业股权，没有因此造成以后该项股权转让所得预提税负担变化，且转让方非居民企业向主管税务机关书面承诺在 3 年（含 3 年）内不转让其拥有受让方非居民企业的股权。

② 非居民企业向与其具有 100%直接控股关系的居民企业转让其拥有的另一居民企业股权。

③ 居民企业以其拥有的资产或股权向其100%直接控股的非居民企业进行投资。

④ 财政部、国家税务总局核准的其他情形。

我国对跨境企业重组规定了更为严格的限制条件，其目的是防止交易方以获得税收优惠为目的，人为设计符合特殊重组条件的交易框架，将国内未实现收益的资产向国外转移，逃避在国内的纳税义务，享受有利的税收待遇等避税行为。

综上，我国税收制度的顶层设计充分体现了鼓励重组与反避税行为并重的价值取向。在企业并购重组实践中，重组企业通过充分利用税收政策优化重组决策方案，在规避税务风险的基础上享受税法的优惠待遇，从而最大限度地降低重组成本。

2.4 企业重组所得税政策的理论框架及其特点

2.4.1 企业重组所得税政策的理论框架

我国企业重组所得税政策体系通过不断演进、发展，结合我国企业重组实践在企业所得税税收理论、税收征管实务等方面不断丰富和完善，已形成较为完整的理论体系和政策框架。税收政策作为企业并购重组政策环境的重要组成部分，立足于坚持有效市场和有为政府的基本原则下，充分发挥税收中性，促进兼并重组的经济效率，发挥并购重组的积极作用，从而推进我国经济结构的战略性调整。

1. 基于经济结构调整的重组税收政策

我国经济结构调整的基本目标是通过深化改革，培育市场体系和市场主体，完善市场调节机制，形成经济结构自我调整、自我转换的机制。但是，在经济结构调整过程中，政府的作用不可或缺。税收政策作为政府调节经济的重要手段之一，在促进经济结构调整过程中发挥着重要作用。具体表现在以下几个方面（计金标和王春成，2011）。

1）税收政策要保证市场机制对经济结构调整基础性作用的发挥。税收政策的基础作用始终是作为生产要素自由流动的外部制度条件，对纳税人来说，应尽量减少除税额和奉行成本之外的税收成本；对征税人来说，应尽量减少税收的征收成本。此外，税收政策还应在纠正市场失灵方面发挥应有的作用。

2）采取鼓励性的重组税收政策。通过制定税收优惠政策鼓励企业并购重组，以经济利益促进企业兼并重组，促进生产要素的合理流动和优化配置，发挥优势资源的作用，淘汰过剩、落后产能，实现经济结构向预定目标调整。

3）采取限制性税收政策，抑制某些经济行为，辅助经济结构调整，实现社会福利最大化。例如，对高能耗、高污染产业的相关环节征税，使其外部成本内在化，实现制约其发展的目标；限制与我国目前居民收入水平相差甚远的某些高档娱乐消费行为等。

总之，重组税收政策的作用在于通过中性的税收政策，促进生产要素的自由流动和引导资源优化配置，为经济主体的市场选择创造公平的制度环境，通过鼓励性和限制性的税收政策促进经济结构的自我调整、自我转换机制的形成。

2. 基于推动企业重组的税收激励政策

企业重组的迅速发展，离不开国家产业政策的有力支持。通常认为，企业重组在产业结构调整中发挥着重要作用，对企业重组行为的税收补贴是一种社会性优化，即私人市场体制无法产生最优的资产重组数量，尤其是在中小型企业比例较高的国家，中小型企业在生产、销售、人力资源、财务及研发上往往无法发挥规模效益，因而，企业通过资产重组实现规模经济与提升经济效率，获得管理协同、经济协同和财务协同效应，提升企业核心竞争力，实现政府采取税收激励措施所欲达成的主要政策目标。

从税收实践来看，企业重组多是资产（股权）之间的交易，此类交易按税法一般规定应当及时确认资产或股权转让所得，计征企业所得税，即重组的一般性税务处理。但是此类交易通常会涉及大量的资产评估增值，且以非货币性交易形式实现，产生的现金流很少。在这种情况下，如对此类交易产生的收益（评估增值）征收企业所得税，纳税人可能会由于缺乏纳税必要资金而无法实施重组，阻碍重组交易的正常进行，违背税收的中性原则。发达国家多对符合条件且不以规避税收为目的的企业重组，实施特殊性税务处理。这一处理的核心内容包括两个方面：一是重组发生时不征税；二是重组后收购公司及其股东的应税所得额仍以重组前的税收因素为基础计算。这就意味着重组发生时，企业的各项资产不确认转让所得，其计税基础也保持不变，实际上是一种递延纳税的税制设计思想。

那么，特殊性税务处理作为企业重组税收激励政策的重要体现，准确把握其经济实质是判定可否适用所得税激励政策的基点。

在企业重组实务中，并不是所有的重组交易都属于企业所得税政策激励的范围。企业重组特殊性税务处理的理论核心在于重组的经济实质理论，在此基础上内生出权益的连续性、经营的连续性、合理的商业目的三大基本规则。前两个规则主要从客观方面，如在收购对价的性质和数量、目标公司重大历史性营业继续或历史性营业资产继续等客观标准上确立了客观要件，而第三个规则主要从交易当事方的主观动机方面来确立重组的主观要件。上述规则在税收实践中通常取决于目标企业或目标企业股东收到交易对价的性质和构成（股权支付、非股权支付及其构成比例），这也成为判断重组交易适用特殊性税务处理或一般性税务处理的核心问题。

3. 企业重组特殊性税务处理需要满足的主要条件

1）重组的经济实质，即重组产生的唯一后果是使目标企业的原股东对目标企业营业的投资利益得以继续。或者说公司重组交易的本质在于，企业重组是目标企业股东对企业营业的投资利益在变化后的企业形态下继续存在。重组前后，企业股东在新旧企业享有的全部或绝大部分利益只是股东所有权形式上的变化，而不涉及投资利益的重大变化，重组后原股东将继续其投资和营业，并且重组后的利益与重组前的利益不存在实质区别。

2）权益的连续性，即转让资产的企业或其股东应通过持有受让资产企业的股权继续保持对有关资产的控制。基于重组经济实质的内在要求，如果一个交易适用特殊性税务处理，该交易必须满足一个直接或间接的股东利益持续要求。也就是说，目标企业的原股东必须通过获得收购企业的股票在目标资产和目标营业中保持一个持续的权益。股东权益的连续性是通过获得收购方的股权支付对价来实现的，通常要有股权比例要求和股权持有时间要求。

3）经营的连续性，即企业转让资产后，受让企业继续开展同样目的的经营业务。经营连续性的实质在于关注企业实体本身所从事的营业，而不是交易中所支付的对价。这就意味着，在经历重组交易后，被收购企业的营业或资产在新的企业实体下得以继续，而不得将该营业或资产在交易之后予以出售或处置。该规则的基本原理在于一个适用特殊性税务处理的重组交易仅仅是相关资产的所有者权益的再调整或者“仅仅是所有者权益形式的改变”。从这个意义上说，经营的连续性规则和权益的连续性规则是有关交易适用特殊性税务处理的两个“关联”规则。

4）合理的商业目的，即防止企业利用免税重组进行避税。这一规则的本质在于若重组行为不存在任何实质性的、重大的营业目的，仅仅以规避或减少税收为目的，将不得视为一个有效重组。这就意味着，任何重组交易必须具有合理的商业目的，不得为了规避征税而仅仅存在公司重组形式上的变化。

5）纳税必要资金，即纳税人有足够财力缴税时才能确认收入并就该收入缴税。这一原则源于企业所得税的基本原理。纳税人的纳税能力是企业所得税制的基础，当纳税人有足够财力缴税时才能确认应纳税所得额并据以计算纳税；当纳税人无现实支付能力或不具有纳税必要资金时，应当考虑暂不确认所得或递延纳税的政策设计。为满足权益的连续性要求，需要满足获得的股权支付对价占到较高比例的条件，因而必然导致现金等非股权支付较少，缺乏纳税必要资金。这一点类似于"权益的连续性"规则的一个派生规则（黄志彬，2011）。

在具体的税收政策中，财税〔2009〕59 号文件给出了特殊性税务处理的 5 个要件。其中，经营的连续性要件体现在"企业重组后的连续 12 个月内不改变重组资产原来的实质性经营活动"；权益的连续性和纳税必要资金的要件体现在"重组交易对价中涉及股权支付金额符合规定比例"；"企业重组中取得股权支付的原主要股东，在重组后连续 12 个月内，不得转让所取得的股权"；具有合理的商业目的要件体现在"不以减少、免除或者推迟缴纳税款为主要目的"。

同样，财税〔2014〕109 号文件给出了集团内 100%直接控制的居民企业之间股权、资产划转适用特殊性税务处理的基本条件。其中，"具有合理商业目的、不以减少、免除或者推迟缴纳税款为主要目的""股权或资产划转后连续 12 个月内不改变被划转股权或资产原来实质性经营活动"，都是重组交易递延纳税核心要件的具体体现（樊竑，2010）。

上述条件是构建企业重组激励政策的基点，也是进一步完善重组所得税制度的出发点和基本原则。

2.4.2 企业重组所得税政策特点

1. 规范了企业重组的税收概念和企业重组的类型

现行税收政策对许多重组概念进行了规范性解释，如将企业重组区分为 6 种类型，即重组是指企业在日常经营活动以外发生的法律结构或经济结构重大改变的交易，包括企业法律形式改变、债务重组、股权收购、资产收购、合并、分立等，涵盖了资本运作的所有基本形式。为了与《企业会计准则》和《企业所得税法》相协调，在引入计税基础概念的同时，还确立了公允价值核算原则。此外，还在特殊重组中增加了股权收购类型。由于股权收购与资产收购具有相同的经济本质，如果资产收购可适用特殊性税务处理而股权收购不能适用特殊性税务处理，则有悖于税收中性原则。

2. 企业重组税务处理分为一般性和特殊性税务处理两类

在我国的企业重组税收实践中，将税务处理分为一般性和特殊性税务处理，并分别规定不同的处理方法和管理模式。一般性重组是在企业并购交易发生时，就要确认资产、股权转让所得和损失，按照交易价格重新确定计税基础，并计算缴纳企业所得税的重组。一般性重组没有特定条件要求。特殊性重组在过去的规定中称为免税重组，是指符合一定条件的企业重组，在重组交易发生时，对股权支付部分，以企业资产、股权的原有成本为计税基础，暂时不确认资产、股权转让所得和损失，即暂时不用纳税，将纳税义务递延到以后履行。简而言之，适用一般性税务处理的重组通常需要按规定纳税，且当事各方应准备相关资料备查，而特殊性税务处理则可以免税，当事各方应提交书面资料备案（辛连珠，2011）。

3. 扩大了企业重组的递延幅度，明确了税收优惠政策的承继

财税〔2009〕59 号文件规定的特殊重组递延纳税，除保留债务重组收益较大的可递延 5 年纳税外，还对居民企业以资产或股权向其 100%直接控股的非居民企业投资，其资产或股权转让收益，可分 10 年递延计算应税所得。此外，《企业重组业务企业所得税管理办法》明确了企业合并和分立重组的税收优惠政策承继问题。对特殊重组给予税收优惠，有利于推动企业重组，实现产业调整和振兴。

4. 借鉴国际经验，完善企业跨境重组的税收管辖权

我国在借鉴国际经验的基础上，逐步完善企业跨境重组的税收管辖权。通过借鉴美国免税重组政策中商业目的、持续经营及股东利益的持续等要求，完善了我国企业重组特殊性税务处理的要件；通过借鉴国外跨境重组税收政策和征管经验，对我国企业跨境重组税收政策进行了重新规范，尤其是对跨境重组适用特殊性税务处理的规范方面。关于境外股权收购模式的特殊性税务处理问题，财税〔2009〕59 号文件第七条第一款规定：非居民企业向其 100%直接控股的另一非居民企业转让其拥有的 75%以上居民企业股权，且 85%以上用股权支付，并没有因此造成后期该项股权转让预提所得税变化，且转让方非居民企业向主管税务机关书面承诺在 3 年（含）内不转让其拥有受让方非居民企业的股权，且同时满足财税〔2009〕59 号文件第五条规定的特殊重组基本条件的，可选择适用特殊性税务处理规定。显然，这里涉及的境外股权收购属于境外—境外模式，该交易在管理架构上属于将子公司变为孙公司的过程。在这种情况下由于交易主体均为非居民企业，属于预提所得税范畴，且预提所得税的主管税务机关不变，税收管辖权不发生转移。总之，不断完善我国跨境重组的税收管辖权，不仅有利于外资企业的国内整合和内资企业的海外并购重组，也有利于我国建立与国际趋同的企业重组企业所得税税制，最大限度地维护我国的税收主权。

第3章 企业重组企业所得税政策评析

3.1 关于企业重组业务企业所得税处理若干问题的政策与评析

3.1.1 文件导读

财政部 国家税务总局关于企业重组业务企业所得税处理若干问题的通知
财税〔2009〕59号

各省、自治区、直辖市、计划单列市财政厅（局）、国家税务局、地方税务局，新疆生产建设兵团财务局：

根据《中华人民共和国企业所得税法》第二十条和《中华人民共和国企业所得税法实施条例》（国务院令第512号）第七十五条规定，现就企业重组所涉及的企业所得税具体处理问题通知如下：

一、本通知所称企业重组，是指企业在日常经营活动以外发生的法律结构或经济结构重大改变的交易，包括企业法律形式改变、债务重组、股权收购、资产收购、合并、分立等。

（一）企业法律形式改变，是指企业注册名称、住所以及企业组织形式等的简单改变，但符合本通知规定其他重组的类型除外。

（二）债务重组，是指在债务人发生财务困难的情况下，债权人按照其与债务人达成的书面协议或者法院裁定书，就其债务人的债务作出让步的事项。

（三）股权收购，是指一家企业（以下称为收购企业）购买另一家企业（以下称为被收购企业）的股权，以实现对被收购企业控制的交易。收购企业支付对价的形式包括股权支付、非股权支付或两者的组合。

（四）资产收购，是指一家企业（以下称为受让企业）购买另一家企业（以下称为转让企业）实质经营性资产的交易。受让企业支付对价的形式包括股权支付、非股权支付或两者的组合。

（五）合并，是指一家或多家企业（以下称为被合并企业）将其全部资产和负债转让给另一家现存或新设企业（以下称为合并企业），被合并企业股东换取合并企业的股权或非股权支付，实现两个或两个以上企业的依法合并。

（六）分立，是指一家企业（以下称为被分立企业）将部分或全部资产分离转让给现存或新设的企业（以下称为分立企业），被分立企业股东换取分立企业的股权或非股权支付，实现企业的依法分立。

二、本通知所称股权支付，是指企业重组中购买、换取资产的一方支付的对价中，以本企业或其控股企业的股权、股份作为支付的形式；所称非股权支付，是指以本企业的现金、银行存款、应收款项、本企业或其控股企业股权和股份以外的有价证券、存货、固定资产、其他资产以及承担债务等作为支付的形式。

三、企业重组的税务处理区分不同条件分别适用一般性税务处理规定和特殊性税务处理规定。

四、企业重组，除符合本通知规定适用特殊性税务处理规定的外，按以下规定进行税务处理：

（一）企业由法人转变为个人独资企业、合伙企业等非法人组织，或将登记注册地转移至中华人民共和国境外（包括港澳台地区），应视同企业进行清算、分配，股东重新投资成立新企业。企业的全部资产以及股东投资的计税基础均应以公允价值为基础确定。

企业发生其他法律形式简单改变的，可直接变更税务登记，除另有规定外，有关企业所得税纳税事项（包括亏损结转、税收优惠等权益和义务）由变更后企业承继，但因住所发生变化而不符合税收优惠条件的除外。

（二）企业债务重组，相关交易应按以下规定处理：

1．以非货币资产清偿债务，应当分解为转让相关非货币性资产、按非货币性资产公允价值清偿债务两项业务，确认相关资产的所得或损失。

2．发生债权转股权的，应当分解为债务清偿和股权投资两项业务，确认有关债务清偿所得或损失。

3．债务人应当按照支付的债务清偿额低于债务计税基础的差额，确认债务重组所得；债权人应当按照收到的债务清偿额低于债权计税基础的差额，确认债务重组损失。

4．债务人的相关所得税纳税事项原则上保持不变。

（三）企业股权收购、资产收购重组交易，相关交易应按以下规定处理：

1．被收购方应确认股权、资产转让所得或损失。

2．收购方取得股权或资产的计税基础应以公允价值为基础确定。

3．被收购企业的相关所得税事项原则上保持不变。

（四）企业合并，当事各方应按下列规定处理：

1．合并企业应按公允价值确定接受被合并企业各项资产和负债的计税基础。

2．被合并企业及其股东都应按清算进行所得税处理。

3．被合并企业的亏损不得在合并企业结转弥补。

（五）企业分立，当事各方应按下列规定处理：

1．被分立企业对分立出去资产应按公允价值确认资产转让所得或损失。

2．分立企业应按公允价值确认接受资产的计税基础。

3．被分立企业继续存在时，其股东取得的对价应视同被分立企业分配进行处理。

4．被分立企业不再继续存在时，被分立企业及其股东都应按清算进行所得税处理。

5．企业分立相关企业的亏损不得相互结转弥补。

五、企业重组同时符合下列条件的，适用特殊性税务处理规定：

（一）具有合理的商业目的，且不以减少、免除或者推迟缴纳税款为主要目的。

（二）被收购、合并或分立部分的资产或股权比例符合本通知规定的比例。

（三）企业重组后的连续 12 个月内不改变重组资产原来的实质性经营活动。

（四）重组交易对价中涉及股权支付金额符合本通知规定比例。

（五）企业重组中取得股权支付的原主要股东，在重组后连续 12 个月内，不得转让所取得的股权。

六、企业重组符合本通知第五条规定条件的，交易各方对其交易中的股权支付部分，可以按以下规定进行特殊性税务处理：

（一）企业债务重组确认的应纳税所得额占该企业当年应纳税所得额 50%以上，可以在 5 个纳税年度的期间内，均匀计入各年度的应纳税所得额。

企业发生债权转股权业务，对债务清偿和股权投资两项业务暂不确认有关债务清偿所得或损失，股权投资的计税基础以原债权的计税基础确定。企业的其他相关所得税事项保持不变。

（二）股权收购，收购企业购买的股权不低于被收购企业全部股权的 75%[①]，且收购企业在该股权收购发生时的股权支付金额不低于其交易支付总额的 85%，可以选择按以下规定处理：

1．被收购企业的股东取得收购企业股权的计税基础，以被收购股权的原有计税基础确定。

---

① 第六条第（二）项中有关“股权收购，收购企业购买的股权不低于被收购企业全部股权的 75%”规定调整为“股权收购，收购企业购买的股权不低于被收购企业全部股权的 50%”，参见 3.4 节中《财政部 国家税务总局关于促进企业重组有关企业所得税处理问题的通知》（财税〔2014〕109 号）。

2. 收购企业取得被收购企业股权的计税基础，以被收购股权的原有计税基础确定。

3. 收购企业、被收购企业的原有各项资产和负债的计税基础和其他相关所得税事项保持不变。

（三）资产收购，受让企业收购的资产不低于转让企业全部资产的75%[①]，且受让企业在该资产收购发生时的股权支付金额不低于其交易支付总额的85%，可以选择按以下规定处理：

1. 转让企业取得受让企业股权的计税基础，以被转让资产的原有计税基础确定。

2. 受让企业取得转让企业资产的计税基础，以被转让资产的原有计税基础确定。

（四）企业合并，企业股东在该企业合并发生时取得的股权支付金额不低于其交易支付总额的85%，以及同一控制下且不需要支付对价的企业合并，可以选择按以下规定处理：

1. 合并企业接受被合并企业资产和负债的计税基础，以被合并企业的原有计税基础确定。

2. 被合并企业合并前的相关所得税事项由合并企业承继。

3. 可由合并企业弥补的被合并企业亏损的限额＝被合并企业净资产公允价值×截至合并业务发生当年年末国家发行的最长期限的国债利率。

4. 被合并企业股东取得合并企业股权的计税基础，以其原持有的被合并企业股权的计税基础确定。

（五）企业分立，被分立企业所有股东按原持股比例取得分立企业的股权，分立企业和被分立企业均不改变原来的实质经营活动，且被分立企业股东在该企业分立发生时取得的股权支付金额不低于其交易支付总额的85%，可以选择按以下规定处理：

1. 分立企业接受被分立企业资产和负债的计税基础，以被分立企业的原有计税基础确定。

2. 被分立企业已分立出去资产相应的所得税事项由分立企业承继。

3. 被分立企业未超过法定弥补期限的亏损额可按分立资产占全部资产的比例进行分配，由分立企业继续弥补。

4. 被分立企业的股东取得分立企业的股权（以下简称“新股”），如需部分或

---

① 第六条第（三）项中有关“资产收购，受让企业收购的资产不低于转让企业全部资产的75%”规定调整为“资产收购，受让企业收购的资产不低于转让企业全部资产的50%”，参见3.4节中《财政部 国家税务总局关于促进企业重组有关企业所得税处理问题的通知》（财税〔2014〕109号）。

全部放弃原持有的被分立企业的股权（以下简称“旧股”），“新股”的计税基础应以放弃“旧股”的计税基础确定。如不需放弃“旧股”，则其取得“新股”的计税基础可从以下两种方法中选择确定：直接将“新股”的计税基础确定为零；或者以被分立企业分立出去的净资产占被分立企业全部净资产的比例先调减原持有的“旧股”的计税基础，再将调减的计税基础平均分配到“新股”上。

（六）重组交易各方按本条（一）至（五）项规定对交易中股权支付暂不确认有关资产的转让所得或损失的，其非股权支付仍应在交易当期确认相应的资产转让所得或损失，并调整相应资产的计税基础。

非股权支付对应的资产转让所得或损失＝（被转让资产的公允价值－被转让资产的计税基础）×（非股权支付金额÷被转让资产的公允价值）

七、企业发生涉及中国境内与境外之间（包括港澳台地区）的股权和资产收购交易，除应符合本通知第五条规定的条件外，还应同时符合下列条件，才可选择适用特殊性税务处理规定：

（一）非居民企业向其100%直接控股的另一非居民企业转让其拥有的居民企业股权，没有因此造成以后该项股权转让所得预提税负担变化，且转让方非居民企业向主管税务机关书面承诺在3年（含3年）内不转让其拥有受让方非居民企业的股权；

（二）非居民企业向与其具有100%直接控股关系的居民企业转让其拥有的另一居民企业股权；

（三）居民企业以其拥有的资产或股权向其100%直接控股的非居民企业进行投资；

（四）财政部、国家税务总局核准的其他情形。

八、本通知第七条第(三)项所指的居民企业以其拥有的资产或股权向其100%直接控股关系的非居民企业进行投资，其资产或股权转让收益如选择特殊性税务处理，可以在10个纳税年度内均匀计入各年度应纳税所得额。

九、在企业吸收合并中，合并后的存续企业性质及适用税收优惠的条件未发生改变的，可以继续享受合并前该企业剩余期限的税收优惠，其优惠金额按存续企业合并前一年的应纳税所得额（亏损计为零）计算。

在企业存续分立中，分立后的存续企业性质及适用税收优惠的条件未发生改变的，可以继续享受分立前该企业剩余期限的税收优惠，其优惠金额按该企业分立前一年的应纳税所得额（亏损计为零）乘以分立后存续企业资产占分立前该企业全部资产的比例计算。

十、企业在重组发生前后连续12个月内分步对其资产、股权进行交易，应根据实质重于形式原则将上述交易作为一项企业重组交易进行处理。

十一、企业发生符合本通知规定的特殊性重组条件并选择特殊性税务处理的，当事各方应在该重组业务完成当年企业所得税年度申报时，向主管税务机关提交书面备案资料，证明其符合各类特殊性重组规定的条件。企业未按规定书面备案的，一律不得按特殊重组业务进行税务处理。

十二、对企业在重组过程中涉及的需要特别处理的企业所得税事项，由国务院财政、税务主管部门另行规定。

十三、本通知自2008年1月1日起执行。

财政部 国家税务总局

二〇〇九年四月三十日

3.1.2 财税〔2009〕59号文件评析

随着我国国民经济结构的战略调整及全球经济一体化的发展，我国企业重组活动呈现蓬勃发展态势，企业重组规模不断扩大、重组内容日益复杂、重组形式不断推陈出新。企业重组所得税涉税事项范围广、业务复杂、处理难度大，成为业内关注的重点，更是难点。财税〔2009〕59号文件的出台，是我国重组税制发展史上一个较大的突破。该文件不仅是对《企业所得税法》的重要补充通知，而且对我国所得税法相关内容做了进一步的明晰和补充，填补了我国所得税法对有关重组业务处理规定的空白，同时更好地与国际上通行的做法接轨，构建了与国际趋同的所得税处理规范，使企业在进行重组时有章可循、有据可依。

财税〔2009〕59号文件对企业重组产生的重大意义表现如下。

1）明确了企业重组的定义。我国以前的税收政策文件从未对企业重组给予明确的定义，对于企业重组的相关税收政策大多散见于各类税收文件中，税收政策缺乏衔接性、系统性和规范性。财税〔2009〕59号文件的出台，首次明确了企业重组的定义及具体类型。根据财税〔2009〕59号文件的相关规定，企业重组涵盖企业在日常经营活动以外发生的法律结构或经济结构重大改变的交易事项，具体包括企业法律形式改变、债务重组、股权收购、资产收购、合并、分立等，这6种类型基本涵盖了资本运作的所有主要形式。

2）财税〔2009〕59号文件将资产重组的税务处理分为一般性税务处理和特殊性税务处理，其中特殊性税务处理为重组税收优惠激励政策。财税〔2009〕59号文件的出台弥补了《企业所得税法》缺乏特定的企业重组类型税务处理方式的具体规定的空白，为企业开展特定重组业务的税务处理提供了指引。此外，财税〔2009〕59号文件还对跨境重组适用特殊性税务处理加以规定。在特殊重组中，无论是居民企业还是非居民企业，满足一定条件的股权或资产出让比例即可选择对重组相关的收益或损失暂时递延确认，这对推动跨境重组活动的开展发挥了积极作用（赵翠英和吴晗悦，2018）。

3）财税〔2009〕59 号文件首次提出了“计税基础”“特殊重组”的创新概念，成为财税〔2009〕59 号文件的两个最新亮点。一是“计税基础”概念被提出并加以明确。这不仅有利于明晰、规范企业的相关纳税行为，也有助于增强企业税基意识，提高企业涉税工作的及时性和准确性，进而推动企业税务管理工作水平的整体提升。二是在特殊重组中，对于满足一定条件的股权或资产出让方可以选择对重组相关的收益或损失暂时递延确认。在有些情况下，重组相关的收益可在 10 年内均匀计入各年度应纳税所得。这一特殊性税务处理政策可使企业通过递延纳税或类似分期付款的方式实现节约重组税务成本的目的，从而为具有合理商业目的的企业重组提供优惠的税务待遇，促使企业通过重组整合节约大量管理成本，推动重组的顺利开展。值得一提的是，企业在享受政策红利的同时，也隐含着一定的涉税风险。企业必须充分、准确把握各项政策的精神实质、内容要点，防止税务风险的发生。例如，对于适用免税重组条件的企业，如果企业选择适用特殊性税务处理方式，则要特别注意其重组活动必须符合特殊重组的适格要件——具备合理的商业目的，不应以减少、免除或者推迟缴纳税款为主要目的，且符合通知规定的被收购、合并或分立部分的资产或股权比例，以及重组交易对价中涉及股权支付金额的比例。企业重组事项一旦适用特殊性税务处理规定，企业即负有举证责任，当事各方应在该重组业务完成当年企业所得税年度申报时，向主管税务机关提交书面备案资料，证明自己符合特殊性重组规定的条件。纳税人申请减免税时，应当依据相关法律法规要求报送材料，并对报送材料的真实性和合法性承担责任。当享受减免税情形发生变化时，纳税人应当及时向税务机关报告。对于减免税到期的，纳税人应当主动停止享受减免税，按照规定进行纳税申报。

总之，我国现行减免税管理办法以还权、还责于纳税人为基础，在简化办税程序的同时，对纳税人提出了更高的要求。纳税人需承担符合优惠条件的完全举证责任，对于纳税人所享受的税收优惠政策，纳税人对符合政策规定条件的材料负有留存备查的义务。否则，“纳税人在税务机关后续管理中不能提供相关印证材料的，不得继续享受税收减免，追缴已享受的减免税款，并依照税收征管法的有关规定处理”（先礼琼，2011）。

4）明确了企业重组税收优惠承续问题。财税〔2009〕59 号文件对企业合并和分立重组税收优惠承续问题进行了明确。在企业吸收合并中，合并后的存续企业性质及适用税收优惠的条件未发生改变的，可以继续享受合并前该企业剩余期限的税收优惠，其优惠金额按存续企业合并前一年的应纳税所得额（亏损计为零）计算。在企业重组存续分立中，分立后的存续企业性质及适用税收优惠的条件未发生改变的，可以继续享受分离前该企业剩余期限的税收优惠，其税收优惠金额按以下公式确定的比例计算：

税收优惠的比例＝该企业分立前一年的应纳税所得额（亏损计为零）
×分立后存续企业资产÷分立前该企业全部资产

5）免税重组的程序性规定。企业发生符合本通知规定的特殊性重组条件并选择特殊性税务处理的，财税〔2009〕59号文件第十一条就程序性问题作了明确的规定：当事各方应在该重组业务完成当年企业所得税年度申报时，向主管税务机关提交书面备案资料，证明其符合各类特殊重组规定的条件。企业未按规定书面备案的，一律不得按特殊重组业务进行税务处理。由此可见，企业在享受特殊性税务处理给予的税收优惠时，务必在进行企业所得税年度纳税申报时，向税务机关提交相应的书面备案资料。

但是，财税〔2009〕59号文件在操作过程中存在一定的难点。一是对于投资者而言，选择适用特殊重组需要满足合理商业目的，然而由于政策指引不明确及相关判例的缺乏，实践中对“合理商业目的”的判定较为困难。二是在股权收购中，规定“收购企业购买的股权不低于被收购企业全部股权的75%”，显然这75%的比例相对偏高，不利于推动重组活动的广泛开展。三是适用特殊重组需要满足的条件之一是经营的连续性（在实际操作中较难准确把握）。通常来讲，企业的经营活动会适时根据市场条件的变化及时作出调整。然而，市场需求（如产品更新换代、科技发展、客户需求变更等）或经营需要变化导致的经营活动调整是否认定为“实质性经营活动”的改变存在不确定性，这对企业持续开展经营活动将产生不利影响。四是财税〔2009〕59号文件第五条规定中“12个月”的时间相对较长，弹性较差。国际上大多数国家通常采用相对灵活的处理方式，如区别对待上市公司和非上市公司，将时间改为6个月则更具灵活性。

3.2 关于企业清算业务企业所得税处理若干问题的政策与评析

3.2.1 文件导读

财政部 国家税务总局关于企业清算业务企业所得税处理若干问题的通知
财税〔2009〕60号

各省、自治区、直辖市、计划单列市财政厅（局）、国家税务局、地方税务局，新疆生产建设兵团财务局：

根据《中华人民共和国企业所得税法》第五十三条、第五十五条和《中华人民共和国企业所得税法实施条例》（国务院令第512号）第十一条规定，现就企业清算有关所得税处理问题通知如下：

一、企业清算的所得税处理，是指企业在不再持续经营，发生结束自身业务、处置资产、偿还债务以及向所有者分配剩余财产等经济行为时，对清算所得、清算所得税、股息分配等事项的处理。

二、下列企业应进行清算的所得税处理：

（一）按《公司法》、《企业破产法》等规定需要进行清算的企业；

（二）企业重组中需要按清算处理的企业。

三、企业清算的所得税处理包括以下内容：

（一）全部资产均应按可变现价值或交易价格，确认资产转让所得或损失；

（二）确认债权清理、债务清偿的所得或损失；

（三）改变持续经营核算原则，对预提或待摊性质的费用进行处理；

（四）依法弥补亏损，确定清算所得；

（五）计算并缴纳清算所得税；

（六）确定可向股东分配的剩余财产、应付股息等。

四、企业的全部资产可变现价值或交易价格，减除资产的计税基础、清算费用、相关税费，加上债务清偿损益等后的余额，为清算所得。

企业应将整个清算期作为一个独立的纳税年度计算清算所得。

五、企业全部资产的可变现价值或交易价格减除清算费用，职工的工资、社会保险费用和法定补偿金，结清清算所得税、以前年度欠税等税款，清偿企业债务，按规定计算可以向所有者分配的剩余资产。

被清算企业的股东分得的剩余资产的金额，其中相当于被清算企业累计未分配利润和累计盈余公积中按该股东所占股份比例计算的部分，应确认为股息所得；剩余资产减除股息所得后的余额，超过或低于股东投资成本的部分，应确认为股东的投资转让所得或损失。

被清算企业的股东从被清算企业分得的资产应按可变现价值或实际交易价格确定计税基础。

六、本通知自 2008 年 1 月 1 日起执行。

财政部　国家税务总局

二〇〇九年四月三十日

3.2.2　财税〔2009〕60 号文件评析

财税〔2009〕60 号文件是主要针对企业清算有关所得税处理问题的内容。虽然《企业所得税法》第五十三条、第五十五条和《企业所得税法实施条例》（国务院令第 512 号）第十一条对企业所得税清算中涉及的事项作了规定，但对于什么情况下应进行企业所得税清算、如何确认企业清算所得等具体问题的规定尚不够明确。财税〔2009〕60号文件对企业清算业务企业所得税处理中的具体操作事项作了较为明确的规定。

1. 企业清算业务涉及的层面

一般公司大多是由股东投资成立的，这里的股东既包括企业股东（企业投资者），也包括个人股东（个人投资者）。因此，任何法人主体依据《公司法》的相关规定新设成立起，企业所得税的纳税人就会涉及公司层面和股东层面两个纳税主体（图3-1）。一是公司层面，依法创立的公司作为企业所得税纳税人，应就其生产经营所得及其他所得依法缴纳企业所得税。二是股东层面，创立该公司的企业投资者也成为企业所得税纳税人，其应就其投资该公司所取得的股息所得和投资转让所得依法缴纳企业所得税（个人股东则是根据《中华人民共和国个人所得税法》（以下简称《个人所得税法》）的规定，就其投资的股息所得和投资转让所得依法缴纳个人所得税）。

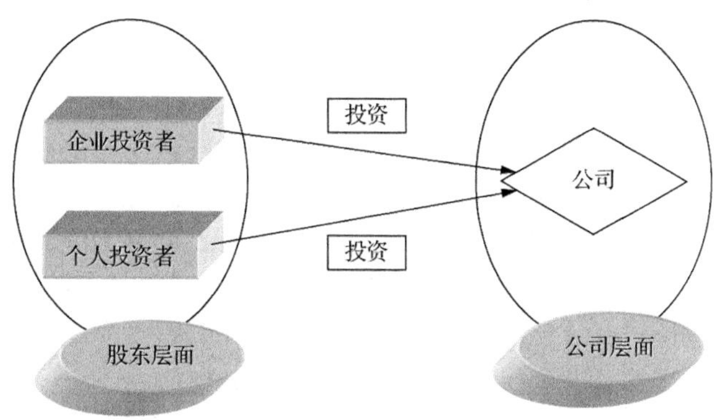

图3-1 企业清算业务的两个层面

在公司的清算环节，企业所得税的清算也应该涉及两个层面主体的清算。一是公司层面，从事实体生产经营的公司应进行企业所得税的清算。二是股东层面，公司的企业投资者也应对投资行为取得的所得进行企业所得税清算。

在企业所得税清算环节，不仅要关注公司层面的清算，也要关注股东层面的清算。对于公司层面，在清算时进行企业所得税处理，就企业清算所得缴纳企业所得税。《企业所得税法实施条例》第十一条明确规定："企业所得税法第五十五条所称清算所得，是指企业的全部资产可变现价值或者交易价格减除资产净值、清算费用以及相关税费等后的余额。"对于股东层面，在公司清算完成后，投资者应就该项投资行为的企业所得税进行清算，即公司的企业股东如何确认其投资转让所得或损失。投资企业从被清算企业分得的剩余资产，其中相当于从被清算企业累计未分配利润和累计盈余公积中按该股东所占股份比例计算的部分，应确认为股息所得；剩余资产减除上述股息所得后的余额，超过或者低于投资成本的部分，应当确认为投资资产转让所得或者损失。

2. 企业所得税清算的条件

关于企业所得税清算条件，在现实中往往存在误区。很多人认为企业税务登记注销就必须进行企业所得税的清算，这个观点失之偏颇。

根据《税务登记管理办法》（2018 年修正）的规定，以下 3 种情况应进行税务登记的注销。

1）纳税人发生解散、破产、撤销以及其他情形，依法终止纳税义务的，应当在向工商行政管理机关或者其他机关办理注销登记前，持有关证件和资料向原税务登记机关申报办理注销税务登记；按规定不需要在工商行政管理机关或者其他机关办理注册登记的，应当自有关机关批准或者宣告终止之日起 15 日内，持有关证件和资料向原税务登记机关申报办理注销税务登记。

2）纳税人因住所、经营地点变动，涉及改变税务登记机关的，应当在向工商行政管理机关或者其他机关申请办理变更、注销登记前，或者住所、经营地点变动前，持有关证件和资料，向原税务登记机关申报办理注销税务登记，并自注销税务登记之日起 30 日内向迁达地税务机关申报办理税务登记。

3）境外企业在中国境内承包建筑、安装、装配、勘探工程和提供劳务的，应当在项目完工、离开中国前 15 日内，持有关证件和资料，向原税务登记机关申报办理注销税务登记。

上面 3）涉及的是非居民企业的企业所得税处理问题，应根据《非居民承包工程作业和提供劳务税收管理暂行办法》（国家税务总局令第 19 号）处理，这里不作讨论。

值得注意的是，《税务登记管理办法》中上述 1）和 2）的内容表明，需要进行企业税务登记证注销时，并不必然需要进行企业所得税的清算。那么，在什么情况下应进行企业所得税的清算呢？财税〔2009〕60 号文件第二条给予了明确：

一是按《公司法》《企业破产法》等规定需要进行清算的企业（杨捷，2013）。主要包括以下几种类型：①企业解散。合资、合作、联营企业在经营期满后，不再继续经营而解散；合作企业的一方或多方违反合同、章程而提前终止合作关系解散。②企业破产。企业不能清偿到期债务，或者企业法人已解散但未清算或者未清算完毕，资产不足以清偿债务的，债权人或者依法负有清算责任的人向人民法院申请破产清算。因不能清偿到期债务并且资产不足以清偿全部债务或者明显缺乏清偿能力的，企业也可以主动向人民法院申请破产清算。③其他原因清算。企业因自然灾害、战争等不可抗力遭受损失，无法经营下去，应进行清算；企业因违法经营，造成环境污染或危害社会公众利益，被停业、撤销，应当进行清算。

二是企业重组中需要按清算处理的企业，根据财税〔2009〕59号文件的规定，主要包括以下3种情况：①企业由法人转变为个人独资企业、合伙企业等非法人组织，或将登记注册地转移至中华人民共和国境外（包括港澳台地区），应进行企业所得税清算。②不适用特殊性税务处理的企业合并中，被合并企业及其股东都应按清算进行所得税处理。③不适用特殊性税务处理的企业分立中，被分立企业不再继续存在时，被分立企业及其股东都应按清算进行所得税处理。

3. 企业清算期的确定

企业的清算期是指从企业终止生产经营之日起到企业注销登记日之前（图3-2）。

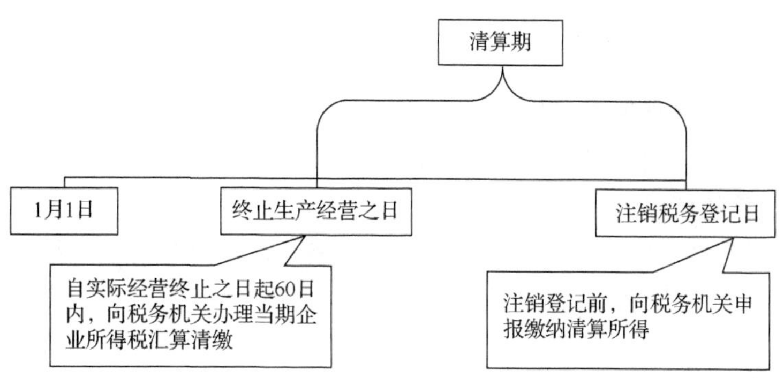

图3-2 企业清算期

从1月1日到企业终止生产经营之日是企业正常生产经营期，企业取得的为生产经营所得。对于这部分所得，应以当年1月1日至企业终止生产经营之日作为一个独立的纳税年度，根据《企业所得税法》的相关规定，在自实际经营终止之日起60日内，向税务机关办理当期企业所得税汇算清缴，按《企业所得税汇算清缴管理办法》的相关规定进行。从企业终止生产经营之日到企业注销税务登记日之前，作为一个完整的清算期。企业的清算期应视为一个独立的纳税年度。

由此可见，当企业出现清算情形时，企业清算当年就被划分为两个纳税年度，一是从当年1月1日到清算开始日为一个正常生产经营纳税年度；二是从清算开始日到清算结束日的清算期间为一个清算纳税年度。因此，清算日期的选择，往往会影响到两个纳税年度的应税所得，从而影响企业的所得税税负。

【案例 3-1】某公司某年 1 月 1 日至 7 月末正常开展生产经营活动，应纳税所得额为 20 万元，该公司适用税率为 25%。公司股东会于 7 月 20 日通过解散清算会议，并将 8 月 1 日作为清算日开始进行清算。8 月 1 日至 10 月 15 日共发生清算费用 20 万元，清算所得为 10 万元。制订企业所得税纳税筹划方案。

分析：如果按该公司将清算日定为 8 月 1 日，则该公司当年（前 7 个月）应纳所得税为 5（20×25%）万元；清算期间清算净所得为－10（10－20）万元，不纳税；当年合计应纳所得税 5 万元。

如果该公司将清算日定为 11 月 1 日，公司在尚未公告解散时，把有关的清算准备活动及费用 20 万元提前转移到生产经营期间，并抵减生产经营期间的应纳税所得额，则该公司当年的应纳所得税为前 10 个月应纳税所得额为 0（20－20）元，不纳税；清算期间清算净所得为－10（10－20）万元，不纳税；当年合计应纳税所得额为 0 元，应纳所得税为 0 元。

4. 企业清算所得的计算

企业清算所得是指企业的全部资产可变现价值或交易价格，减除资产的计税基础、清算费用、相关税费，加上债务清偿损益等后的余额。

企业清算的所得税处理包括以下内容。

1）全部资产均应按可变现价值或交易价格，确认资产转让所得或损失。

2）确认债权清理、债务清偿的所得或损失。

3）改变持续经营核算原则，对预提或待摊性质的费用进行处理。

4）依法弥补亏损，确定清算所得。

5）计算并缴纳清算所得税。

6）确定可向股东分配的剩余财产、应付股息等。

依据财税〔2009〕60 号文件的规定，企业清算所得的计算公式如下：

企业清算所得＝企业的全部资产可变现价值或交易价格－资产的计税基础
－清算费用－相关税费＋债务清偿损益－弥补以前年度亏损

其中，

债务清偿损益＝债务的计税基础－债务的实际偿还金额（正数为收益，负数为损失）。相关税费为企业在清算过程中发生的相关税费，不包含企业以前年度欠税。

【案例 3-2】企业停止生产经营之日的资产负债表如表 3-1 所示。

表 3-1 企业停止生产经营之日的资产负债表 单位：万元

资产的账面价值	资产的计税基础	资产的可变现净值（交易价格）
现金 100	100	100
应收账款 200	200	180
存货 310	400	380
固定资产：		
房产 2 000	2 200	3 500
机器设备 1 900	2 100	1 400
无形资产（专利）70	80	90
待摊费用 10（预付租金尚未摊销额）	10	0
合计：4 590	5 090	5 650
负债账面价值	负债计税基础	最终清偿额
应付账款：2 000	2 000	1 800
应交税金：900（以前年度欠税）	900	900
应付工资：300	300	300
短期借款：1 500	1 500	1 400
预提费用：300（预提短期借款利息）	300	0
预计负债：10（售后服务费）	0	10
合计：5 010	5 000	4 410

企业所有者权益结构	
所有者权益	金额
实收资本	800
资本公积（资本溢价）	400
盈余公积	0
未分配利润	−1 620
合计	−420

企业的清算期内支付清算费用 100 万元，支付职工安置费、法定补偿金 150 万元。清算过程中，发生的相关税费为 20 万元，以前年度可以弥补的亏损 300 万元。企业将在预计负债中提取的售后服务费支付给第三方服务机构，负责公司已销售产品的售后维修。

本案例中，公司当时根据售后服务的规定提取的售后服务费 10 万元，在当时进入管理费用，但税法规定必须在实际发生时扣除。

企业清算所得＝5 650－5 090－100－150－20＋（5 000－4 410）－300＝580（万元）

清算所得税＝580×25%＝145（万元）

5. 股东层面的企业所得税清算

企业在清算过程中，用其全部资产价值优先拨付清算费用后，按照下列顺序清偿：一是清偿企业所欠职工工资和社会保险费用；二是清偿企业所欠税款；三是清偿债权。清算财产不足清偿同一顺序的清偿要求的，按照比例分配。若被清算企业对所有事项全部清偿完毕后尚有剩余财产，则可向企业所有者进行分配。换句话说，企业全部资产的可变现价值或交易价格减除清算费用，职工的工资、社会保险费用和法定补偿金，结清清算所得税、以前年度欠税等税款，清偿企业债务后的余额为可以向企业所有者分配的剩余财产。

被清算企业股东分得的剩余资产的金额，其中相当于被清算企业累计未分配利润和累计盈余公积中按该股东所占股份比例计算的部分，应确认为股息所得；剩余资产减除股息所得后的余额，超过或低于股东投资成本的部分，应确认为股东的投资转让所得或损失。此外，被清算企业的股东从被清算企业分得的资产应按可变现价值或实际交易价格确定计税基础。

这里仍以上例进行分析：

企业可以向所有者分配的剩余财产＝5 650－100－150－20－145－4 410
＝825（万元）

假设企业所有者权益结构：该企业有一个企业股东，当时投资 200 万元，占公司股份的 16.67% [200÷（800＋400）＝16.67%]，该企业股东最终分得财产价值 137.53 万元。由于该企业未分配利润和盈余公积合计数为负数，因此该被清算企业的企业股东分得的剩余财产中没有相当于被清算企业累计未分配利润和累计盈余公积中按该股东所占股份比例计算的部分，即清算中分得的资产无股息所得。

投资转让所得（损失）＝137.53－200＝－62.47（万元）

这说明该企业股东该项投资最终造成 62.47 万元的投资损失。该投资损失企业根据《财政部 国家税务总局关于企业资产损失税前扣除政策的通知》（财税〔2009〕57 号）进行损失的税前扣除。如果该企业股东分配取得的财产不是货币资产，而是其他非货币性资产，那么这些非货币性资产的入账价值应按可变现价值或实际交易价格确定计税基础。

3.3 关于企业重组企业所得税管理办法的政策与评析

3.3.1 文件导读

国家税务总局关于发布《企业重组业务企业所得税管理办法》的公告
国家税务总局公告2010年第4号

现将《企业重组业务企业所得税管理办法》予以发布，自2010年1月1日起施行。

本办法发布时企业已经完成重组业务的，如适用《财政部 国家税务总局关于企业重组业务企业所得税处理若干问题的通知》（财税〔2009〕59号）特殊税务处理，企业没有按照本办法要求准备相关资料的，应补备相关资料；需要税务机关确认的，按照本办法要求补充确认。2008、2009年度企业重组业务尚未进行税务处理的，可按本办法处理。

特此公告。

国家税务总局
二〇一〇年七月二十六日

企业重组业务企业所得税管理办法

第一章 总则及定义

第一条 为规范和加强对企业重组业务的企业所得税管理，根据《中华人民共和国企业所得税法》（以下简称《税法》）及其实施条例（以下简称《实施条例》）、《中华人民共和国税收征收管理法》及其实施细则（以下简称《征管法》）、《财政部国家税务总局关于企业重组业务企业所得税处理若干问题的通知》（财税〔2009〕59号）（以下简称《通知》）等有关规定，制定本办法。

第二条 本办法所称企业重组业务，是指《通知》第一条所规定的企业法律形式改变、债务重组、股权收购、资产收购、合并、分立等各类重组。

第三条[条款废止][①] 企业发生各类重组业务，其当事各方，按重组类型，分别指以下企业：

（一）债务重组中当事各方，指债务人及债权人。

① 依据国家税务总局公告2015年第48号、2017年第37号、国发2015年第27号文规定，本公告相关条款废止。

（二）股权收购中当事各方，指收购方、转让方及被收购企业。

（三）资产收购中当事各方，指转让方、受让方。

（四）合并中当事各方，指合并企业、被合并企业及各方股东。

（五）分立中当事各方，指分立企业、被分立企业及各方股东。

第四条　同一重组业务的当事各方应采取一致税务处理原则，即统一按一般性或特殊性税务处理。

第五条　《通知》第一条第（四）项所称实质经营性资产，是指企业用于从事生产经营活动、与产生经营收入直接相关的资产，包括经营所用各类资产、企业拥有的商业信息和技术、经营活动产生的应收款项、投资资产等。

第六条　《通知》第二条所称控股企业，是指由本企业直接持有股份的企业。

第七条[条款废止]　《通知》中规定的企业重组，其重组日的确定，按以下规定处理：

（一）债务重组，以债务重组合同或协议生效日为重组日。

（二）股权收购，以转让协议生效且完成股权变更手续日为重组日。

（三）资产收购，以转让协议生效且完成资产实际交割日为重组日。

（四）企业合并，以合并企业取得被合并企业资产所有权并完成工商登记变更日期为重组日。

（五）企业分立，以分立企业取得被分立企业资产所有权并完成工商登记变更日期为重组日。

第八条[条款废止]　重组业务完成年度的确定，可以按各当事方适用的会计准则确定，具体参照各当事方经审计的年度财务报告。由于当事方适用的会计准则不同导致重组业务完成年度的判定有差异时，各当事方应协商一致，确定同一个纳税年度作为重组业务完成年度。

第九条　本办法所称评估机构，是指具有合法资质的中国资产评估机构。

第二章　企业重组一般性税务处理管理

第十条　企业发生《通知》第四条第（一）项规定的由法人转变为个人独资企业、合伙企业等非法人组织，或将登记注册地转移至中华人民共和国境外（包括港澳台地区），应按照《财政部国家税务总局关于企业清算业务企业所得税处理若干问题的通知》（财税〔2009〕60号）规定进行清算。

企业在报送《企业清算所得纳税申报表》时，应附送以下资料：

（一）企业改变法律形式的工商部门或其他政府部门的批准文件；

（二）企业全部资产的计税基础以及评估机构出具的资产评估报告；

（三）企业债权、债务处理或归属情况说明；

（四）主管税务机关要求提供的其他资料证明。

第十一条　企业发生《通知》第四条第（二）项规定的债务重组，应准备以下相关资料，以备税务机关检查。

（一）以非货币资产清偿债务的，应保留当事各方签订的清偿债务的协议或合同，以及非货币资产公允价格确认的合法证据等；

（二）债权转股权的，应保留当事各方签订的债权转股权协议或合同。

第十二条　企业发生《通知》第四条第（三）项规定的股权收购、资产收购重组业务，应准备以下相关资料，以备税务机关检查。

（一）当事各方所签订的股权收购、资产收购业务合同或协议；

（二）相关股权、资产公允价值的合法证据。

第十三条　企业发生《通知》第四条第（四）项规定的合并，应按照财税〔2009〕60号文件规定进行清算。

被合并企业在报送《企业清算所得纳税申报表》时，应附送以下资料：

（一）企业合并的工商部门或其他政府部门的批准文件；

（二）企业全部资产和负债的计税基础以及评估机构出具的资产评估报告；

（三）企业债务处理或归属情况说明；

（四）主管税务机关要求提供的其他资料证明。

第十四条　企业发生《通知》第四条第（五）项规定的分立，被分立企业不再继续存在，应按照财税〔2009〕60号文件规定进行清算。

被分立企业在报送《企业清算所得纳税申报表》时，应附送以下资料：

（一）企业分立的工商部门或其他政府部门的批准文件；

（二）被分立企业全部资产的计税基础以及评估机构出具的资产评估报告；

（三）企业债务处理或归属情况说明；

（四）主管税务机关要求提供的其他资料证明。

第十五条　企业合并或分立，合并各方企业或分立企业涉及享受《税法》第五十七条规定中就企业整体（即全部生产经营所得）享受的税收优惠过渡政策尚未期满的，仅就存续企业未享受完的税收优惠，按照《通知》第九条的规定执行；注销的被合并或被分立企业未享受完的税收优惠，不再由存续企业承继；合并或分立而新设的企业不得再承继或重新享受上述优惠。合并或分立各方企业按照《税法》的税收优惠规定和税收优惠过渡政策中就企业有关生产经营项目的所得享受的税收优惠承继问题，按照《实施条例》第八十九条规定执行。

第三章　企业重组特殊性税务处理管理

第十六条[条款废止]　企业重组业务，符合《通知》规定条件并选择特殊性税务处理的，应按照《通知》第十一条规定进行备案；如企业重组各方需要税务机关确认，可以选择由重组主导方向主管税务机关提出申请，层报省税务机关给予确认。

采取申请确认的，主导方和其他当事方不在同一省（自治区、市）的，主导方省税务机关应将确认文件抄送其他当事方所在地省税务机关。

省税务机关在收到确认申请时，原则上应在当年度企业所得税汇算清缴前完成确认。特殊情况，需要延长的，应将延长理由告知主导方。

第十七条[条款废止]　企业重组主导方，按以下原则确定：

（一）债务重组为债务人；

（二）股权收购为股权转让方；

（三）资产收购为资产转让方；

（四）吸收合并为合并后拟存续的企业，新设合并为合并前资产较大的企业；

（五）分立为被分立的企业或存续企业。

第十八条[条款废止]　企业发生重组业务，按照《通知》第五条第（一）项要求，企业在备案或提交确认申请时，应从以下方面说明企业重组具有合理的商业目的：

（一）重组活动的交易方式。即重组活动采取的具体形式、交易背景、交易时间、在交易之前和之后的运作方式和有关的商业常规；

（二）该项交易的形式及实质。即形式上交易所产生的法律权利和责任，也是该项交易的法律后果。另外，交易实际上或商业上产生的最终结果；

（三）重组活动给交易各方税务状况带来的可能变化；

（四）重组各方从交易中获得的财务状况变化；

（五）重组活动是否给交易各方带来了在市场原则下不会产生的异常经济利益或潜在义务；

（六）非居民企业参与重组活动的情况。

第十九条　《通知》第五条第（三）和第（五）项所称“企业重组后的连续12个月内”，是指自重组日起计算的连续12个月内。

第二十条　《通知》第五条第（五）项规定的原主要股东，是指原持有转让企业或被收购企业20%以上股权的股东。

第二十一条　《通知》第六条第（四）项规定的同一控制，是指参与合并的企业在合并前后均受同一方或相同的多方最终控制，且该控制并非暂时性的。能够对参与合并的企业在合并前后均实施最终控制权的相同多方，是指根据合同或协议的约定，对参与合并企业的财务和经营政策拥有决定控制权的投资者群体。在企业合并前，参与合并各方受最终控制方的控制在12个月以上，企业合并后所形成的主体在最终控制方的控制时间也应达到连续12个月。

第二十二条[条款废止]　企业发生《通知》第六条第（一）项规定的债务重组，根据不同情形，应准备以下资料：

（一）发生债务重组所产生的应纳税所得额占该企业当年应纳税所得额50%

以上的，债务重组所得要求在5个纳税年度的期间内，均匀计入各年度应纳税所得额的，应准备以下资料：

1．当事方的债务重组的总体情况说明（如果采取申请确认的，应为企业的申请，下同），情况说明中应包括债务重组的商业目的；

2．当事各方所签订的债务重组合同或协议；

3．债务重组所产生的应纳税所得额、企业当年应纳税所得额情况说明；

4．税务机关要求提供的其他资料证明。

（二）发生债权转股权业务，债务人对债务清偿业务暂不确认所得或损失，债权人对股权投资的计税基础以原债权的计税基础确定，应准备以下资料：

1．当事方的债务重组的总体情况说明。情况说明中应包括债务重组的商业目的；

2．双方所签订的债转股合同或协议；

3．企业所转换的股权公允价格证明；

4．工商部门及有关部门核准相关企业股权变更事项证明材料；

5．税务机关要求提供的其他资料证明。

第二十三条[条款废止]　企业发生《通知》第六条第（二）项规定的股权收购业务，应准备以下资料：

（一）当事方的股权收购业务总体情况说明，情况说明中应包括股权收购的商业目的；

（二）双方或多方所签订的股权收购业务合同或协议；

（三）由评估机构出具的所转让及支付的股权公允价值；

（四）证明重组符合特殊性税务处理条件的资料，包括股权比例，支付对价情况，以及12个月内不改变资产原来的实质性经营活动和原主要股东不转让所取得股权的承诺书等；

（五）工商等相关部门核准相关企业股权变更事项证明材料；

（六）税务机关要求的其他材料。

第二十四条[条款废止]　企业发生《通知》第六条第（三）项规定的资产收购业务，应准备以下资料：

（一）当事方的资产收购业务总体情况说明，情况说明中应包括资产收购的商业目的；

（二）当事各方所签订的资产收购业务合同或协议；

（三）评估机构出具的资产收购所体现的资产评估报告；

（四）受让企业股权的计税基础的有效凭证；

（五）证明重组符合特殊性税务处理条件的资料，包括资产收购比例，支付对价情况，以及12个月内不改变资产原来的实质性经营活动、原主要股东不转让所取得股权的承诺书等；

（六）工商部门核准相关企业股权变更事项证明材料；

（七）税务机关要求提供的其他材料证明。

第二十五条[条款废止]　企业发生《通知》第六条第（四）项规定的合并，应准备以下资料：

（一）当事方企业合并的总体情况说明。情况说明中应包括企业合并的商业目的；

（二）企业合并的政府主管部门的批准文件；

（三）企业合并各方当事人的股权关系说明；

（四）被合并企业的净资产、各单项资产和负债及其账面价值和计税基础等相关资料；

（五）证明重组符合特殊性税务处理条件的资料，包括合并前企业各股东取得股权支付比例情况、以及 12 个月内不改变资产原来的实质性经营活动、原主要股东不转让所取得股权的承诺书等；

（六）工商部门核准相关企业股权变更事项证明材料；

（七）主管税务机关要求提供的其他资料证明。

第二十六条　《通知》第六条第（四）项所规定的可由合并企业弥补的被合并企业亏损的限额，是指按《税法》规定的剩余结转年限内，每年可由合并企业弥补的被合并企业亏损的限额。

第二十七条[条款废止]　企业发生《通知》第六条第（五）项规定的分立，应准备以下资料：

（一）当事方企业分立的总体情况说明。情况说明中应包括企业分立的商业目的；

（二）企业分立的政府主管部门的批准文件；

（三）被分立企业的净资产、各单项资产和负债账面价值和计税基础等相关资料；

（四）证明重组符合特殊性税务处理条件的资料，包括分立后企业各股东取得股权支付比例情况、以及 12 个月内不改变资产原来的实质性经营活动、原主要股东不转让所取得股权的承诺书等；

（五）工商部门认定的分立和被分立企业股东股权比例证明材料；分立后，分立和被分立企业工商营业执照复印件；分立和被分立企业分立业务账务处理复印件；

（六）税务机关要求提供的其他资料证明。

第二十八条　根据《通知》第六条第（四）项第 2 目规定，被合并企业合并前的相关所得税事项由合并企业承继，以及根据《通知》第六条第（五）项第 2 目规定，企业分立，已分立资产相应的所得税事项由分立企业承继，这些事项包括尚未确认的资产损失、分期确认收入的处理以及尚未享受期满的税收优惠政策承继处理问题等。其中，对税收优惠政策承继处理问题，凡属于依照《税法》第五十七条规定中就企业整体（即全部生产经营所得）享受税收优惠过渡政策的，合并或分立后的企业性质及适用税收优惠条件未发生改变的，可以继续享受合并前各企业或分立前被分立企业剩余期限的税收优惠。合并前各企业剩余的税收优惠年限不一致的，合并后企业每年度的应纳税所得额，应统一按合并日各合并前企业资产占合并后企业总资产的比例进行划分，再分别按相应的剩余优惠计算应纳税额。合并前各企业或分立前被分立企业按照《税法》的税收优惠规定以及税收优惠过渡政策中就有关生产经营项目所得享受的税收优惠承继处理问题，按照《实施条例》第八十九条规定执行。

第二十九条　适用《通知》第五条第（三）项和第（五）项的当事各方应在完成重组业务后的下一年度的企业所得税年度申报时，向主管税务机关提交书面情况说明，以证明企业在重组后的连续12个月内，有关符合特殊性税务处理的条件未发生改变。

第三十条　当事方的其中一方在规定时间内发生生产经营业务、公司性质、资产或股权结构等情况变化，致使重组业务不再符合特殊性税务处理条件的，发生变化的当事方应在情况发生变化的30天内书面通知其他所有当事方。主导方在接到通知后30日内将有关变化通知其主管税务机关。

上款所述情况发生变化后60日内，应按照《通知》第四条的规定调整重组业务的税务处理。原交易各方应各自按原交易完成时资产和负债的公允价值计算重组业务的收益或损失，调整交易完成纳税年度的应纳税所得额及相应的资产和负债的计税基础，并向各自主管税务机关申请调整交易完成纳税年度的企业所得税年度申报表。逾期不调整申报的，按照《征管法》的相关规定处理。

第三十一条　各当事方的主管税务机关应当对企业申报或确认适用特殊性税务处理的重组业务进行跟踪监管，了解重组企业的动态变化情况。发现问题，应及时与其他当事方主管税务机关沟通联系，并按照规定给予调整。

第三十二条[条款废止]　根据《通知》第十条规定，若同一项重组业务涉及在连续12个月内分步交易，且跨两个纳税年度，当事各方在第一步交易完成时预计整个交易可以符合特殊性税务处理条件，可以协商一致选择特殊性税务处理的，可在第一步交易完成后，适用特殊性税务处理。主管税务机关在审核有关资料后，符合条件的，可以暂认可适用特殊性税务处理。第二年进行下一步交易后，应按本办法要求，准备相关资料确认适用特殊性税务处理。

第三十三条　上述跨年度分步交易，若当事方在首个纳税年度不能预计整个交易是否符合特殊性税务处理条件，应适用一般性税务处理。在下一纳税年度全部交易完成后，适用特殊性税务处理的，可以调整上一纳税年度的企业所得税年度申报表，涉及多缴税款的，各主管税务机关应退税，或抵缴当年应纳税款。

第三十四条　企业重组的当事各方应该取得并保管与该重组有关的凭证、资料，保管期限按照《征管法》的有关规定执行。

第四章　跨境重组税收管理

第三十五条　发生《通知》第七条规定的重组，凡适用特殊性税务处理规定的，应按照本办法第三章相关规定执行。

第三十六条[条款废止]　发生《通知》第七条第（一）、（二）项规定的重组，适用特殊税务处理的，应按照《国家税务总局关于印发〈非居民企业所得税源泉扣缴管理暂行办法〉的通知》（国税发〔2009〕3 号）和《国家税务总局关于加强非居民企业股权转让所得企业所得税管理的通知》（国税函〔2009〕698 号）要求，准备资料。

第三十七条　发生《通知》第七条第（三）项规定的重组，居民企业应向其所在地主管税务机关报送以下资料：

1．当事方的重组情况说明，申请文件中应说明股权转让的商业目的；

2．双方所签订的股权转让协议；

3．双方控股情况说明；

4．由评估机构出具的资产或股权评估报告。报告中应分别列示涉及的各单项被转让资产和负债的公允价值；

5．证明重组符合特殊性税务处理条件的资料，包括股权或资产转让比例，支付对价情况，以及 12 个月内不改变资产原来的实质性经营活动、不转让所取得股权的承诺书等；

6．税务机关要求的其他材料。

分送：各省、自治区、直辖市和计划单列市国家税务局、地方税务局。

3.3.2　国税〔2010〕4 号公告评析

国税〔2010〕4 号公告在财税〔2009〕59 号文件的基础上，进一步规范重组管理相关方面的内容。

1. 进一步明确相关概念和政策，规范重组管理程序

国税〔2010〕4 号公告进一步明确重组相关概念，规范重组管理程序，明确界定政策含义。具体来看，对 10 个重组概念进行了解释，对 7 个重组管理程序进行了规范，对 3 个具体政策含义进行了界定。

（1）明确重组概念

国税〔2010〕4 号公告按重组逻辑关系对以下概念加以明确并排序。

1）当事各方（第三条）：依据重组的不同类型，当事各方所指有所不同。

2）重组主导方（第十七条）：一般是取得所得的单位或存续企业。

3）实质性经营资产（第五条）：企业用于从事生产经营活动、与产生经营收入直接相关的资产。

4）控股企业（第六条）：由本企业直接持有股份的企业。

5）评估机构（第九条）：具有合法资质的中国资产评估机构。

6）重组日（第七条）：依据重组的不同类型对重组日进行了界定。

7）重组业务完成年度（第八条）：可按各当事方适用的会计准则加以确定。对于当事方适用的会计准则不同导致重组业务完成年度的判定出现差异时，各当事方协商解决。

8）备查、备案、申请确认（第十六条）：公告分别就具体内容作了规定。

9）原主要股东（第二十条）：原持有转让企业或被收购企业20%以上股权的股东。

10）同一控制下的合并（第二十一条）：参与合并的企业在合并前后均受同一方或相同的多方最终控制，且该控制并非暂时性的。

（2）规范重组管理程序

国税〔2010〕4号公告对重组业务程序进行如下规范。

1）一般性税务处理：首次提出准备备查资料的要求。

2）特殊性税务处理：备案资料或申请确认。

3）后续管理：第二十九～三十一条提出提交书面情况说明、条件变化补税、主动监控3项主要管理措施。

4）多步骤交易原则税务处理程序：第三十二、三十三条对于实践中存在的跨年度分步交易，作了较为人性化的职业判断。

5）涉外特殊性税务处理：按照非居民管理备案，并报省级税务机关批准。

6）视同清算处理：报送资料。

7）经营连续性和权益连续性监管：要求备案资料中有两个书面承诺，事后管理有一个书面情况说明。

（3）放宽政策口径

国税〔2010〕4号公告明确的实体性政策主要体现在3个方面，总体上趋于宽松。

1）第六条明确控股企业是指由本企业直接持有股份的企业，这表明控股企业实质上是子公司，而非母公司的含义。该条款既是对概念的明确，又是重大政策的明确。

2）第十五条和第二十八条：进一步明确国税〔2009〕59号文件存续企业税收优惠的享受方法，仅适用于过渡期税收优惠，即过去按照企业享受税收优惠的方式。第二十八条明确了特殊性税务处理条件下，被合并企业享受过渡期税收优惠的处理原则，较好地消弭了实践中的争议问题。

3）第二十六条明确特殊性税务处理下，被合并企业的亏损弥补限额是按照年度处理，而不是总的限额。

总体而言，财税〔2010〕59 号文件是框架性、纲领性的文件，内容主要是规范性的政策，实操性相对较弱。国税〔2010〕4 号公告通过对相关概念的界定、重组管理程序的规范及政策内容的明晰，大大增强了文件的可操作性和适应范围。

2. 财税〔2009〕59 号文件与国税〔2010〕4 号公告的具体内容解读

财税〔2009〕59 号文件相较于国税〔2010〕4 号公告的内容具体解读如表 3-2 所示。

表 3-2 财税〔2009〕59 号文件与国税〔2010〕4 号公告条款比较

财税〔2009〕59 号文件原文	国税〔2010〕4 号公告原文	解读
一、本通知所称企业重组，是指企业在日常经营活动以外发生的法律结构或经济结构重大改变的交易，包括企业法律形式改变、债务重组、股权收购、资产收购、合并、分立等	第二条 本办法所称企业重组业务，是指《通知》第一条所规定的企业法律形式改变、债务重组、股权收购、资产收购、合并、分立等各类重组	重组业务具体指 6 类重组，国税〔2010〕4 号公告本条无实际意义，是文件的概念解释。 本条解释了企业重组在财税〔2009〕59 号文件中的特殊概念，财税〔2009〕59 号文件定义的重组，是本通知所称的企业重组，同会计意义上的重组及国资委所说的重组业务不同，即企业重组必须是法律结构（分立、合并、法律形式的简单改变）或经济结构（资产收购、股权收购、债务重组）重大改变的交易
	第三条 企业发生各类重组业务，其当事各方，按重组类型，分别指以下企业： （一）债务重组中当事各方，指债务人及债权人。	本条是概念解释。 股权收购、合并、分立，实际上是同标的企业股东打交道，所以当事各方要求是有标的企业的股东；而资产收购是同标的企业本身打交道，因此当事各方不涉及股东。 债务重组和资产收购，不涉及股东层面，因此当事各方为两方；而股权收购、合并、分立，涉及股东层面，当事各方为三方
	（二）股权收购中当事各方，指收购方、转让方及被收购企业。 （三）资产收购中当事各方，指转让方、受让方。 （四）合并中当事各方，指合并企业、被合并企业及各方股东。 （五）分立中当事各方，指分立企业、被分立企业及各方股东	1）资产收购、股权收购、合并，本质上都是“经济意义上的合并”“资本扩张”。重组形式不同，其当事各方也不尽相同。 2）投资、分立，本质上都是资本的收缩。企业投资是指通过向企业进行资产投入，以获得权益的行为。企业分立是指原企业分解为两个或者两个以上的相互独立的法人实体的行为，两者在本质上并没有不同，只是由于经营架构的需要不同而已。当然，两者在最终产权的归属、权益性质及对外责任承担方面存在差异

续表

财税〔2009〕59号文件原文	国税〔2010〕4号公告原文	解读
（一）企业法律形式改变，是指企业注册名称、住所以及企业组织形式等的简单改变，但符合本通知规定其他重组的类型除外		因为合并、分立也会引起注册名称、住所、企业组织形式等的改变，但是财税〔2009〕59号文件中的“法律形式改变”是除了其他重组类型涉及的情况。 法律形式的变更，有3种情况不能适用特殊性税务处理。一是企业由法人企业改变为个人独资企业和合伙企业，即由缴纳企业所得税改变为缴纳个人所得税；二是企业注册地址由境内改变为境外，即发生了税收管辖权的改变；三是企业由高税率地区迁移至低税率地区
（二）债务重组，是指在债务人发生财务困难的情况下，债权人按照其与债务人达成的书面协议或者法院裁定书，就其债务人的债务作出让步的事项		财税〔2009〕59号文件定义的债务重组是有前提条件的，即债务人发生财务困难的情况下，债权人的让步事项。如果债务人仅仅是为了避税进行债务重组，则不能享受特殊性税务处理待遇。只有在债权人有让步的情形下才构成债务重组，债务人用非货币性资产偿债，否则不属于债务重组。 例如，A企业负债500万元，用价值500万元的存货偿债，由于债权人没有作出任何让步，因此不属于债务重组的范畴，只是属于一般的非货币性资产交换。反之，如果用价值300万元的存货偿债，则属于债务重组的范畴
（三）股权收购，是指一家企业（以下称为收购企业）购买另一家企业（以下称为被收购企业）的股权，以实现对被收购企业控制的交易。收购企业支付对价的形式包括股权支付、非股权支付或两者的组合		国税〔2010〕4号公告中的股权收购是指大额股权交易，要达到对被收购企业控制的程度。符合特殊重组条件的股权收购，实际上是以股权作为资产来投资或换股的行为。 财税〔2009〕59号文件的股权收购同一般小量收购股权不同，是指达到对收购企业控制的交易。但需要注意的是，即使通过收购能够达到对被收购企业控制，仍然要符合财税〔2009〕59号文件的5个条件，才能享受特殊性税务处理待遇
（四）资产收购，是指一家企业（以下称为受让企业）购买另一家企业（以下称为转让企业）实质经营性资产的交易。受让企业支付对价的形式包括股权支付、非股权支付或两者的组合		资产收购是指购买实质经营性资产的行为。符合特殊性税务处理的资产收购，实际上是大量资产进行投资的过程。它主要包括3种收购方式：一是股权收购，达到对被收购企业控制；二是资产收购，购买实质性经营资产；三是合并，购买对方全部净资产。 上述3种收购方式往往相生相伴、密不可分，三者都是为了实现对对方资产的控制，只是交易形式不同，并没有完全明确的界限。 1）资产收购：在重组实践中，企业为了避免并购企业烦琐的法律与报批手续，往往采取将对方企业全部经营性资产予以收购的方式，这实质上是合并。资产收购可以视为“经济意义上的合并”模式，支付对价的对象是拥有被收购资产的企业本身，而不是被收购企业的股东

续表

财税〔2009〕59 号文件原文	国税〔2010〕4 号公告原文	解读
		2）股权收购：为了合并对方企业的子公司，同对方企业的母公司打交道而进行并购，通常称为经济意义上的合并。这种方式不与被收购企业打交道，被收购企业仍保持原来的独立法律形式。 3）企业合并：两家或多家企业依法组合在一起，分为吸收合并和新设合并两种形式。合并是同被收购企业的股东打交道，且被收购企业不保持原来的法律形式，而是并入合并企业的做法。 因此，企业在进行重组时，要考虑 3 种模式各自的税收待遇，以确定重组模式
（五）合并，是指一家或多家企业（以下称为被合并企业）将其全部资产和负债转让给另一家现存或新设企业（以下称为合并企业），被合并企业股东换取合并企业的股权或非股权支付，实现两个或两个以上企业的依法合并		合并中需要注意以下几点： 1）合并必须是将全部资产和负债转让的行为，资产收购则是实质性经营资产转让的行为。 2）合并是依法合并。根据《公司法》规定“只解散不清算”，一般企业注销只需进行公司法意义上的清算。但需要注意的是，在进行一般性税务处理的情况下，虽然法律上无须进行清算，但税收上则需要进行清算
（六）分立，是指一家企业（以下称为被分立企业）将部分或全部资产分离转让给现存或新设的企业（以下称为分立企业），被分立企业股东换取分立企业的股权或非股权支付，实现企业的依法分立		分立分为新设分立和存续分立。具体形式又分为换股分立和普通分立，只有普通分立才符合特殊性税务处理的定义，换股分立不符合特殊性税务处理的条件
	第四条 同一重组业务的当事各方应采取一致税务处理原则，即统一按一般性或特殊性税务处理	本条款所指“统一按一般性或特殊性税务处理”应该是针对部分股权支付额所作出的规定。通常情况下，非股权支付额是要按照一般性税务处理的，而股权支付额要统一按照一般性税务处理，或者特殊性税务处理
	第五条 《通知》第一条第（四）项所称实质经营性资产，是指企业用于从事生产经营活动、与产生经营收入直接相关的资产，包括经营所用各类资产、企业拥有的商业信息和技术、经营活动产生的应收款项、投资资产等	这里需要分清重组活动涉及的是资本层面的问题还是一般的大宗资产交易。财税〔2009〕59 号文件实质上针对的是资本层面的问题，而非针对一般的大宗资产交易。 例如，甲公司收购乙公司 75%以上的资产，但是如果乙公司保留了核心自主知识产权，则该业务不构成财税〔2009〕59 号文件的资产收购，只是一般的资产交易

续表

财税〔2009〕59 号文件原文	国税〔2010〕4 号公告原文	解读
二、本通知所称股权支付，是指企业重组中购买、换取资产的一方支付的对价中，以本企业或其控股企业的股权、股份作为支付的形式；所称非股权支付，是指以本企业的现金、银行存款、应收款项、本企业或其控股企业股权和股份以外的有价证券、存货、固定资产、其他资产以及承担债务等作为支付的形式	第六条 《通知》第二条所称控股企业，是指由本企业直接持有股份的企业	国税〔2010〕4 号公告中，本条款是非常重要的实质性政策解释，将财税〔2009〕59 号文件第二条的控股企业解释为子公司，这是对此前普遍理解上存在偏差的重大修正。 我国目前股权支付的途径主要有两个：一是收购方定向增发，或者说资产拥有一方将自己的资产投资到股权收购方；二是收购方以直接持有的股份支付（即换股），本办法没有限制持有股份的比例。 1）国税〔2010〕4 号公告明确收购企业以其子公司作为对价进行支付，是普通的非货币性资产交换，不属于股权支付。 如果收购企业以自己的股份支付对价，被收购企业的股东通过持有收购企业的股份，间接对原来持有的资产（或子公司）进行控制，保持了权益的连续性。 以母公司的股份进行支付，被收购企业的股东通过持有收购企业母公司的股份，间接持有收购企业的股份；又通过间接持有收购企业的股份，保持对被收购资产（股份）权益的连续性。如果支付的是收购企业子公司的股份，则不能保持收购的连续性。 通常，收购企业以自己母公司股份支付的目的是防范风险或者规避法律的限制。例如，某些企业不允许外国企业收购，外国企业会在我国建立一个全资控股企业，通过该企业进行收购，而支付国外公司的股份。这种迂回收购符合权益的连续性，可以认定符合特殊性税务处理的条件。 2）国税〔2010〕4 号公告中，第六条明确“控股企业为本企业直接持有股份的企业”，属于理解的重大变化。 如果以自己子公司的股权进行支付，则只是简单的非货币性资产交换，而办法明确属于股权支付，扩大政策适用范围，使特殊性税务处理的范围扩大，增强政策的实用性。 3）财税〔2009〕59 号文件股权支付额定为 85%，比例与国税发〔2000〕118 号文件相比有所放宽，为什么对特殊性税务处理规定“股份支付”的比例？在资产收购、股权收购、合并、分立中，股权支付额支付比例都不得少于 85%。股权支付比例的规定是由于“纳税必要资金”原则的要求。 从重组实践来看，由于大部分是股权支付，这意味着转让资产、股权的企业没有“纳税必要资金”，或者需要筹措重组纳税资金，才能使重组业务得以进行。因此，这往往增加了企业的筹资成本，可能导致重组难以为继。为了发挥税收中性特征，最大限度减少税收对经济决策的干扰，采取递延纳税的特殊性税务处理方式推动企业并购重组活动的开展

续表

财税〔2009〕59号文件原文	国税〔2010〕4号公告原文	解读
		4）财税〔2009〕59号文件明确以承担债务的形式支付对价，属于非股权支付。那么，何为承担债务的形式呢？这里的“承担债务”强调的是在重组过程中所独立承担的债务。例如，以“资产＋负债”组合方式收购资产，这里的负债就不能作为非股权支付。只有另行承担债务，才是非股权支付。 例如，A公司吸收合并B公司，B公司的资产为200万元，负债100万元，即净资产为100万元。B公司支付给B公司股东100万元，并承担合并企业100万元的债务。这里承担100万元的债务不属于非股权支付额，因为A公司收购的就是100万元的净资产；反之，如果A公司以“80万元的自己股票＋承担B公司母公司其他债务20万元＋100万元承担债务”方式支付对价，则只有20万元属于非股权支付额
三、企业重组的税务处理区分不同条件分别适用一般性税务处理规定和特殊性税务处理规定		财税〔2009〕59号文件将以前的应税重组和免税重组改为一般性税务处理和特殊性税务处理，表述更为准确。因为财税〔2009〕59号文件的特殊性税务处理从实质上来讲是递延纳税，而不是免税。 基于纳税必要资金原则，给予企业重组的税收优惠政策，具体分为3种形式： 1）确定性递延：①5年递延，适用于债务重组；②10年递延，适用于居民企业以自己的资产、股份向境外投资。 2）不确定性递延：①法律形式的简单改变；②股权收购、资产收购、合并、分立。 3）免税：适用于债转股。债务清偿不确认所得，而且债权人按照债务作为股权投资成本。这属于纯粹的免税。 递延纳税就是资产转让方不确认所得，但是接受资产方应按照资产原计税基础确定，将隐含增值继续保留。免税则是资产转让方不确认所得，资产接收方按照公允价值确认折旧或摊销的计税基础

续表

财税〔2009〕59号文件原文	国税〔2010〕4号公告原文	解读
	第七条 《通知》中规定的企业重组，其重组日的确定，按以下规定处理： （一）债务重组，以债务重组合同或协议生效日为重组日。 （二）股权收购，以转让协议生效且完成股权变更手续日为重组日。 （三）资产收购，以转让协议生效且完成资产实际交割日为重组日。 （四）企业合并，以合并企业取得被合并企业资产所有权并完成工商登记变更日期为重组日。 （五）企业分立，以分立企业取得被分立企业资产所有权并完成工商登记变更日期为重组日	财税〔2009〕59号文件第五条第（三）项规定：企业重组后的连续12个月内不改变重组资产原来的实质性经营活动。第（五）项规定：企业重组中取得股权支付的原主要股东，在重组后连续12个月内，不得转让所取得的股权。 因此，企业重组日的明确界定，是计算12个月日期的基础。 国税〔2010〕4号公告本着“法定主义”“实质重于形式”相结合的原则对重组日加以界定。例如，股权收购不但强调法律上完成了变更手续，也强调转让协议生效；资产收购既强调转让协议的法律程序，也强调资产实际交割；企业合并和分立，既强调工商变更，也强调取得资产所有权
	第八条 重组业务完成年度的确定，可以按各当事方适用的会计准则确定，具体参照各当事方经审计的年度财务报告。由于当事方适用的会计准则不同导致重组业务完成年度的判定有差异时，各当事方应协商一致，确定同一个纳税年度作为重组业务完成年度	财税〔2009〕59号文件第十一条规定，当事各方应在重组完成当年企业所得税纳税申报时，向主管税务机关提交书面备案资料。国税〔2010〕4号公告第三条解释什么是当事各方，而本条解释什么是重组年度，以确定资料备案年度

续表

财税〔2009〕59号文件原文	国税〔2010〕4号公告原文	解读
	第九条 本办法所称评估机构，是指具有合法资质的中国资产评估机构	这里的评估机构，一是具有合法资质的评估机构；二是必须是中国的资产评估机构。本条款实际隐含涉及跨境重组的，境外评估机构的评估报告将不被作为认可的评估机构
四、企业重组，除符合本通知规定适用特殊性税务处理规定的外，按以下规定进行税务处理： （一）企业由法人转变为个人独资企业、合伙企业等非法人组织，或将登记注册地转移至中华人民共和国境外（包括港澳台地区），应视同企业进行清算、分配，股东重新投资成立新企业。企业的全部资产以及股东投资的计税基础均应以公允价值为基础确定。 企业发生其他法律形式简单改变的，可直接变更税务登记，除另有规定外，有关企业所得税纳税事项（包括亏损结转、税收优惠等权益和义务）由变更后企业承继，但因住所发生变化而不符合税收优惠条件的除外	第十条 企业发生《通知》第四条第（一）项规定的由法人转变为个人独资企业、合伙企业等非法人组织，或将登记注册地转移至中华人民共和国境外（包括港澳台地区），应按照《财政部 国家税务总局关于企业清算业务企业所得税处理若干问题的通知》（财税〔2009〕60号）规定进行清算。 企业在报送《企业清算所得纳税申报表》时，应附送以下资料： （一）企业改变法律形式的工商部门或其他政府部门的批准文件； （二）企业全部资产的计税基础以及评估机构出具的资产评估报告； （三）企业债权、债务处理或归属情况说明； （四）主管税务机关要求提供的其他资料证明	1）财税〔2009〕59号文件规定以下两种情况要视同企业清算、分配、投资。 ① 法人变为个人独资企业、合伙企业。企业所得税纳税主体改变为个人所得税纳税人，要进行所得税清算。 ② 登记注册地转移到境外。税收管辖权发生了变化。 归纳：税种管辖权或地域管辖权发生了变化，要进行清算。 2）清算所得税处理的步骤。 根据财税〔2009〕60号文件第三条规定，清算所得税处理分为6个步骤，基于各步骤内容，国税〔2010〕4号公告进一步明确企业在报送《企业清算所得纳税申报表》时，应提供以下资料： ① 企业在正常经营过程中，由于持续经营假设，采用历史成本原则计价，在清算时改变持续经营假设，对资产要按照可变现价值计价，并且就可变现价值同计税基础的差额缴纳清算所得税。因此，国税〔2010〕4号公告要求将资产的计税基础与评估机构出具的资产评估报告备案。 ② 确认债权清理、债务清偿的所得或损失。国税〔2010〕4号公告要求提供企业债权、债务处理或归属情况说明。 ③ 改变持续经营核算原则，对预提或待摊性质的费用进行处理。 ④ 依法弥补亏损，确定清算所得。 ⑤ 计算并缴纳清算所得税。 ⑥ 确定可向股东分配的剩余财产、应付股息等。 3）分配剩余资产。 ① 被清算企业的股东分得的剩余资产的金额，其中相当于被清算企业累计未分配利润和累计盈余公积中按该股东所占股份比例计算的部分，应确认为股息所得（含清算期产生的未分配利润）。 ② 剩余资产减除股息所得后的余额，超过或低于股东投资成本的部分，应确认为股东的投资转让所得或损失。 4）视同投资。 ① 股东接受剩余资产的计税基础按照公允价值（可变现价值）确定。 ② 视同将剩余资产投资出去，又成立了新企业，投资出去资产的公允价值同样是可变现价值。因此，投资环节，即使视同销售，也无企业所得税产生。 ③ 新企业计税基础按照公允价值确定。 以上步骤，不仅是法律形式改变视同清算应该遵循，而且财税〔2009〕59号文件的“视同清算”均应遵循该原则

续表

财税〔2009〕59号文件原文	国税〔2010〕4号公告原文	解读
（二）企业债务重组，相关交易应按以下规定处理： 1. 以非货币资产清偿债务，应当分解为转让相关非货币性资产、按非货币性资产公允价值清偿债务两项业务，确认相关资产的所得或损失。 2. 发生债权转股权的，应当分解为债务清偿和股权投资两项业务，确认有关债务清偿所得或损失。 3. 债务人应当按照支付的债务清偿额低于债务计税基础的差额，确认债务重组所得；债权人应当按照收到的债务清偿额低于债权计税基础的差额，确认债务重组损失。 4. 债务人的相关所得税纳税事项原则上保持不变	第十一条 企业发生《通知》第四条第（二）项规定的债务重组，应准备以下相关资料，以备税务机关检查。 （一）以非货币资产清偿债务的，应保留当事各方签订的清偿债务的协议或合同，以及非货币资产公允价格确认的合法证据等； （二）债权转股权的，应保留当事各方签订的债权转股权协议或合同	国税〔2010〕4号公告提出了备查资料的概念，从而将重组企业准备资料分为两类。一般说来，一般性税务处理，需要备查资料，而特殊性税务处理，需要备案资料。 1）对于本条款的理解，要注意正确理解和把握债务重组的含义。 例如，A公司欠B公司1 000万元债务，A公司将自己计税基础为500万元，公允价值为800万元的资产用于偿债。在该项交易中，共实现所得 500 万元，其中视同销售所得300万元，债务重组所得200万元，而不是500万元全是债务重组所得。因此，计算债务重组所得是否占应纳税所得额50%应当按照200万计算。 2）债务重组（尤其是债转股），只是资本结构的一般调整，债务人所得税事项原则上是保持不变的。例如，对外资转内资、内资转内资清算所得税事项都保持不变。 3）备查资料主要包括合同、协议及重组资产公允价值的证据证明
（三）企业股权收购、资产收购重组交易，相关交易应按以下规定处理： 1. 被收购方应确认股权、资产转让所得或损失。 2. 收购方取得股权或资产的计税基础应以公允价值为基础确定。 3. 被收购企业的相关所得税事项原则上保持不变	第十二条 企业发生《通知》第四条第（三）项规定的股权收购、资产收购重组业务，应准备以下相关资料，以备税务机关检查。 （一）当事各方所签订的股权收购、资产收购业务合同或协议； （二）相关股权、资产公允价值的合法证据	一般性税务处理中，股权收购和资产收购，同一般的资产买卖相同。 1）资产收购业务的一般性税务处理。 例如，A 企业将其拥有的资产向 B 企业进行投资，资产的计税基础为500万元，市场公允价值为1 000万元。假设该项业务不符合特殊性税务处理的条件，税务分析：A企业将计税基础为500万元的资产销售，销售价款为1 000万元，然后用1 000万元向B企业投资。具体税务处理如下： ① 计算A企业所得。A企业将其拥有的资产向B企业进行投资，应当视同销售，实现所得500（1 000−500）万元。 ② B企业接受A企业资产的计税基础。B企业接受A企业资产应以公允价值1 000万元作为计税基础。 ③ A企业取得B企业股权的计税基础。A企业持有B企业股权应以公允价值1 000万元作为计税基础。 2）股权收购的一般性税务处理基本同资产收购相同。 3）备查资料依然是重组的合同协议，以及重组资产公允价值的合法凭据

续表

财税〔2009〕59 号文件原文	国税〔2010〕4 号公告原文	解读
（四）企业合并，当事各方应按下列规定处理： 1. 合并企业应按公允价值确定接受被合并企业各项资产和负债的计税基础。 2. 被合并企业及其股东都应按清算进行所得税处理。 3. 被合并企业的亏损不得在合并企业结转弥补	第十三条　企业发生《通知》第四条第（四）项规定的合并，应按照财税〔2009〕60 号文件规定进行清算。 被合并企业在报送《企业清算所得纳税申报表》时，应附送以下资料： （一）企业合并的工商部门或其他政府部门的批准文件； （二）企业全部资产和负债的计税基础以及评估机构出具的资产评估报告； （三）企业债务处理或归属情况说明； （四）主管税务机关要求提供的其他资料证明	1）被合并企业及其股东均应按照清算进行税务处理，具体步骤见 9.1.3 节。 2）关于资产的税收属性继承问题。该情形也称之为资产税收属性的结转，包括计税基础、亏损弥补、税收优惠继承。 当被合并企业资产的隐含增值得到实现的时候，即适用一般性税务处理：合并企业资产计税基础，按照资产隐含增值得到实现以后的公允价值来计算；由于清算所得是允许弥补亏损的，因此其亏损已经被弥补，即使不够弥补，也不再结转弥补；属于整个企业的过渡性优惠不允许继承。 当被合并企业资产的隐含增值不必得到实现的时候（即选择特殊性税务处理时），资产的计税基础继续按照原计税基础继承；被合并企业亏损原则上允许继承，当然会受到一定限制；过渡性税收优惠允许继承。 3）关于亏损企业合并盈利企业问题。 在一般性税务处理中，被合并企业的亏损不允许结转弥补。财税〔2009〕59 号文件明确被合并企业的亏损不允许在合并企业结转弥补。但是财税〔2009〕59 号文件及其管理办法都没有提到不允许存续企业的亏损进行弥补。因此，如果企业重组以亏损企业作为存续企业去合并盈利企业，从而实现亏损弥补，虽然不尽合理，但是缺乏法定政策来制止这种情形，除非启动一般反避税条款。 有一种观点认为，亏损企业合并盈利企业，没有合理的商业目的来制止，但是合理的商业目的是享受特殊性税务处理的要件，而企业适用一般性税务处理，显然不能适用财税〔2009〕59 号文件第五条第一款。 4）合并中商誉的税务处理：视同股东的股权转让所得。 商誉是指出于某种特殊原因，如企业所处的地理位置，或者由于企业长期积累而成的良好信誉，或者由于技术先进、掌握了生产的诀窍等而形成的无形资产，这种无形资产一般能为企业带来超过一般盈利水平的超额利润。商誉由于具有无法辨认，不可确指，不可单独取得、转让和销售，无法准确分配到企业各单项资产的特征，其价值只有在企业整体转让时才得以体现。会计上将商誉作为独立于无形资产之外的单独一类资产进行确认、计量和报告，而税法则将其作为无形资产加以规定，并只有在企业整体购买另一企业（即企业合并）的情况下才能确认。 ① 商誉的计税基础。企业合并的税务处理分为一般性税务处理和特殊性税务处理。在一般性税务处理的情况下，企业可能通过评估取得商誉的公允价值。在特殊性税务处理的情况下，被合并企业存在外购商誉的，合并企业应当以被合并企业外购商誉原有计税基础为基础确定这部分商誉的价值；同时，可以通过评估取得被合并企业自创商誉价值，作为确定该部分商誉计税基础的依据。 ② 商誉的摊销。根据《企业所得税法》第十二条、《企业所得税法实施条例》（国务院令第 512 号）第六十七条规定，企业自创商誉不得摊销，外购商誉在持有期间不得摊销。

续表

财税〔2009〕59号文件原文	国税〔2010〕4号公告原文	解读
		③ 商誉的处置。企业在整体转让或清算时处置商誉，自创商誉不确认资产转让所得或损失，外购商誉支出在处置时准予扣除，并确认转让所得或损失。 例如，某企业全部资产公允价值200万元，负债50万元，资产的计税基础是100万元，则该企业清算所得为100万元，清算所得税25万元。股东分得的剩余财产价值为125万元，计入未分配利润75万元。假设该企业股东长期股权投资的历史成本为30万元，合并企业支付股权支付额和非股权支付额之和为150万元，则股东的所得为125－75－30＝20(万元），股东的总所得＝150－125＋20＝45（万元），即股东实现了25万的股权转让所得，20万的清算股权转让所得。 合并企业接受资产的公允价值为125万元，另外接受了25万元购买的商誉，只有在转让的时候，才能扣除。 5）报送资料同法律形式改变，采取一般性税务处理，即主要提供证明清算所得公允性的资料
（五）企业分立，当事各方应按下列规定处理： 1. 被分立企业对分立出去资产应按公允价值确认资产转让所得或损失。 2. 分立企业应按公允价值确认接受资产的计税基础。 3. 被分立企业继续存在时，其股东取得的对价应视同被分立企业分配进行处理。 4. 被分立企业不再继续存在时，被分立企业及其股东都应按清算进行所得税处理。 5. 企业分立相关企业的亏损不得相互结转弥补	第十四条 企业发生《通知》第四条第（五）项规定的分立，被分立企业不再继续存在，应按照财税〔2009〕60号文件规定进行清算。 被分立企业在报送《企业清算所得纳税申报表》时，应附送以下资料： （一）企业分立的工商部门或其他政府部门的批准文件； （二）被分立企业全部资产的计税基础以及评估机构出具的资产评估报告； （三）企业债务处理或归属情况说明； （四）主管税务机关要求提供的其他资料证明	分立分为新设分立和存续分立，国税〔2010〕4号公告要求报送清算资料的是新设分立，没有提到存续分立需要备查的资料。报送资料同其他清算报送资料相似。下面就存续分立和新设分立税务处理举例说明。 例如，A公司有资产计税基础100万元，公允价值200万元，负债50万元。A公司注册资本为50万元。A公司有B1和B2两个股东，分别占60%、40%股份，按照经营计划将A公司分立为A企业和A1企业，存续分立企业与分立企业各占50%净资产。 上述情形属于存续分立，其税务处理如下： 1）相当于A公司进行减资分配，分配出去的资产确认所得50万元，应缴纳企业所得税12.5（50×25%）万元，确认留存收益37.5（50－12.5）万元。 2）被分配的净资产为87.5（100－12.5）万元的资产＋25万元的负债。 两个股东合计应确认所得为（87.5－25）－50/2＝37.5（万元）。 3）股东将接受分配的资产投资到分立企业A1，资产的计税基础按照87.5万元确认，同时确认25万元负债。 存续分立只对被分立资产按照分配处理。只有分立出去的资产，其隐含增值才需要得到实现。 如果新设分立两个公司A1和A2，则对A公司做清算处理： 1）A公司视同清算处理，实现所得100万元，清算所得税25万元。新设分立中，资产的隐含增值全部得到了实现。 2）股东分得的剩余财产为（200－25）－50＝125（万元）。 股东实现所得＝125－50－75＝0（万元）。 股东将分得的剩余财产投资成立两个公司，每个分立企业资产的计税基础为87.5万元，分得的负债为25万元，即新设分立所有资产的隐含增值均要得到实现

续表

财税〔2009〕59号文件原文	国税〔2010〕4号公告原文	解读
	第十五条 企业合并或分立，合并各方企业或分立企业涉及享受《税法》第五十七条规定中就企业整体（即全部生产经营所得）享受的税收优惠过渡政策尚未期满的，仅就存续企业未享受完的税收优惠，按照《通知》第九条的规定执行；注销的被合并或被分立企业未享受完的税收优惠，不再由存续企业承继；合并或分立而新设的企业不得再承继或重新享受上述优惠。合并或分立各方企业按照《税法》的税收优惠规定和税收优惠过渡政策中就企业有关生产经营项目的所得享受的税收优惠承继问题，按照《实施条例》第八十九条规定执行	本条款主要对企业合并或分立涉及的税收优惠承继问题作出相关规定
	第十六条 企业重组业务，符合《通知》规定条件并选择特殊性税务处理的，应按照《通知》第十一条规定进行备案；如企业重组各方需要税务机关确认，可以选择由重组主导方向主管税务机关提出申请，层报省税务机关给予确认。 采取申请确认的，主导方和其他当事方不在同一省（自治区、市）的，主导方省税务机关应将确认文件抄送其他当事方所在地省税务机关。 省税务机关在收到确认申请时，原则上应在当年度企业所得税汇算清缴前完成确认。特殊情况，需要延长的，应将延长理由告知主导方	财税〔2009〕59号文件第十一条规定：企业发生符合本通知规定的特殊性重组条件并选择特殊性税务处理的，当事各方应在该重组业务完成当年企业所得税年度申报时，向主管税务机关提交书面备案资料，证明其符合各类特殊性重组规定的条件。企业未按规定书面备案的，一律不得按特殊重组业务进行税务处理。 国税〔2010〕4号公告将财税〔2009〕59号文件的备案分为自行备案、申请确认。 一般情况下，采取特殊性税务处理的，应该由当事各方在重组年度自行备案即可，鉴于重组业务的复杂性，在进行重大重组业务时，企业所得税是重大考虑因素，企业可以向主管税务机关提出申请，层报省税务机关确认。这种做法旨在打消重组企业的税收疑虑。当然，这种做法有降低行政效率的嫌疑

续表

财税〔2009〕59号文件原文	国税〔2010〕4号公告原文	解读
	第十七条 企业重组主导方，按以下原则确定： （一）债务重组为债务人； （二）股权收购为股权转让方； （三）资产收购为资产转让方； （四）吸收合并为合并后拟存续的企业，新设合并为合并前资产较大的企业； （五）分立为被分立的企业或存续企业	1）确定重组主导方的目的： ① 协调各方，根据国税〔2010〕4号公告第四条规定，全部选择一般性税务处理，还是特殊性税务处理。 ② 牵头准备备案资料。 ③ 如果重组方案需要税务机关确认，牵头层报省级税务机关确认。 2）确认主导方的原则： ① 重组中实现所得，需要缴税的一方。 ② 存续企业或资产较大的企业
五、企业重组同时符合下列条件的，适用特殊性税务处理规定： （一）具有合理的商业目的，且不以减少、免除或者推迟缴纳税款为主要目的	第十八条 企业发生重组业务，按照《通知》第五条第（一）项要求，企业在备案或提交确认申请时，应从以下方面说明企业重组具有合理的商业目的： （一）重组活动的交易方式。即重组活动采取的具体形式、交易背景、交易时间、在交易之前和之后的运作方式和有关的商业常规； （二）该项交易的形式及实质。即形式上交易所产生的法律权利和责任，也是该项交易的法律后果。另外，交易实际上或商业上产生的最终结果； （三）重组活动给交易各方税务状况带来的可能变化； （四）重组各方从交易中获得的财务状况变化； （五）重组活动是否给交易各方带来了在市场原则下不会产生的异常经济利益或潜在义务； （六）非居民企业参与重组活动的情况	财税〔2009〕59号文件第五条给出了适用特殊性税务处理的5项原则，其中首要原则就是反避税原则。 国税〔2010〕4号公告应该说是对这一原则提出进一步的具体要求，从6个方面准备备案或确认申请资料，应当从以下几个方面理解。 1）企业重组只要不是以避税作为主要目的，也可能适用特殊性税务处理。例如，某公司过去是母子公司运行模式，后来该企业基于内部管理需要，准备将母子公司模式改为总分公司模式。母子公司改为总分公司，可以享受到汇总缴纳税款、盈亏互抵的税收好处。只要这个目的不是企业重组的主要目的，则不影响适用特殊性税务处理。 那么，重组目的是否主要以税收为目的，需要进行具体的测算，即税收上的好处和企业财务状况的变动，究竟哪个更大一些？因此，第十八条第三款和第四款要求报送重组活动带来的税收变化和财务状况变化，以便进行比较判断。 2）合理商业目的的备案要求，旨在分析企业重组业务法律形式与商业目的在重组背景大框架下互相之间的关系。因此，第十八条要求将说明重组方式、重组法律形式、重组经济实质的资料备案。 3）合理商业目的还要关注重组后潜在的义务或异常利益，以及非居民参与重组的情况，以便全面了解重组业务的经济本质

3.4　关于企业重组业务企业所得税处理若干问题的政策与评析

3.4.1　文件导读

财政部 国家税务总局关于促进企业重组有关企业所得税处理问题的通知

财税〔2014〕109 号

为贯彻落实《国务院关于进一步优化企业兼并重组市场环境的意见》（国发〔2014〕14 号），根据《中华人民共和国企业所得税法》及其实施条例有关规定，现就企业重组有关企业所得税处理问题明确如下：

一、关于股权收购

将《财政部 国家税务总局关于企业重组业务企业所得税处理若干问题的通知》（财税〔2009〕59 号）第六条第（二）项中有关“股权收购，收购企业购买的股权不低于被收购企业全部股权的 75%”规定调整为“股权收购，收购企业购买的股权不低于被收购企业全部股权的 50%”。

二、关于资产收购

将财税〔2009〕59 号文件第六条第（三）项中有关“资产收购，受让企业收购的资产不低于转让企业全部资产的 75%”规定调整为“资产收购，受让企业收购的资产不低于转让企业全部资产的 50%”。

三、关于股权、资产划转

对 100%直接控制的居民企业之间，以及受同一或相同多家居民企业 100%直接控制的居民企业之间按账面净值划转股权或资产，凡具有合理商业目的、不以减少、免除或者推迟缴纳税款为主要目的，股权或资产划转后连续 12 个月内不改变被划转股权或资产原来实质性经营活动，且划出方企业和划入方企业均未在会计上确认损益的，可以选择按以下规定进行特殊性税务处理：

1．划出方企业和划入方企业均不确认所得。

2．划入方企业取得被划转股权或资产的计税基础，以被划转股权或资产的原账面净值确定。

3．划入方企业取得的被划转资产，应按其原账面净值计算折旧扣除。

四、本通知自 2014 年 1 月 1 日起执行。本通知发布前尚未处理的企业重组，符合本通知规定的可按本通知执行。

财政部 国家税务总局
二〇一四年十二月二十五日

3.4.2 财税〔2014〕109 号文件评析

财税〔2014〕109 号文件的调整旨在进一步鼓励和创造有利于市场主体实施并购的市场环境，一方面通过资源整合来提高资源的使用效率和市场竞争力；另一方面也有利于化解实体经济的产能过剩，为优化和调整产业结构创造了有利条件。

1. 降低了企业重组适用特殊性税务处理标准

根据《企业所得税法实施条例》的相关规定，“除国务院财政、税务主管部门另有规定外”，企业重组过程中发生的股权或资产交易应当按照公允价值确定计税基础并确认收入或损失。但是，考虑到企业重组行为往往是为了挽救生产经营或资金周转发生困难的企业，若国家对企业实施的重组行为征收过重的企业所得税，则不利于企业更好地盘活资金和持续经营。因此，为了鼓励企业通过重组方式实现继续经营和健康发展，财政部和国家税务总局于 2009 年 4 月颁布了财税〔2009〕59 号文件，对符合条件的企业重组行为实施企业所得税特殊性税务处理，通过企业所得税的递延推动企业重组活动的开展。

财税〔2009〕59 号文件规定的特殊性税务处理的其中一项重要条件是，被收购的股权或资产的比例须达到原股权或资产的 75%的比例，以证明该项重组交易具备企业重组的经济实质。财税〔2014〕109 号文件进一步放宽了企业适用特殊性税务处理的条件：对于股权收购，收购方购买的股权只要不低于被收购企业全部股权的 50%，即可证明该项重组行为具备经济实质，并可选择适用特殊性税务处理；对于资产收购，受让方收购的资产只要不低于转让方全部资产的 50%，即可证明该项重组行为具备经济实质，并可选择适用特殊性税务处理。财税〔2014〕109 号文件的出台进一步扩大了适用特殊性税务处理的企业重组行为的范围，使更多的企业可以通过重组的方式有效解决资金困难的局面、化解市场矛盾、突破经营瓶颈、实现产业转型（王海勇，2015b）。

2. 为居民集团企业重组安排带来了企业所得税方面的利好

为降低集团企业内部交易的税收成本，促进企业的资源整合和业务重组，财税〔2014〕109号文件第三条赋予了集团企业内部股权及资产划转适用特殊性税务处理的权利，划转股权或资产的企业之间符合以下条件的，可以选择适用企业所得税的特殊性税务处理：①股权或资产的转让方和受让方是双方之间存在100%直接控制关系的居民企业，或者是受同一或相同多家居民企业100%直接控制的居民企业；②股权或资产的划转应当具有合理商业目的，不以减少、免除或者推迟缴纳税款为主要目的；③股权或资产划转后连续12个月内不改变被划转股权或资产原来的实质性经营活动；④转让方和受让方均未在会计上确认损益。

划转股权或资产的居民企业之间满足上述条件的，可以选择适用财税〔2014〕109号文件第三条规定的企业所得税特殊性税务处理办法：①转让方和受让方均不确认所得；②受让方取得被划转股权或资产的计税基础以被划转股权或资产的原账面净值确定；③受让方取得的被划转资产，应按其原账面净值计算折旧扣除。

可见，财税〔2014〕109号文件第三条规定为境内居民集团企业重组安排带来了企业所得税方面的两大利好政策。

1）在财税〔2014〕109号文件生效执行之前，企业集团内部成员企业之间的股权或资产划转的重组交易如需申请适用特殊性税务处理，该项重组交易应当符合财税〔2009〕59号文件规定的严苛条件，财税〔2014〕109号文件生效执行之后，该类重组交易可以直接依照财税〔2014〕109号文件第三条的规定适用特殊性税务处理。相较而言，财税〔2014〕109号文件大大降低了该类重组交易适用特殊性税务处理的条件，对于被收购的股权或资产的比例、股权支付方式、被收购股权禁止转让的期限等均没有作出要求。境内集团企业可充分利用这一企业所得税利好政策，通过低税负的重组实现资产或业务的剥离和重新划分，优化集团企业内部的业务架构和资源配置。

2）财税〔2014〕109号文件极大地降低了集团企业内部之间股权或资产划转的税务成本。集团企业可以充分利用税收优惠政策，将集团内部的投资性资产与实物性资产根据境内不同区域的税负差异实施合理的布局和配置，实现企业集团内部资源的最优化安排，降低集团的企业所得税整体税负。

假设一家集团企业的总部A公司在深圳，A公司的主营业务包含境内投融资和房地产开发，A公司欲将其投资业务向集团内进行剥离，并且有意愿支援西藏江孜地区的开发建设。利用特殊性税务处理政策和民族自治区的税收优惠，集团企业的总部A公司实现其上述商业目的可按以下4个步骤进行。

① A公司事先在西藏江孜地区设立其全资子公司B，作为集团企业在全国境内投资业务的境内离岸平台。

② A公司适用特殊性税务处理政策将其持有的境内投资性资产（多为境内上

市公司股票、债券等交易性金融资产）向B公司划转，达到业务向内剥离的目的。

③ B公司一方面作为集团企业的境内离岸平台吸收集团内的投资性资产，实现业务及资产分配的明确化、结构化；另一方面可以享受民族自治区的税收优惠政策，极大程度上降低集团金融投资类业务的企业所得税税负和相关的流转税税负。

④ 集团企业可以通过B公司向西藏江孜地区进行实业投资，支援边疆建设，同时可以将B公司因适用民族自治区的税收优惠政策而节省的税收成本投资于当地，增加投资资金的来源。

企业在实施上述重组交易安排时，应当充分利用税收政策进行合理的税收筹划，确保资产或股权划转适用特殊性税务处理的合规性和税法遵从度，预防和识别整个交易过程中的税法风险，避免发生不必要的税收成本以及违法成本。

3. 财税〔2014〕109号文件具有溯及力

法律效力是指法律在属地、属人、属时多维度中的国家强制作用力，包括法的溯及力及法律的生效和失效。该文件第四条规定："本通知自2014年1月1日起执行"，该条看似是法的生效问题，但法的溯及力和法的生效既关联又彼此独立。由于通知于2014年12月25日发布，生效日期却早于发布日期，追溯到2014年1月1日，此处法的生效问题实质上也是法的溯及力问题。这表明在实际执行中，2014年重组企业符合条件的可享受特殊性税务处理。

法不溯及既往与法溯及既往对应，是指颁布生效的新法仅适用于生效以后的事实和行为，其效力的指向仅仅是未来，而不包括过去。法不溯及既往是由法的安定性和信赖保护原则共同推演而成的，二者同是法不溯及既往的理论基础。法的安定性是指法律关系及法律文字权利、义务规定的安定性，其核心是稳定性、明确性和持续性。信赖保护原则是指基于法的安定性原则，政府行政行为须具有可预见性和可预测性，人民能预先知其所遵循，对政府行政行为的外观产生信赖，有值得保护的信赖基础，使人民受到的损害有所补偿。二者的重点不同，信赖保护是基于保障公民权利的立场，保护公民对现行有效法律的主观信赖，而法的安定性则偏重于客观上维持法律本身的安定状态。

对于法不溯及既往的理解，无论是德国"真正溯及既往""不真正溯及既往"的划分，还是美国的"弱度溯及""强度溯及"的区分，各国立法大多承认"法不溯及既往"是一项重要的法律原则。但法不溯及既往原则也存在一定的例外，即有利溯及保护公共利益。

我国不同位阶的法律也都对该原则作了规定。《中华人民共和国立法法》第九十三条规定："法律、行政法规、地方性法规、自治条例和单行条例、规章不溯及既往，但为了更好地保护公民、法人和其他组织的权利和利益而作的特别规定除外。"该条规定是从宪法层面完整且权威地对溯及既往作出规定，即除了有利溯及，原则上法不得溯及既往。除此之外，《税务规范性文件制定管理办法》第十四条规定："税收规范性文件应当自公布之日起 30 日后施行。对公布后不立即施行有碍执行的税收规范性文件，可以自公布之日起施行。经授权对规章或上级税收规范性文件做出补充规定的税收规范性文件，施行时间可与规章或上级税收规范性文件的施行时间相同。"该部门规章此条也是对法不溯及既往原则的确认。

财税〔2014〕109 号文件扩大了重组特殊性税务处理适用范围，对非货币性资产投资给予了递延纳税政策，进一步支持企业兼并重组。这对于企业来说是有利溯及，符合法不溯及既往原则的例外，并未违反法不溯及既往原则。

4. 非居民企业被排除在外有违背相关税收协定之嫌

值得注意的是，财税〔2014〕109 号文件第三条规定的特殊性税务处理仅对境内居民企业适用，不适用于非居民企业与其在中国境内的子公司（外商独资企业）之间的重组交易。这似乎有违背中国与其他国家或地区签订的税收协定（或安排）中的无差别待遇条款之嫌，容易引发国际税务争议。以中美税收协定为例，第二十三条第四款规定了子公司的无差别待遇原则，即中美两国的企业在对方国家设立的子公司无论出资形式或出资比例如何，不应比对方国家的类似的居民企业承担更重的税收负担。非居民企业与中国境内子公司的重组交易产生过重所得税负担的，可以考虑启动两国之间关于税务争议的相互协商程序，争取其境内子公司适用与境内其他公司同样的特殊性税务处理政策待遇。因此，企业发生符合该文件规定的特殊性重组条件并选择特殊性税务处理的，当事各方应在该重组业务完成当年企业所得税年度申报时，向主管税务机关提交书面备案资料，证明其符合各类特殊性重组规定的条件。企业未按规定书面备案的，一律不得按特殊重组业务进行税务处理。

税收政策颁布及实施应切实维护税收的公平性，然而按照财税〔2014〕109 号文件第四条规定，本通知发布前尚未处理的企业重组，符合本通知规定的可按本通知执行。但对于 2014 年 1 月 1 日后发生且符合本通知规定的，但已经"处理"（也即按照一般税务处理）的企业，可否再申请适用特殊税务处理予以退税，通知并未明确。企业如不能申请适用特殊性税务处理，则不符合税收公平原则中的横向公平。

3.5 关于非货币性资产投资企业所得税处理问题的政策与评析

3.5.1 文件导读

财政部 国家税务总局关于非货币性资产投资企业所得税政策问题的通知
财税〔2014〕116号

各省、自治区、直辖市、计划单列市财政厅（局）、国家税务局、地方税务局，新疆生产建设兵团财务局：

为贯彻落实《国务院关于进一步优化企业兼并重组市场环境的意见》（国发〔2014〕14号），根据《中华人民共和国企业所得税法》及其实施条例有关规定，现就非货币性资产投资涉及的企业所得税政策问题明确如下：

一、居民企业（以下简称企业）以非货币性资产对外投资确认的非货币性资产转让所得，可在不超过5年期限内，分期均匀计入相应年度的应纳税所得额，按规定计算缴纳企业所得税。

二、企业以非货币性资产对外投资，应对非货币性资产进行评估并按评估后的公允价值扣除计税基础后的余额，计算确认非货币性资产转让所得。

企业以非货币性资产对外投资，应于投资协议生效并办理股权登记手续时，确认非货币性资产转让收入的实现。

三、企业以非货币性资产对外投资而取得被投资企业的股权，应以非货币性资产的原计税成本为计税基础，加上每年确认的非货币性资产转让所得，逐年进行调整。

被投资企业取得非货币性资产的计税基础，应按非货币性资产的公允价值确定。

四、企业在对外投资5年内转让上述股权或投资收回的，应停止执行递延纳税政策，并就递延期内尚未确认的非货币性资产转让所得，在转让股权或投资收回当年的企业所得税年度汇算清缴时，一次性计算缴纳企业所得税；企业在计算股权转让所得时，可按本通知第三条第一款规定将股权的计税基础一次调整到位。

企业在对外投资5年内注销的，应停止执行递延纳税政策，并就递延期内尚未确认的非货币性资产转让所得，在注销当年的企业所得税年度汇算清缴时，一次性计算缴纳企业所得税。

五、本通知所称非货币性资产，是指现金、银行存款、应收账款、应收票据以及准备持有至到期的债券投资等货币性资产以外的资产。

本通知所称非货币性资产投资，限于以非货币性资产出资设立新的居民企业，或将非货币性资产注入现存的居民企业。

六、企业发生非货币性资产投资，符合《财政部国家税务总局关于企业重组业务企业所得税处理若干问题的通知》（财税〔2009〕59 号）等文件规定的特殊性税务处理条件的，也可选择按特殊性税务处理规定执行。

七、本通知自 2014 年 1 月 1 日起执行。本通知发布前尚未处理的非货币性资产投资，符合本通知规定的可按本通知执行。

财政部 国家税务总局

2014 年 12 月 31 日

3.5.2 财税〔2014〕116 号文件评析

为更好地理解财税〔2014〕116 号文件，本节将其与财税〔2013〕91 号文件和财税〔2009〕59 号文件进行比较解析。

1. 财税〔2014〕116 号文件与财税〔2013〕91 号文件的比较分析

2014 年 12 月 31 日，财税〔2014〕116 号文件明确居民企业以非货币性资产对外投资税务处理。该文实际是 2013 年 11 月，财政部、国家税务总局《关于中国（上海）自由贸易试验区内企业以非货币性资产对外投资等资产重组行为有关企业所得税政策问题的通知》（财税〔2013〕91 号）试行政策的全国推广。

对于财税〔2014〕116 号文件，应着重从以下几个方面进行理解和把握。

1）财税〔2014〕116 号文件与财税〔2013〕91 号文件的区别与联系。两个文件虽然是彼此衔接的两个政策文件，但并非完全相同。主要区别：财税〔2013〕91 号文件第八条第二款规定："本通知所称非货币性资产对外投资等资产重组行为，是指以非货币性资产出资设立或注入公司，限于以非货币性资产出资设立新公司和符合《财政部 国家税务总局关于企业重组业务企业所得税处理若干问题的通知》（财税〔2009〕59 号）第一条规定的股权收购、资产收购。"财税〔2014〕116 号文件第五条第二款规定："本通知所称非货币性资产投资，限于以非货币性资产出资设立新的居民企业，或将非货币性资产注入现存的居民企业。"由此可见，财税〔2014〕116 号文件放宽了政策适用条件，以非货币性资产投资注入现存的居民企业行为不再局限于股权收购、资产收购，泛指现金、银行存款、应收账款、应收票据，以及准备持有至到期的债券投资等货币性资产以外的资产。

2）适用该递延纳税优惠政策的纳税人必须是居民企业。非货币性资产对外投资，无论是投资方，还是被投资方，也无论是新设立的企业，还是注入现存企业，都必须为我国居民企业。换言之，非居民企业和外国企业不得享受递延纳税优惠。

3）享受递延纳税优惠政策及递延期限的可选择性。符合文件规定的非货币性资产对外投资，纳税人可以自由选择是否享受递延纳税优惠，而且递延纳税期限具有弹性，但不得超过 5 年。另外，企业发生非货币性资产投资，如果符合财税〔2009〕59 号文件等规定的特殊性税务处理条件，还可以选择按特殊性税务处理规定执行。

4）投资双方取得资产的计税基础确认不同。投资方取得被投资方的股权，应以非货币性资产的原计税成本为计税基础，加上每年确认的非货币性资产转让所得，逐年进行调整。若在享受递延纳税优惠期限内转让上述股权、投资收回或注销，应当在转让股权、投资收回或注销的当年企业所得税年度汇算清缴时，一次性计算缴纳企业所得税。转让股权的计税基础也应一次调整到位；被投资方取得非货币性资产的计税基础，应按非货币性资产的公允价值确定。

5）非货币性资产转让所得应当以评估的公允价值计算。企业以非货币性资产对外投资，应对非货币性资产进行评估并按评估后的公允价值扣除计税基础后的余额，计算确认非货币性资产转让所得。

6）非货币性资产转让收入确认的时点。企业以非货币性资产对外投资，应于投资协议生效并办理股权登记手续时，确认非货币性资产转让收入的实现。

下面举例说明相关重组业务的会计及税务处理业务。

【案例 3-3】2014 年 12 月 31 日，A 公司以成本为 500 万元，评估的公允价值为 1 000 万元的库存商品对 B 公司进行投资，并取得 B 公司 40%的股权。B 公司当日可辨认净资产公允价值为 2 500 万元，并于当日办理股权登记手续。为了便于分析，不考虑投资后 B 公司的净损益及除所得税外的其他税收情况。

分析：A 公司以存货对 B 公司投资并获得股权份额的行为，符合财税〔2014〕116 号文件的居民企业以非货币性资产对外投资规定。A 公司取得 B 公司 40%股份，对 B 公司具有重大影响，应作为长期股权投资并采用权益法核算。B 公司接收资产，增加实收资本。

A 公司会计及税务处理如下：（2014 年）

1）存货对外投资，确认收入并结转成本。

借：长期股权投资　　10 000 000

　　主营业务成本　　5 000 000

　　贷：主营业务收入　　10 000 000

　　　　库存商品　　5 000 000

2）按财税〔2014〕116 号文件规定，该存货对外投资确认的转让所得 500 万元，可在不超过 5 年期限内，分期均匀计入相应年度的应纳税所得额，按规定计算缴纳企业所得税。取得 B 公司的股权应以存货的成本 500 万元作为计税基础，加上每年确认的存货转让所得，逐年进行调整。假如按 5 年期限分摊，则如表 3-3 所示。

表 3-3　2014～2018 年应纳所得调减　　单位：万元

项目	2014 年	2015 年	2016 年	2017 年	2018 年
账面价值	1 000	1 000	1 000	1 000	1 000
计税基础	600	700	800	900	1 000
非货币转让所得	100	100	100	100	100

本年应纳税所得调减 500 万元，并确认相应的递延所得税负债 500×25%＝125（万元）。

借：所得税费用　　1 250 000

　　贷：递延所得税负债　　1 250 000

2014 年，应纳税所得调增 100 万元，并转回相应的递延所得税负债：

借：递延所得税负债　　250 000

　　贷：所得税费用　　250 000

2015～2018 年税务及会计处理同上。

B 公司会计及税务处理如下：

按财税〔2014〕116 号文件规定，接收投资收到的存货的计税基础，应按其公允价值确定，即该存货的账面价值与计税基础均为 1 000 万元，不存在差异。会计处理如下：

借：库存商品　　10 000 000

　　贷：实收资本　　10 000 000

假如 A 公司在 5 年内转让上述股权或投资收回的，则应停止执行递延纳税政策，并就递延期内尚未确认的非货币性资产转让所得，在转让股权或投资收回当年的企业所得税年度汇算清缴时，一次性计算缴纳企业所得税；企业在计算股权转让所得时，将股权的计税基础一次调整到位。例如，A 公司 2015 年以 1 400 万元转让 B 公司 40%的股权，A 公司此时应当把长期股权的计算基础由 600 万元一次调整至 1 000 万元，同时转回以前期间确认递延所得税负债 100 万元。2015 年 A 公司就该事项确认当期应纳税所得额为 800 万元，其中股权转让所得 400 万元，一次性递延纳税调增 400 万元，应缴的企业所得税＝（1 400－1 000＋400）×25%＝200（万元）。

会计处理如下：

借：银行存款　　14 000 000

　　递延所得税负债　　1 000 000

　　贷：长期股权投资　　10 000 000

　　　　所得税费用　　1 000 000

　　　　投资收益　　4 000 000

2. 财税〔2014〕116 号文件与财税〔2009〕59 号文件的比较分析

财税〔2014〕116 号文件与财税〔2009〕59 号文件适用的差异主要体现在以下几个方面。

1）财税〔2014〕116 号文件相对于财税〔2009〕59 号文件适用的范围更广。对于财税〔2009〕59 号文件的对外投资行为，无论是资产收购还是股权收购，都必须是在现存的两个企业之间的行为。财税〔2009〕59 号文件对于企业用非货币性资产对外投资成立新企业的行为不适用。符合财税〔2014〕116 号文件条件的企业，其发生的以非货币性资产出资设立新公司的行为可以适用 5 年递延纳税。

2）财税〔2009〕59 号文件要求企业重组后的连续 12 个月内不改变重组资产原来的实质性经营活动，即考察企业经营的连续性。但财税〔2014〕116 号文件不需要这个条件。

3）财税〔2009〕59 号文件对于股权收购和资产收购的比例要求很高，必须达到 75%以上（现降为 50%）。但是，如果企业仅仅是用部分非货币性资产进行对外投资，如企业的股东仅用其持有的企业股权或仅用其拥有的非货币资产对外投资，达不到财税〔2009〕59 号文件的比例条件，则不能适用。

4）对于被投资企业而言，如果适用财税〔2009〕59 号文件的特殊性税务处理，其取得股权或资产的计税基础必须以该股权或资产的原有计税基础确认。但是，如果适用财税〔2014〕116 号文件，不管投资企业是一次性纳税还是分 5 年递延纳税，被投资企业取得资产的计税基础都是按公允价值确认，即投资方以 5 年递延纳税的代价，换取了被投资企业可以立即按资产的公允价值在税前扣除成本或折旧（摊销）。这是财税〔2014〕116 号文件相对于财税〔2009〕59 号文件最大的差异之处。

5）在实际操作中注意把握财税〔2014〕116 号文件与财税〔2009〕59 号文件的差异。

① 并非所有适用财税〔2009〕59 号文件特殊性税务处理的资产收购和股权

收购行为都可以适用财税〔2014〕116 号文件，这是企业要特别注意的地方。财税〔2009〕59 号文件规定，在资产收购和股权收购中，符合特殊性税务处理的股权支付，是指企业重组中购买、换取资产的一方支付的对价中，以本企业或其控股企业的股权、股份作为支付的形式。同时，国税〔2010〕4 号公告规定：财税〔2009〕59 号文件第二条所称控股企业，是指由本企业直接持有股份的企业。例如，A 企业收购 B 企业 100%的实质性经营资产，但支付的对价不是 A 企业自身的股权，而是 A 企业子公司 C 的股权。此时，按照财税〔2009〕59 号文件和国税〔2010〕4 号公告的规定，该行为是符合特殊性税务处理的。但是该行为并非 B 企业的非货币性资产对外投资行为，而是 A 企业和 B 企业之间发生的非货币性资产交换行为，即 A 企业以其持有的子公司 C 的股权作为一项非货币资产（长期股权投资）和 B 企业的非货币性资产进行交换，不符合财税〔2014〕116 号文件的以非货币资产对外投资的定义（股权收购同样如此）。因此，如果被收购企业取得的不是收购企业自身的股权，而是其持有的控股公司的股权。此时，企业只能选择按照财税〔2009〕59 号文件享受特殊性税务处理，无法按照财税〔2014〕116 号文件适用特殊性税务处理。

② 适用财税〔2014〕116 号文件时，投资企业取得的非股权支付额同样需要按照财税〔2009〕59 号文件的规定，在当期立即纳税；同时投资企业取得被投资企业股权的计税基础应用其投资的非货币资产的原有计税基础减去非股权支付，加上因非股权支付确认的所得。对于企业用非货币资产对外投资成立新企业没有这个问题。但是，如果企业用非货币资产注入现存企业就存在这个问题。假设 B 企业将其一项账面价值 100 万元，公允价值 200 万元的非货币资产投资到 A 企业。A 企业支付的对价是公允价值为 150 万元的股权和 50 万元的现金。此时，B 企业只有对取得股权的部分（即投资行为）可以递延 5 年纳税，但是对于资产销售直接取得现金的部分，当期必须立即纳税，不能递延。非股权支付部分的应纳税额计算方式按财税〔2009〕59 号文件的规定，即非股权支付对应的资产转让所得或损失＝（被转让资产的公允价值－被转让资产的计税基础）×（非股权支付金额÷被转让资产的公允价值）。此时 B 企业对于 50 万元的现金部分，应确认 25 万元所得，当期一次性纳税。剩余的 75 万元所得递延 5 年纳税。同时，B 企业取得 A 企业股权的计税基础为 75（100－50＋25）万元。但是，A 企业取得 B 企业非货币资产的计税基础，按照财税〔2014〕116 号文件的规定，应按公允价值 200 万元确认。

③ 企业发生的资产收购或股权收购行为，如果同时符合财税〔2009〕59 号

文件的特殊性税务处理和财税〔2014〕116 号文件的特殊性税务处理，应该如何进行选择，这也是一个非常重要的问题。下面举例加以说明。

【案例 3-4】A 企业以其计税基础 1 000 万元，公允价值 2 000 万元的 100%的实质性经营资产投资到企业 B，取得对价为 100%的 B 企业的股权，A 企业和 B 企业应如何进行税务处理？假设不考虑其他情况。

分析：本案例不考虑其他情况，显然既符合财税〔2009〕59 号文件特殊性税务处理的资产收购，也符合财税〔2014〕116 号文件特殊性税务处理的非货币资产对外投资行为。

第一种方案：选择适用财税〔2009〕59 号文件。

A 企业取得 B 企业股权的计税基础是 1 000 万元。即使 A 企业在取得 B 企业股权 12 个月后，将股权按公允价值出售，已经将对外投资环节的评估增值在股权转让环节确认纳税了，但是 B 企业取得 A 企业资产的计税基础仍然只能按原有计税基础确认，而不能调整为公允价值。

第二种方案：选择适用财税〔2014〕116 号文件。

A 企业可以将 1 000 万元的评估增值分 5 年递延纳税，每年确认 200 万元的所得。B 企业可以按公允价值 2 000 万元确认取得资产的计税基础，并可以立即按资产的公允价值在税前扣除成本或折旧（摊销）。

对比财税〔2009〕59 号文件和财税〔2014〕116 号文件的特殊性税务处理可知，财税〔2009〕59 号文件针对资产收购（股权收购）特殊性税务处理中似乎可能存在重复征税的问题。但是，财税〔2009〕59 号文件的设计原则并无不妥，这是由我国企业所得税制度的特点决定的。因为我国企业所得税对于清算环节企业股东取得的相当于被投资企业累计未分配利润和累计盈余公积中按该股东所占股份比例计算的部分，会确认为股息所得享受免税待遇。因此，A 企业股权转让环节就评估增值确认的所得会在股权受让方在 B 企业清算环节确认损失。因而从整体来看，国家并没有重复征税。企业在选择适用财税〔2009〕59 号文件还是财税〔2014〕116 号文件时，应该根据投资和被投资企业的实际情况进行选择。

④ 关注非货币资产评估价值和双方认可价值不一致产生的税收风险问题。财税〔2014〕116 号文件规定，投资企业和被投资企业都是以被投资资产并按评估后的公允价值作为税务处理的依据。但是在实践中，企业使用非货币资产对外投资时，往往存在非货币资产的评估价格和双方确认的作价投资金额之间不一致的情况。例如，A 企业用其持有的 C 企业股权对 B 企业投资，C 企业股权按照评估报告确认的价值是 500 万元，但是 A 企业和 B 企业在参考评估报告后，综合各方

面因素，双方协商后达成一致意见，A 企业只能以该股权作价 400 万元作为出资额对 B 企业的投资（假设交易真实，不存在虚假交易或其他关联交易情况）。此时，究竟双方是按 500 万元还是 400 万元进行税务处理呢？从财税〔2014〕116 号文件的规定来看，应该是按 500 万元进行税务处理。但是，双方在会计上都是按 400 万元进行会计核算并办理增资手续的。由于税法和工商实际增资行为及会计处理都存在差异，双方会存在一定的税收风险。在实务中，企业如果要适用财税〔2014〕116 号文件的规定，应尽量避免这种问题的出现。

3.6 关于非货币性资产投资企业所得税有关征管问题的政策与评析

3.6.1 文件导读

国家税务总局关于非货币性资产投资企业所得税有关征管问题的公告
国家税务总局公告 2015 年第 33 号

《国务院关于进一步优化企业兼并重组市场环境的意见》(国发〔2014〕14 号）和《财政部 国家税务总局关于非货币性资产投资企业所得税政策问题的通知》(财税〔2014〕116 号）发布后，各地陆续反映在非货币性资产投资企业所得税政策执行过程中有些征管问题亟需明确。经研究，现就非货币性资产投资企业所得税有关征管问题公告如下：

一、实行查账征收的居民企业（以下简称企业）以非货币性资产对外投资确认的非货币性资产转让所得，可自确认非货币性资产转让收入年度起不超过连续 5 个纳税年度的期间内，分期均匀计入相应年度的应纳税所得额，按规定计算缴纳企业所得税。

二、关联企业之间发生的非货币性资产投资行为，投资协议生效后 12 个月内尚未完成股权变更登记手续的，于投资协议生效时，确认非货币性资产转让收入的实现。

三、符合财税〔2014〕116 号文件规定的企业非货币性资产投资行为，同时又符合《财政部 国家税务总局关于企业重组业务企业所得税处理若干问题的通知》(财税〔2009〕59 号)、《财政部 国家税务总局关于促进企业重组有关企业所得税处理问题的通知》(财税〔2014〕109 号）等文件规定的特殊性税务处理条件的，可由企业选择其中一项政策执行，且一经选择，不得改变。

四、企业选择适用本公告第一条规定进行税务处理的，应在非货币性资产转让所得递延确认期间每年企业所得税汇算清缴时，填报《中华人民共和国企业所得税年度纳税申报表》（A 类，2014 年版）中“A105100 企业重组纳税调整明细表”第 13 行“其中：以非货币性资产对外投资”的相关栏目，并向主管税务机关报送《非货币性资产投资递延纳税调整明细表》。

五、企业应将股权投资合同或协议、对外投资的非货币性资产（明细）公允价值评估确认报告、非货币性资产（明细）计税基础的情况说明、被投资企业设立或变更的工商部门证明材料等资料留存备查，并单独准确核算税法与会计差异情况。

主管税务机关应加强企业非货币性资产投资递延纳税的后续管理。

六、本公告适用于 2014 年度及以后年度企业所得税汇算清缴。此前尚未处理的非货币性资产投资，符合财税〔2014〕116 号文件和本公告规定的可按本公告执行。

特此公告。

国家税务总局

2015 年 5 月 8 日

3.6.2 国税〔2015〕33 号公告评析

国税〔2015〕33 号公告是针对税收征管实践提出的具体要求，应注意以下几个方面的问题。

1. 适用非货币性资产投资政策对企业类型的要求

根据财税〔2014〕116 号文件第一条规定，“居民企业以非货币性资产对外投资确认的非货币性资产转让所得，可在不超过 5 年期限内，分期均匀计入相应年度的应纳税所得额，按规定计算缴纳企业所得税。”考虑到核定征收企业通常不能准确核算收入或支出情况，公告明确只有实行查账征收的居民企业才能适用上述政策。

2. 正确理解“不超过 5 年期限”

财税〔2014〕116 号文件第一条所指的“不超过 5 年期限”，是指从确认非货币性资产转让收入年度起不超过连续 5 个纳税年度的期间。首先，明确“年”指的是纳税年度；其次，明确“5 年期限”是从确认非货币性资产转让收入的当年开始计算；最后，要求 5 年的递延纳税期间要连续计算、中间不能中断。

3. 把握关联企业间非货币性资产投资收入的确认时间

根据财税〔2014〕116 号文件第二条第二款规定：“企业以非货币性资产对外投资，应于投资协议生效并办理股权登记手续时，确认非货币性资产转让收入的实现。”这是针对企业非货币性资产投资收入确认时点的一般规定。但是，关联企业之间发生非货币性资产投资行为，可能由于具有关联关系而不及时办理或不办理股权登记手续，以延迟确认或长期不确认非货币性资产转让收入。这实际上延长了递延纳税期限，造成对此项政策的滥用。为防止发生此种情况，国税〔2015〕33 号公告要求，关联企业之间发生的非货币性资产投资行为，自投资协议生效后最长 12 个月内应完成股权变更登记手续。如果投资协议生效后 12 个月内仍未完成股权变更登记手续，则于投资协议生效时，确认非货币性资产转让收入的实现。

4. 企业非货币性资产投资同时符合多项政策的选择规定

由于企业非货币性资产投资行为，可能同时符合财税〔2014〕116 号文件规定、财税〔2009〕59 号及财税〔2014〕109 号文件相关规定，公告允许企业选择其中一项政策执行，但一经选择，不得改变。

5. 适用非货币性资产投资递延纳税政策的纳税人的申报管理

为加强对企业非货币性资产投资企业所得税管理，公告为纳税人设计了非货币性资产对外投资递延纳税调整明细表，主要内容是被投资企业情况、非货币性资产情况、非货币性资产投资基本信息、递延纳税差异调整额和结转额等。该明细表由企业在非货币性资产转让所得递延确认期间、每年企业所得税汇算清缴时，向主管税务机关报送，旨在确认每年递延的应纳税所得额，为税务机关加强后续管理奠定基础。同时，纳税人应填报中华人民共和国企业所得税年度纳税申报表（A 类，2014 年版）中“A105100 企业重组纳税调整明细表”第 13 行“其中：以非货币性资产对外投资”的相关栏目。

此外，企业还应将下列资料留存备查，并单独准确核算税法与会计差异情况，包括股权投资合同或协议、对外投资的非货币性资产（明细）公允价值评估确认报告、非货币性资产（明细）计税基础的情况说明和被投资企业设立或变更的工商部门证明材料等资料。

3.7 关于资产（股权）划转企业所得税征管问题的政策与评析

3.7.1 文件导读

国家税务总局关于资产（股权）划转企业所得税征管问题的公告
国家税务总局公告2015年第40号

《国务院关于进一步优化企业兼并重组市场环境的意见》（国发〔2014〕14号）和《财政部 国家税务总局关于促进企业重组有关企业所得税处理问题的通知》（财税〔2014〕109号，以下简称《通知》）下发后，各地陆续反映在企业重组所得税政策执行过程中有些征管问题亟需明确。经研究，现就股权或资产划转企业所得税征管问题公告如下：

一、《通知》第三条所称“100%直接控制的居民企业之间，以及受同一或相同多家居民企业100%直接控制的居民企业之间按账面净值划转股权或资产”，限于以下情形：

（一）100%直接控制的母子公司之间，母公司向子公司按账面净值划转其持有的股权或资产，母公司获得子公司100%的股权支付。母公司按增加长期股权投资处理，子公司按接受投资（包括资本公积，下同）处理。母公司获得子公司股权的计税基础以划转股权或资产的原计税基础确定。

（二）100%直接控制的母子公司之间，母公司向子公司按账面净值划转其持有的股权或资产，母公司没有获得任何股权或非股权支付。母公司按冲减实收资本（包括资本公积，下同）处理，子公司按接受投资处理。

（三）100%直接控制的母子公司之间，子公司向母公司按账面净值划转其持有的股权或资产，子公司没有获得任何股权或非股权支付。母公司按收回投资处理，或按接受投资处理，子公司按冲减实收资本处理。母公司应按被划转股权或资产的原计税基础，相应调减持有子公司股权的计税基础。

（四）受同一或相同多家母公司100%直接控制的子公司之间，在母公司主导下，一家子公司向另一家子公司按账面净值划转其持有的股权或资产，划出方没有获得任何股权或非股权支付。划出方按冲减所有者权益处理，划入方按接受投资处理。

二、《通知》第三条所称“股权或资产划转后连续12个月内不改变被划转股权或资产原来实质性经营活动”，是指自股权或资产划转完成日起连续 12 个月内不改变被划转股权或资产原来实质性经营活动。

股权或资产划转完成日，是指股权或资产划转合同（协议）或批复生效，且交易双方已进行会计处理的日期。

三、《通知》第三条所称“划入方企业取得被划转股权或资产的计税基础，以被划转股权或资产的原账面净值确定”，是指划入方企业取得被划转股权或资产的计税基础，以被划转股权或资产的原计税基础确定。

《通知》第三条所称“划入方企业取得的被划转资产，应按其原账面净值计算折旧扣除”，是指划入方企业取得的被划转资产，应按被划转资产的原计税基础计算折旧扣除或摊销。

四、按照《通知》第三条规定进行特殊性税务处理的股权或资产划转，交易双方应在协商一致的基础上，采取一致处理原则统一进行特殊性税务处理。

五、交易双方应在企业所得税年度汇算清缴时，分别向各自主管税务机关报送《居民企业资产（股权）划转特殊性税务处理申报表》和相关资料（一式两份）。

相关资料包括：

1．股权或资产划转总体情况说明，包括基本情况、划转方案等，并详细说明划转的商业目的；

2．交易双方或多方签订的股权或资产划转合同（协议），需有权部门（包括内部和外部）批准的，应提供批准文件；

3．被划转股权或资产账面净值和计税基础说明；

4．交易双方按账面净值划转股权或资产的说明（需附会计处理资料）；

5．交易双方均未在会计上确认损益的说明（需附会计处理资料）；

6．12 个月内不改变被划转股权或资产原来实质性经营活动的承诺书。

六、交易双方应在股权或资产划转完成后的下一年度的企业所得税年度申报时，各自向主管税务机关提交书面情况说明，以证明被划转股权或资产自划转完成日后连续 12 个月内，没有改变原来的实质性经营活动。

七、交易一方在股权或资产划转完成日后连续 12 个月内发生生产经营业务、公司性质、资产或股权结构等情况变化，致使股权或资产划转不再符合特殊性税务处理条件的，发生变化的交易一方应在情况发生变化的 30 日内报告其主管税务机关，同时书面通知另一方。另一方应在接到通知后 30 日内将有关变化报告其主管税务机关。

八、本公告第七条所述情况发生变化后 60 日内，原交易双方应按以下规定进行税务处理：

（一）属于本公告第一条第（一）项规定情形的，母公司应按原划转完成时股权或资产的公允价值视同销售处理，并按公允价值确认取得长期股权投资的计税基础；子公司按公允价值确认划入股权或资产的计税基础。

属于本公告第一条第（二）项规定情形的，母公司应按原划转完成时股权或资产的公允价值视同销售处理；子公司按公允价值确认划入股权或资产的计税基础。

属于本公告第一条第（三）项规定情形的，子公司应按原划转完成时股权或资产的公允价值视同销售处理；母公司应按撤回或减少投资进行处理。

属于本公告第一条第（四）项规定情形的，划出方应按原划转完成时股权或资产的公允价值视同销售处理；母公司根据交易情形和会计处理对划出方按分回股息进行处理，或者按撤回或减少投资进行处理，对划入方按以股权或资产的公允价值进行投资处理；划入方按接受母公司投资处理，以公允价值确认划入股权或资产的计税基础。

（二）交易双方应调整划转完成纳税年度的应纳税所得额及相应股权或资产的计税基础，向各自主管税务机关申请调整划转完成纳税年度的企业所得税年度申报表，依法计算缴纳企业所得税。

九、交易双方的主管税务机关应对企业申报适用特殊性税务处理的股权或资产划转加强后续管理。

十、本公告适用2014年度及以后年度企业所得税汇算清缴。此前尚未进行税务处理的股权、资产划转，符合《通知》第三条和本公告规定的可按本公告执行。

特此公告。

国家税务总局

2015年5月27日

3.7.2 国税〔2015〕40号公告评析

国税〔2015〕40号公告是为继续推进我国企业兼并重组顺利实现而出台的政策性文件。近年来，我国企业兼并重组步伐不断加快，但实践中仍面临审批多、融资难、负担重、服务体系不健全、体制机制不完善、跨地区跨所有制兼并重组困难等问题。为营造良好的市场环境，充分发挥企业在兼并重组中的主体作用，2014年3月7日，国务院出台了《国务院关于进一步优化企业兼并重组市场环境的意见》（国发〔2014〕14号）。该《意见》提出“修订完善兼并重组企业所得税特殊性税务处理的政策，降低收购股权（资产）占被收购企业全部股权（资产）的比例限制，扩大特殊性税务处理政策的适用范围”。为贯彻落实意见精神，2014

年底以来，财政部、国家税务总局先后颁发了一系列鼓励重组的重大税收政策。主要包括：财税〔2014〕109 号文件，明确特殊性税务处理中，被收购股权、资产比例由 75%降为 50%，符合条件的资产（股权）划转，可以享受特殊性税务处理待遇；财税〔2014〕116 号文件及国税〔2015〕33 号公告，明确企业非货币性资产对外投资所得，可在 5 年内均匀计入应纳税所得额；财税〔2015〕41 号文件及国税〔2015〕20 号公告，明确个人非货币性资产对外投资所得，在 5 年内递延纳税；财税〔2015〕5 号文件，对合并、分立、投资等行为的土地增值税处理，给予了宽松政策；财税〔2015〕37 号文件，对合并、分立、划转等行为的契税政策进行了延续和修正，并明确了“原投资主体存续”等关键条件的含义所在。

国税〔2015〕40 号公告作为财税〔2014〕109 号文件的配套征管政策，遵循了“财税文件明确政策，总局公告配套征管”的规律。对于该项资产（股权）划转政策的具体内容注意从以下几个方面加以理解。

1. 对“100%直接控制的居民企业”的准确理解

财税〔2014〕109 号文件第三条规定，对 100%直接控制的居民企业之间，以及受同一或相同多家居民企业 100%直接控制的居民企业之间按账面净值划转股权或资产，凡具有合理商业目的、不以减少、免除或者推迟缴纳税款为主要目的，股权或资产划转后连续 12 个月内不改变被划转股权或资产原来实质性经营活动，且划出方企业和划入方企业均未在会计上确认损益的，可以选择按以下规定进行特殊性税务处理：

1）划出方企业和划入方企业均不确认所得。

2）划入方企业取得被划转股权或资产的计税基础，以被划转股权或资产的原账面净值确定。

3）划入方企业取得的被划转资产，应按其原账面净值计算折旧扣除。

100%直接控制的居民企业，是指母企业与其直接控制的全资子公司均在我国境内或实际管理机构在我国境内；受同一或相同多家居民企业 100%直接控制的居民企业，是指受相同居民企业直接控制的两个或多个全资子公司。

上述两种情况的资产或股权划转发生在同一集团公司内部的母公司与其全资子公司之间或者全资子公司之间。在符合财税〔2009〕59 号第五条规定条件的情况下，允许集团公司内部资产或股权划转采用特殊性税务处理，以鼓励企业通过资产重组，提高资源配置效率、优化产业结构。

为便于企业更好地享受企业资产（股权）划转的所得税优惠政策，国税〔2015〕

40 号公告包括母公司向子公司、子公司向母公司以及子公司之间等几种情形的股权或资产划转，暂不确认股权或资产转让所得，可以享受递延纳税待遇。

2. 明确企业集团内部资产（股权）划转享受递延纳税待遇的四种情形

国税〔2015〕40 号公告第一条对财税〔2014〕109 号文件第三条所称“对 100%直接控制的居民企业之间，以及受同一或相同多家居民企业 100%直接控制的居民企业之间按账面净值划转股权或资产”进行了明确，并分别对 4 种情形下资产（股权）划出方、划入方的税务处理进行了规定。

1）100%直接控制的母子公司之间，母公司向子公司按账面净值划转其持有的股权或资产，母公司获得子公司 100%的股权支付。母公司按增加长期股权投资处理，子公司按接受投资（包括资本公积，下同）处理。母公司获得子公司股权的计税基础以划转股权或资产的原计税基础确定。

2）100%直接控制的母子公司之间，母公司向子公司按账面净值划转其持有的股权或资产，母公司没有获得任何股权或非股权支付。母公司按冲减实收资本（包括资本公积，下同）处理，子公司按接受投资处理。

3）100%直接控制的母子公司之间，子公司向母公司按账面净值划转其持有的股权或资产，子公司没有获得任何股权或非股权支付。母公司按收回投资处理，或按接受投资处理，子公司按冲减实收资本处理。母公司应按被划转股权或资产的原计税基础，相应调减持有子公司股权的计税基础。

4）受同一或相同多家母公司 100%直接控制的子公司之间，在母公司主导下，一家子公司向另一家子公司按账面净值划转其持有的股权或资产，划出方没有获得任何股权或非股权支付。划出方按冲减所有者权益处理，划入方按接受投资处理。

3. 对“连续 12 个月内不改变被划转股权或资产原来实质性经营活动”计算时点加以界定

对于交易一方在股权或资产划转完成日后连续 12 个月内发生生产经营业务、公司性质、资产或股权结构等情况变化，致使股权或资产划转不再符合特殊性税务处理条件的，原交易双方均需向主管税务机关报告，并在情况变化后 60 日内，改为一般性税务处理，并调整划转完成纳税年度的应纳税所得额及相应股权或资产的计税基础。

1）明确财税〔2014〕109 号文件第三条所称“股权或资产划转后连续 12 个月内不改变被划转股权或资产原来实质性经营活动”，是指自股权或资产划转完成日起连续 12 个月内不改变被划转股权或资产原来实质性经营活动。股权或资产划转完成日，是指股权或资产划转合同（协议）或批复生效，且交易双方已进行会计处理的日期。

2）交易一方在股权或资产划转完成日后连续 12 个月内发生生产经营业务、公司性质、资产或股权结构等情况变化，致使股权或资产划转不再符合特殊性税务处理条件的，发生变化的交易一方应在情况发生变化的 30 日内报告其主管税务机关，同时书面通知另一方；另一方应在接到通知后 30 日内将有关变化报告其主管税务机关。

3）交易一方在股权或资产划转完成日后连续 12 个月内发生生产经营业务、公司性质、资产或股权结构等情况变化，致使股权或资产划转不再符合特殊性税务处理条件的，在情况发生变化后 60 日内原交易双方应按以下规定进行一般性税务处理：

① 100%直接控制的母子公司之间，母公司向子公司按账面净值划转其持有的股权或资产，母公司获得子公司 100%的股权支付。母公司应按原划转完成时股权或资产的公允价值视同销售处理，并按公允价值确认取得长期股权投资的计税基础；子公司按公允价值确认划入股权或资产的计税基础。

② 100%直接控制的母子公司之间，母公司向子公司按账面净值划转其持有的股权或资产，母公司没有获得任何股权或非股权支付。母公司应按原划转完成时股权或资产的公允价值视同销售处理；子公司按公允价值确认划入股权或资产的计税基础。

③ 100%直接控制的母子公司之间，子公司向母公司按账面净值划转其持有的股权或资产，子公司没有获得任何股权或非股权支付。子公司应按原划转完成时股权或资产的公允价值视同销售处理；母公司应按撤回或减少投资进行处理。

④ 受同一或相同多家母公司 100%直接控制的子公司之间，在母公司主导下，一家子公司向另一家子公司按账面净值划转其持有的股权或资产，划出方没有获得任何股权或非股权支付。划出方应按原划转完成时股权或资产的公允价值视同销售处理；母公司根据交易情形和会计处理对划出方按分回股息进行处理，或者按撤回或减少投资进行处理，对划入方按以股权或资产的公允价值进行投资处理；划入方按接受母公司投资处理，以公允价值确认划入股权或资产的计税基础。

4. 补正了“划入方企业取得被划转股权或资产的计税基础”的表述

国税〔2015〕40 号公告对财税〔2014〕109 号文件中“原账面净值”的表述进行了补正，将“原账面净值”均改为了“原计税基础”。一般来说，“原财产净值”等同于“原计税基础”，也等同于《企业所得税法实施条例》第七十四条所称的“财产净值”，但是特殊情况下，“原账面净值”与“原计税基础”有可能出现背离的情况。例如，假设A公司持有M公司的100%股权，是该公司以非货币性资产交换方式取得的，且不具有商业交易实质，该项股权取得时的公允价值为800万元，换出资产的账面价值为600万元，则在A公司取得股权时，应确认200万元的应纳税所得额，同时将持有M公司股权的计税基础确定为800万元。那么，在该案例中，B公司取得M公司股权的计税基础，以及A公司以股权投资取得B公司股权的计税基础，应当确定为800万元，而不是600万元。

5. 对于企业资产（股权）划转选择特殊性税务处理的，要求交易双方采取一致处理原则

这一要求在国税〔2015〕40号公告第一条对资产（股权）划出方和划入方的税务处理中已经体现。

6. 企业资产（股权）划转选择特殊性税务处理的税务资料

对于企业资产（股权）划转选择特殊性税务处理的，交易双方应在企业所得税年度汇算清缴时分别向各自主管税务机关报送居民企业资产（股权）划转特殊性税务处理申报表和相关资料。

【案例3-5】A公司持有M公司100%的股权。2015年1月，A公司将两项资产划转至B公司，包括：计税基础为600万元，公允价值为1 000万元的不动产；A公司持有的M公司60%股份，其计税基础为600万元，公允价值为1 000万元。

分析：本案例符合国税〔2015〕40号公告第一条规定的第一种情形，100%直接控制的母子公司之间，母公司A向子公司B按账面净值划转其持有的股权或资产，母公司A获得子公司B 100%的股权支付。可以选择特殊性税务处理如下：母公司A按增加长期股权投资处理，子公司B按接受投资（包括资本公积，下同）处理。母公司获得子公司股权的计税基础以划转股权或资产的原计税基础确定。

A公司账务处理如下：

	借方	贷方
借：长期股权投资——B公司	12 000 000	
贷：固定资产清理		6 000 000
长期股权投资——M公司60%股份		6 000 000

B公司账务处理如下：

	借方	贷方
借：固定资产	6 000 000	
长期股权投资——M公司60%股份	6 000 000	
贷：实收资本		10 000 000
资本公积		2 000 000

【案例 3-6】承接【案例 3-5】资料，B 公司在完成划转交易后的第 7 个月（2015 年 8 月）增资扩股，引进了战略投资者 C 公司，增资扩股完成后，A 公司占 B 公司 80%股份，C 公司占 B 公司 20%股份，A、B 公司应当如何进行税务处理？

分析：国税〔2015〕40 号公告第七条规定："交易一方在股权或资产划转完成日后连续 12 个月内发生生产经营业务、公司性质、资产或股权结构等情况变化，致使股权或资产划转不再符合特殊性税务处理条件的，发生变化的交易一方应在情况发生变化的 30 日内报告其主管税务机关，同时书面通知另一方。另一方应在接到通知后的 30 日内将有关变化报告其主管税务机关。"

本案例中，A 公司的资产（股权）划转交易不再符合特殊性税务处理条件，应当进行纳税调整。按照国税〔2015〕40 号公告第八条的规定，特殊性税务处理条件发生变化后，A 公司、B 公司应当分别进行如下税务处理：

A 公司应当视同销售，确认应纳税所得额＝2 000－1 200＝800（万元）。

B 公司税务处理：一是将取得 M 公司股权的计税基础由 600 万元调整为 1 000 万元；二是将取得的不动产计税基础调整为 1 000 万元，并对此前已经确认的折旧费用进行纳税调整（当年度事项可以在汇算清缴调整，跨年度事项则追溯进行纳税调减）。

3.8 关于企业重组业务企业所得税征收管理若干问题的政策与评析

3.8.1 文件导读

国家税务总局关于企业重组业务企业所得税征收管理若干问题的公告

国家税务总局公告 2015 年第 48 号

根据《中华人民共和国企业所得税法》及其实施条例、《中华人民共和国税收征收管理法》及其实施细则、《国务院关于取消非行政许可审批事项的决定》（国发〔2015〕27 号）、《财政部 国家税务总局关于企业重组业务企业所得税处理若干问题的通知》（财税〔2009〕59 号）和《财政部 国家税务总局关于促进企业重组有关企业所得税处理问题的通知》（财税〔2014〕109 号）等有关规定，现对企业重组业务企业所得税征收管理若干问题公告如下：

一、按照重组类型，企业重组的当事各方是指：

（一）债务重组中当事各方，指债务人、债权人。

（二）股权收购中当事各方，指收购方、转让方及被收购企业。

（三）资产收购中当事各方，指收购方、转让方。

（四）合并中当事各方，指合并企业、被合并企业及被合并企业股东。

（五）分立中当事各方，指分立企业、被分立企业及被分立企业股东。

上述重组交易中，股权收购中转让方、合并中被合并企业股东和分立中被分立企业股东，可以是自然人。

当事各方中的自然人应按个人所得税的相关规定进行税务处理。

二、重组当事各方企业适用特殊性税务处理的（指重组业务符合财税〔2009〕59 号文件和财税〔2014〕109 号文件第一条、第二条规定条件并选择特殊性税务处理的，下同），应按如下规定确定重组主导方：

（一）债务重组，主导方为债务人。

（二）股权收购，主导方为股权转让方，涉及两个或两个以上股权转让方，由转让被收购企业股权比例最大的一方作为主导方（转让股权比例相同的可协商确定主导方）。

（三）资产收购，主导方为资产转让方。

（四）合并，主导方为被合并企业，涉及同一控制下多家被合并企业的，以净资产最大的一方为主导方。

（五）分立，主导方为被分立企业。

三、财税〔2009〕59 号文件第十一条所称重组业务完成当年，是指重组日所属的企业所得税纳税年度。

企业重组日的确定，按以下规定处理：

1．债务重组，以债务重组合同（协议）或法院裁定书生效日为重组日。

2．股权收购，以转让合同（协议）生效且完成股权变更手续日为重组日。关联企业之间发生股权收购，转让合同（协议）生效后 12 个月内尚未完成股权变更手续的，应以转让合同（协议）生效日为重组日。

3．资产收购，以转让合同（协议）生效且当事各方已进行会计处理的日期为重组日。

4．合并，以合并合同（协议）生效、当事各方已进行会计处理且完成工商新设登记或变更登记日为重组日。按规定不需要办理工商新设或变更登记的合并，以合并合同（协议）生效且当事各方已进行会计处理的日期为重组日。

5．分立，以分立合同（协议）生效、当事各方已进行会计处理且完成工商新设登记或变更登记日为重组日。

四、企业重组业务适用特殊性税务处理的，除财税〔2009〕59 号文件第四条第（一）项所称企业发生其他法律形式简单改变情形外，重组各方应在该重组业务完成当年，办理企业所得税年度申报时，分别向各自主管税务机关报送《企业重组所得税特殊性税务处理报告表及附表》和申报资料。合并、分立中重组一方涉及注销的，应在尚未办理注销税务登记手续前进行申报。

重组主导方申报后，其他当事方向其主管税务机关办理纳税申报。申报时还应附送重组主导方经主管税务机关受理的《企业重组所得税特殊性税务处理报告表及附表》（复印件）。

五、企业重组业务适用特殊性税务处理的，申报时，应从以下方面逐条说明企业重组具有合理的商业目的：

（一）重组交易的方式；

（二）重组交易的实质结果；

（三）重组各方涉及的税务状况变化；

（四）重组各方涉及的财务状况变化；

（五）非居民企业参与重组活动的情况。

六、企业重组业务适用特殊性税务处理的，申报时，当事各方还应向主管税务机关提交重组前连续12个月内有无与该重组相关的其他股权、资产交易情况的说明，并说明这些交易与该重组是否构成分步交易，是否作为一项企业重组业务进行处理。

七、根据财税〔2009〕59号文件第十条规定，若同一项重组业务涉及在连续12个月内分步交易，且跨两个纳税年度，当事各方在首个纳税年度交易完成时预计整个交易符合特殊性税务处理条件，经协商一致选择特殊性税务处理的，可以暂时适用特殊性税务处理，并在当年企业所得税年度申报时提交书面申报资料。

在下一纳税年度全部交易完成后，企业应判断是否适用特殊性税务处理。如适用特殊性税务处理的，当事各方应按本公告要求申报相关资料；如适用一般性税务处理的，应调整相应纳税年度的企业所得税年度申报表，计算缴纳企业所得税。

八、企业发生财税〔2009〕59号文件第六条第（一）项规定的债务重组，应准确记录应予确认的债务重组所得，并在相应年度的企业所得税汇算清缴时对当年确认额及分年结转额的情况做出说明。

主管税务机关应建立台账，对企业每年申报的债务重组所得与台账进行比对分析，加强后续管理。

九、企业发生财税〔2009〕59号文件第七条第（三）项规定的重组，居民企业应准确记录应予确认的资产或股权转让收益总额，并在相应年度的企业所得税汇算清缴时对当年确认额及分年结转额的情况做出说明。

主管税务机关应建立台账，对居民企业取得股权的计税基础和每年确认的资产或股权转让收益进行比对分析，加强后续管理。

十、适用特殊性税务处理的企业，在以后年度转让或处置重组资产（股权）时，应在年度纳税申报时对资产（股权）转让所得或损失情况进行专项说明，包括特殊性税务处理时确定的重组资产（股权）计税基础与转让或处置时的计税基础的比对情况，以及递延所得税负债的处理情况等。

适用特殊性税务处理的企业，在以后年度转让或处置重组资产（股权）时，主管税务机关应加强评估和检查，将企业特殊性税务处理时确定的重组资产（股权）计税基础与转让或处置时的计税基础及相关的年度纳税申报表比对，发现问题的，应依法进行调整。

十一、税务机关应对适用特殊性税务处理的企业重组做好统计和相关资料的归档工作。各省、自治区、直辖市和计划单列市国家税务局、地方税务局应于每年 8 月底前将《企业重组所得税特殊性税务处理统计表》上报税务总局（所得税司）。

十二、本公告适用于 2015 年度及以后年度企业所得税汇算清缴。《国家税务总局关于发布〈企业重组业务企业所得税管理办法〉的公告》（国家税务总局公告 2010 年第 4 号）第三条、第七条、第八条、第十六条、第十七条、第十八条、第二十二条、第二十三条、第二十四条、第二十五条、第二十七条、第三十二条同时废止。

本公告施行时企业已经签订重组协议，但尚未完成重组的，按本公告执行。

特此公告。

国家税务总局

2015 年 6 月 24 日

3.8.2 国税〔2015〕48 号公告评析

1. 起草的背景

1）实施新政策的需要。企业兼并重组是调整优化产业结构、转变经济发展方式的重要途径，是培育发展大企业大集团、提高产业集中度、提升产业竞争力的重要手段。为促进企业兼并重组，财税〔2009〕59 号文件对符合条件的企业重组的所得税处理给予了递延纳税的特殊待遇。2010 年，税务总局发布了国税〔2010〕4 号公告，为企业享受特殊待遇提供了程序方面的指引。2014 年 3 月，国务院下发国发〔2014〕14 号文件，提出完善兼并重组所得税政策。2014 年底，财政部、国家税务总局联合发布了财税〔2014〕109 号和财税〔2014〕116 号文件，将适用特殊性税务处理的股权收购和资产收购中被收购股权或资产比例由不低于 75%调整为不低于 50%，明确了股权或资产划转特殊性税务处理政策，以及非货币性资产投资递延纳税政策。

2）推进行政审批制度改革的需要。财税〔2009〕59 号文件规定，企业选择适用特殊性税务处理的，应在年度纳税申报时向主管税务机关书面备案，否则不得进行特殊性税务处理。国税〔2010〕4 号公告进一步明确，重组各方需要税务机关确认的，可以选择由重组主导方向主管税务机关提出申请，层报省税务机关给予确认。随着国务院行政审批制度改革的推进，这种事先核准的管理方式越来越不适应重组市场的需要，特别是 2015 年 5 月 14 日，国务院发布了《国务院关于取消非行政许可审批事项的决定》（国发〔2015〕27 号），取消 49 项非行政许可审批事项，其中包括“企业符合特殊性税务处理规定条件业务的核准”。转变企业重组特殊性税务处理管理方式已势在必行。

3）进一步加强后续管理的需要。按照国务院行政审批制度改革的要求，该放的坚决放到位，该管的必须管好，要做到放管结合，加强后续管理。按照《国家税务总局关于加强企业所得税后续管理的指导意见》（国税〔2013〕55 号），企业重组的特殊性税务处理属于一项重要的后续管理事项，由于涉及资产转让所得的递延处理和资产计税基础的调整问题，需要采用台账管理、专家团队管理等方法加强后续管理。

4）进一步规范和优化管理的需要。财税〔2009〕59 号文件和国税〔2010〕4 号公告发布以后，各地反映一些规定在实际操作中仍然难以准确把握，如何将上述规定与现实中的重组实践进行有机衔接，也缺乏规范可行的操作指导。这就需要结合各地征管实践，进一步完善重组管理中的若干基础概念，规范申报表和报送资料，优化征管流程。

基于以上背景，在充分吸收各地征管经验和广泛听取基层税务机关、部分中介机构和纳税人代表的基础上，经过多次讨论修改，最终形成了国税〔2015〕48 号公告。

2. 把握公告的基本框架

国税〔2015〕48 号公告针对财税〔2009〕59 号文件和国税〔2010〕4 号公告执行中反映的实际问题，结合财税〔2014〕109 号文件和国务院取消“企业符合特殊性税务处理规定条件业务的核准”要求，对企业重组特殊性税务处理的申报管理和后续管理事项进行了规范和修订，改变了管理方式，重新设计了报告表和附表，规范了申报资料，优化了征管流程，明确了征收管理的相关要求。同时，为强化政策效应分析，还设计了专门的统计表，以利于重组递延纳税效果的总量分析和结构分析。国税〔2015〕48 号公告修订了国税〔2010〕4 号公告的 12 处条款（其他 25 条规定仍然有效），同时增加了若干条款，与国税〔2010〕4 号公告的有效条款一起构成了完整的企业重组所得税管理制度体系。

3. 准确理解重组特殊性税务处理申报管理的具体内容

国税〔2015〕48 号公告不再执行财税〔2009〕59 号文件第十一条申报备案和国税〔2010〕4 号公告第十六条税务机关确认的做法，改为年度汇算清缴时进行申报并提交相关资料，主要明确了以下管理内容。

1）明确财税〔2009〕59 号文件第四条第（一）项所称企业发生其他法律形式的简单改变，属于重组的特殊性税务处理，但不需要进行单独申报。

2）明确重组各方应按照规定进行申报，提交相关资料。

3）明确合并、分立中重组一方涉及注销的，应在尚未办理注销税务登记手续前进行申报。

4）鉴于重组主导方是资产（股权）转让方，是重组所得实现和递延的主体，公告规定：重组主导方申报后，其他当事方应持经重组主导方主管税务机关受理的报告表及附表和申报资料向其主管税务机关申报。

5）增加了重组前连续 12 个月内分步骤交易的管理要求。企业年度申报时，需要提交重组前连续 12 个月内有无与该重组相关的其他股权、资产交易，与该重组是否构成分步交易、是否作为一项企业重组业务进行处理情况的说明。

6）设计了企业重组所得税特殊性税务处理报告表及附表，列明了企业享受特殊性税务处理的条件、非股权支付对应的资产转让所得或损失、资产（股权）转让方取得股权和其他资产的计税基础、资产（股权）收购方取得股权和其他资产的计税基础等，为后续管理奠定了申报基础。

4. 明确重组特殊性税务处理征收管理中重组各方的义务及税务机关的责任

（1）关于重组各方的义务

1）准确记录并说明所得递延情况。企业发生适用特殊性税务处理的债务重组或居民企业以资产（股权）向非居民企业投资，应准确记录应予确认的债务重组所得或资产（股权）转让收益总额，并在相应年度的企业所得税汇算清缴时，对当年确认额及分年结转额的情况做出说明。

2）转让或处置重组资产（股权）时提交专项说明。适用特殊性税务处理的企业，在以后年度转让或处置重组资产（股权）的，应在年度纳税申报时对资产（股权）转让所得或损失情况进行专项说明，着重说明特殊性税务处理时确定的重组资产（股权）计税基础与转让或处置时的计税基础的对比情况（变化及原因），还要说明递延所得税负债的处理情况。

（2）关于税务机关的责任

1）跟踪监管。了解企业重组前后连续 12 个月内相关资产、股权的动态变化情况。

2）建立台账，加强管理。企业发生适用特殊性税务处理的债务重组或居民企业以资产（股权）向非居民企业投资，主管税务机关应建立台账，加强企业申报与台账数据的比对分析。

3）加强重组资产（股权）转让环节比对管理。主管税务机关应加强评估和核查，将企业特殊性税务处理时确定的重组资产（股权）计税基础与转让或处置时的计税基础及相关的年度纳税申报表及时比对，发现问题时，应依法进行调整。

4）情况统计和上报。税务机关应每年对适用特殊性税务处理的企业重组做好统计和相关资料的归档工作，并按时上报企业重组所得税特殊性税务处理统计表，以便于效应分析和政策完善。

3.9 关于全民所有制企业公司制改制企业所得税处理问题的政策与评析

3.9.1 文件导读

国家税务总局关于全民所有制企业公司制改制企业所得税处理问题的公告
国家税务总局公告 2017 年第 34 号

为贯彻落实《中共中央 国务院关于深化国有企业改革的指导意见》和《国务院办公厅关于印发中央企业公司制改制工作实施方案的通知》（国办发〔2017〕69 号），根据《财政部 国家税务总局关于企业重组业务企业所得税处理若干问题的通知》（财税〔2009〕59 号）有关规定，现就全民所有制企业公司制改制企业所得税处理问题公告如下：

一、全民所有制企业改制为国有独资公司或者国有全资子公司，属于财税

〔2009〕59 号文件第四条规定的"企业发生其他法律形式简单改变"的，可依照以下规定进行企业所得税处理：

改制中资产评估增值不计入应纳税所得额；资产的计税基础按其原有计税基础确定；资产增值部分的折旧或者摊销不得在税前扣除。

二、全民所有制企业资产评估增值相关材料应由改制后的企业留存备查。

三、本公告适用于 2017 年度及以后年度企业所得税汇算清缴。此前发生的全民所有制企业公司制改制，尚未进行企业所得税处理的，可依照本公告执行。

特此公告。

国家税务总局

2017 年 9 月 22 日

3.9.2 国税〔2017〕34 号公告评析

1. 出台的背景

2015 年 8 月 24 日，中共中央、国务院印发《中共中央国务院关于深化国有企业改革的指导意见》，这是我国新时期指导和推进中国国企改革的纲领性文件。该指导意见提出，到 2020 年，在国有企业改革重要领域和关键环节取得决定性成果。中央经济工作会议和《政府工作报告》要求，到 2017 年底基本完成国有企业公司制改制工作。为加快推动中央企业完成公司制改制，国务院办公厅于 2017 年 7 月 18 日印发了《中央企业公司制改制工作实施方案》（国办发〔2017〕69 号），要求 2017 年底前，中央企业全部改制为有限责任公司或者股份有限公司，加快形成有效制衡的公司法人治理结构和灵活高效的市场化经营机制。

为了贯彻落实上述文件精神，进一步发挥税收对国有企业改革的推动作用，有必要对全民所有制企业公司制改制企业所得税问题进行明确。为此，国税〔2017〕34 号公告明确此类改制中评估增值的资产递延纳税待遇，有效解决了企业改制纳税难题，为国企改革顺利推进发挥了积极作用。

2. 准确理解公告中相关概念内涵

（1）全民所有制企业

依据《中华人民共和国全民所有制工业企业法》（以下简称《全民所有制工业企业法》），全民所有制企业是企业财产属于全民所有，依法自主经营、自负盈亏、独立核算的商品生产和经营单位。国家依照所有权和经营权分离的原则授予企业经营管理。企业对国家授予其经营管理的财产享有占有、使用和依法处分的权利。

综合来看，就是企业的财产属于全民所有，国家依照所有权和经营权分离的原则授予企业经营管理，依法自主经营、自负盈亏、独立核算的生产和经营单位。全民所有制企业的管理体系注重行政隶属关系，主要遵守传统的治理机制“老三会”（党委会、工会、职代会）。

（2）国有独资公司

根据《公司法》规定，国有独资公司，是指国家单独出资、由国务院或者地方人民政府授权本级人民政府国有资产监督管理机构履行出资人职责的有限责任公司。国有独资公司是一种特殊的有限责任公司，其特殊性表现在该有限责任公司的股东只有一个——国家，其管理体系注重以资产为纽带的产权关系，建立现代企业制度，构建“新三会”（股东会、董事会、监事会）的治理框架。

（3）国有全资子公司

国有全资子公司不是标准的法律概念，通常可理解为国有企业的全资子公司。

3. 明确了公告适用的改制情形

国税〔2017〕34 号公告仅指由一个全民所有制企业整体改制为一个公司的形式。全民所有制企业改制为国有独资公司或者国有全资子公司，改制前后股东没有变化，财产权属没有变化，都是 100%国家所有，满足法律形式的简单改变，适用国税〔2017〕34 号公告。改制为国有控股公司等其他情形的，则不适用国税〔2017〕34 号公告。

4. 关于企业所得税处理事项的理解和把握

对全民所有制企业公司制改制，国税〔2017〕34 号公告明确了以下企业所得税处理事项。

1）改制中，资产评估增值不计入应纳税所得额。正常情况下，应理解为按评估价值转让和以转让所得投资两步。但因为是改制中的资产评估增值，资产权属未发生变化，也没有发生实际交易，当期未实现所得。当期缴税的话，无必要的纳税资金支持。因此，给予特税规定：不计入应纳税所得额。资产评估增值不计入当期所得，可以有效减轻改制企业的负担。

2）资产的计税基础按其原有计税基础确定。改制后，因为资产评估增值不计入应纳税所得额，所以维持原资产的计税基础不变。

3）资产增值部分的折旧或者摊销不得在税前扣除。资产增值部分享受了递延纳税待遇，其资产增值部分对应的折旧或者摊销也不得在税前扣除。会计的处理还是按照评估增值后的价值入账并计提折旧或摊销的，此时形成税会差异；相应地，增值部分的折旧或者摊销不得在税前扣除。每年汇算清缴时都要做纳税调整处理。

5. 明确了后续管理事项

依据国税〔2017〕34 号公告进行企业所得税处理，会产生一定的税会差异。为了保证税务机关有效实施后续管理，按照“放管服”要求，国税〔2017〕34 号公告规定改制后的公司应将评估增值相关资料留存备查。显然，改制后，原全民所有制企业法律上已经不存在，资产评估增值相关材料只能由改制后的企业留存，以减少企业涉税资料报送，减轻企业负担。

第4章 公司法律形式变化的所得税制度

随着我国市场经济的不断发展，市场主体不断完善，公司的数量越来越多，种类日益丰富，各种各样的公司争相发展的同时往往伴随公司法律形式的变化。例如，当发生由法人向个人独资企业、合伙企业等非法人组织的转变而变更注册登记的情形就属于法律形式的改变。企业法律形式的改变往往会对企业所得税产生影响。

4.1 企业法律形式概述

企业法律形式是财税〔2009〕59号文件新创概念。企业法律形式改变，是指企业注册名称、住所以及企业组织形式等的简单改变，但符合财税〔2009〕59号文件规定其他重组的类型除外。

目前，对企业法律形式的改变并无准确的法律定义。一般来说，应该包括成立企业需要在有关政府部门登记的各项法律要素，包括企业名称、注册地址、注册资本、组织形式、法定代表人、经营范围及名称等。

4.1.1 企业登记事项

1. 登记注册的主要事项

《中华人民共和国企业法人登记管理条例》（国务院令第1号发布，第709号修改）规定，企业法人登记注册的主要事项：企业法人名称、住所、经营场所、法定代表人、经济性质、经营范围、经营方式、注册资金、从业人数、经营期限、分支机构。《公司登记管理条例》规定，公司制企业的登记事项包括：名称；住所；法定代表人姓名；注册资本；实收资本；公司类型；经营范围；营业期限；有限责任公司股东或者股份有限公司发起人的姓名或者名称，以及认缴和实缴的出资额、出资时间、出资方式。

《公司法》规定，企业法人或公司的登记事项发生变更应当办理变更登记。《公司登记管理条例》规定，公司章程修改未涉及登记事项的，公司应当将修改后的公司章程或者公司章程修正案送原公司登记机关备案。公司董事、监事、经理发生变动的，应当向原公司登记机关备案。

2. 登记改革

我国于2015年10月1日起全面推行“三证合一、一照一码”登记改革。“三证合一”就是将企业依次申请的工商营业执照、组织机构代码证和税务登记证三证合为一证；“一照一码”则是在此基础上更进一步通过“一口受理、并联审批、信息共享、结果互认”，实现由一个部门核发加载统一社会信用代码的营业执照。“三证合一”的全面推行相较于以往各审批部门“单打独斗、各自审批”的烦琐办证程序，大大简化了审查环节，企业和个体工商户只需按《市场主体准入登记“三证”材料清单》的要求，通过一张信息采集表，采集质监、税务部门所需信息，并在便民服务中心登记窗口递交一套申请资料，市场监督管理部门、税务部门等通过网上并联审批系统完成部门之间的数据交换和信息传输，实现同步联动审批，为企业省时、省力、省钱，实现了“简化手续、缩短时限”的总体要求，极大地提高了企业市场准入效率和工作效率。

“三证合一”的改革，不再要求申请人向税务机关提交验资报告或评估报告。同时鉴于不再核发组织机构代码证，取消了组织机构代码年检制度、有效期限制度和收费制度，实现了有效期与企业的存续周期一致，最大限度地释放了工商登记制度改革红利，对企业的影响力最大、最直接，实现了改革红利最大化。

3. 登记改革的意义

“三证合一”的改革，充分体现了“强化部门协同、提升监管效能”的放管结合、部门共治的原则。

1）实行信息共享。市场监督管理部门在核准公司股东、股权变更登记（备案）的同时，将公司股东、股权变更登记（备案）信息共享给税务部门，强化税收征管工作。“三证合一”改革前，由工商部门登记后将这部分信息传递给税务部门，受技术手段及工作机制等方面的限制，工作落实得不够好。“三证合一”改革后，将这一环节并入登记环节中，实现了信息共享全覆盖。

2）强化非正常户纳税人管理。对税务部门认定的非正常户纳税人实施严格管理。《税务登记管理办法》（国家税务总局令第7号）第三十八条规定：已办理税务登记的纳税人未按照规定的期限申报纳税，在税务机关责令其限期改正后，逾期不改正的，税务机关应当派员实地检查，查无下落并且无法强制其履行纳税义务的，由检查人员制作非正常户认定书，存入纳税人档案，税务机关暂停其税务登记证件、发票领购簿和发票的使用；第三十九条规定：纳税人被列入非正常户超过三个月的，税务机关可以宣布其税务登记证件失效，其应纳税款的追征仍按《税收征管法》及其《实施细则》的规定执行。企业一旦被认定为非正常户纳税人后果十分严重：非正常户认定超过三个月的，税务机关可以宣布其税务登记证失效；暂停税务登记证、发票领购簿和发票的使用；出口企业或其他单位被列为非正常户的，主管税务机关对企业暂不办理出口退税；纳税人申请解除非正常户，税务机关可以按规定对其处以罚款；没有欠税且没有未收缴发票的纳税人，认定非正常户超过两年的，税务机关可以注销其税务登记证；有非正常户记录或者由非正常户直接人员注册登记或者负责经营的纳税人，本评价年度直接判为D级，并承担D级纳税人后果；财政部、国家税务总局规定的其他情形。此外，税务机关还通过在办税场所或者广播、电视、报纸、期刊、网络等媒体上发布非正常户公告实施信用惩戒。

3）实行联动监管。目前，市场监督管理、银行、税务等部门大力开展企业信息共享工作业务平台建设，努力实现各部门信息共享，对加强事中监管进行了有益的探索。同时，严格市场退出，对未办理税务注销登记的企业，市场监督管理部门不予办理注销登记。

4. 改进和创新行政审批服务方式

各级政府通过加大行政审批事项及相关服务项目向大厅集中的工作力度，推进部门审批机构成建制进入大厅。按照一级地方政府“一站式”服务的要求，各级市场监管、税务部门有关内设机构人员全部进驻政府行政审批服务中心，提供营业执照、组织机构代码和税务登记服务；按照“市场主体在一个行政审批服务中心办理营业执照、组织机构代码和税务登记”的原则，实现登记事权管辖的协调统一。这对深化行政审批制度改革、转变职能、简政放权起到了积极的推动作用。

4.1.2 企业组织形式

企业的组织形式，是指法律规定的企业内部组织结构及其运作、财产构成及其归属及出资人对外承担责任的形式。根据我国法律规定，企业的组织形式主要有公司、个人独资企业、合伙企业。

公司是指依照《公司法》在中国境内设立的有限责任公司和股份有限公司。公司是企业法人，有独立的法人财产，享有法人财产权。公司以其全部财产对公司的债务承担责任。有限责任公司的股东以其认缴的出资额为限对公司承担责任；

股份有限公司的股东以其认购的股份为限对公司承担责任。

个人独资企业，是指依照《中华人民共和国个人独资企业法》在中国境内设立，由一个自然人投资，财产为投资人个人所有，投资人以其个人财产对企业债务承担无限责任的经营实体。

合伙企业，是指自然人、法人和其他组织依照《中华人民共和国合伙企业法》在中国境内设立的普通合伙企业和有限合伙企业。普通合伙企业由普通合伙人组成，合伙人对合伙企业债务承担无限连带责任。有限合伙企业由普通合伙人和有限合伙人组成，普通合伙人对合伙企业债务承担无限连带责任，有限合伙人以其认缴的出资额为限对合伙企业债务承担责任。

公司是企业法人的主要形式，在我国还存在非公司制法人企业。非公司制法人企业，是指依照《中华人民共和国民法典》、《全民所有制工业企业法》、《中华人民共和国城镇集体所有制企业条例》（国务院令第 88 号发布，第 588 号修改）、《中华人民共和国乡村集体所有制企业条例》（国务院令第 59 号发布）、《中华人民共和国私营企业暂行条例》（国务院令第 4 号）、《中华人民共和国乡镇企业法》、《中华人民共和国农民专业合作社法》等《公司法》以外的法律法规设立的取得法人资格的非公司制企业。合伙企业和个人独资企业为非法人企业。

法人企业和非法人企业有以下区别和联系。

1）法律责任不同。一般来说，有了民事主体资格，就有了民事诉讼主体资格（即依法能够作为诉讼参加人参加诉讼活动，享有诉讼权利，承担诉讼义务的资格）。虽然民事主体资格和民事诉讼主体资格有一定的联系，但也有着明显的区别，二者不可混淆。非法人企业虽然在世界各国广泛存在，但其是否具有民事主体资格，能否作为民事诉讼主体参加诉讼活动，则各国规定不一。

2）内涵不同。非法人组织是指不具有法人资格但是能够依法以自己的名义进行民事活动的组织，亦称非法人团体。非法人组织，在德国仅指无权利能力社团；在日本包括非法人社团和非法人财团；在我国台湾地区称为非法人团体。《公司法》规定，非法人组织是独立的民事主体。非法人企业的法律地位是不具有法人资格，不能独立承担民事责任，不能独立支配和处分所经营管理的财产，但经营单位可以刻制印章、开立往来账户、单独核算、依法纳税，也可以签订商业合同并作为执行人。法人企业是指取得法人营业执照、具有法人地位的企业，包括公司制企业（有限责任公司、股份有限公司）和非公司制法人企业（大多为尚未转制的国有企业、集体企业）。相对于非法人企业（如个人独资企业、合伙企业、公司的分公司等分支机构等），法人企业能够以企业自己的名义独立享有法定权利和承担法定义务。也就是说，法定权利直接归企业享有而非企业业主或投资者，同理，法定义务也直接由企业承担而非企业业主或投资者承担。举个简单的例子来理解法人企业的概念：如果法人企业涉及法律诉讼，由企业作为诉讼当事人（也就是原告、被告等），而非法人企业在涉及法律诉讼时，不是由企业而是由企业的业主或者投资者作为诉讼当事人。根据法律规定，法人企业的法定代表人（如董事长）对外代表企业，其职务行为引起的法律后果，由其所代表的法人企业享有或者承担。

3）企业财产权不同。企业法人拥有独立的法人财产权，出资人仅以出资为限对企业债务承担有限责任；非法人组织不拥有独立财产权，个人独资企业财产归投资者个人所有，合伙企业财产原则上归全部合伙人共有，出资人（个人或普通合伙人）对企业债务承担无限责任。企业由法人变更为个人独资企业、合伙企业等非法人组织，实质上相当于将法人财产分配给投资人所有或共有，投资人再以分得财产新设非法人企业。

基于上述企业法律形式的内容，从税收征管的视角，可划分为只变更税务登记的法律形式改变和引起税收征管实质变化的法律形式改变两种类型。也就是说，企业组织形式的改变应视同企业进行清算、分配，股东重新投资成立新企业进行企业所得税处理。

4.2 企业法律形式变化的所得税处理

4.2.1 法人和非法人之间变更的所得税处理

1. 法人和非法人之间的变更

企业由法人变更为个人独资企业、合伙企业等非法人组织，由于企业财产权的不同，实质上相当于将法人财产分配给投资人所有或共有，投资人再以分得财产新设非法人企业。这种组织形式改变后，即使企业的经营内容、资产、负债及人员等要素都没有变化，但是由于这种变更实质是两个不同的法律主体的变换，其法律责任从原有承担有限责任变为现在承担无限责任，需要注销旧法人，成立新法人，因此，前法律主体应依照相关法律程序对其财产、债权债务关系进行清理、处分和分配，了解包括税收、债券债务关系在内的相关内容。

在涉及税收问题方面，这一改变涉及原企业、新企业及投资者 3 个方面。

2. 法人和非法人之间变更的所得税处理

税法规定，企业由法人转变为个人独资企业、合伙企业等非法人组织，应视同企业进行清算、分配，股东重新投资成立新企业。企业的全部资产以及股东投资的计税基础均应以公允价值为基础确定。在实践中，财税〔2009〕59号文件第四条第一款之规定自2008年1月1日起执行，即企业由法人转变为个人独资企业、合伙企业等非法人组织，应视同企业进行清算、分配，股东重新投资成立新企业。企业的全部资产以及股东投资的计税基础均应以公允价值为基础确定。

根据《企业重组业务企业所得税管理办法》第十条及财税〔2009〕60号文件规定，企业法律形式改变后应当按以下原则和程序进行清算。

1）全部资产均应按公允价值计算可变现价值，减除资产清算前的计税基础，确认资产清算所得或损失。

2）确认债权、债务，计算债权、债务清算所得或损失。

3）改变持续经营核算原则，对预提或待摊性质费用进行一次处理。依法弥补以前年度发生的应按规定在以后年度弥补但弥补期未满的应弥补未弥补亏损。

4）已超过弥补期未弥补完的亏损不得弥补。

5）确定清算所得，计算并缴纳所得税。

【案例4-1】某企业为增值税一般纳税人（法人企业），企业所得税税率为25%，2018年6月初经批准改为境内合伙企业。假定6月未发生收入和成本费用支出，经清算各项资产、负债确认结果：房屋、机器设备、专有技术、库存商品、低值易耗品等资产公允价值为705万元，清算前计税基础为410万元；确认应提预提费用余额为1万元；一次处理（列支）已发生的待摊费用为20万元；所有债权、债务均已结清。试确认本次改组应纳的企业所得税。

清算所得＝705－410＋1－20＝276（万元）

则该企业应缴纳清算所得税＝276×25%＝69（万元）

4.2.2 公司类型变更的所得税处理

1. 公司类型变更

公司类型变更是指根据《公司法》规定，公司由有限责任公司变更为股份有限公司或由股份有限公司变更为有限责任公司。由于这种变更，公司均为承担有限责任的法律主体，原企业一般无须注销，无须对其财产和债权债务关系进行清理、处分和分配。公司变更前的债权、债务由变更后的公司承继。

但是值得注意的是，虽然原企业无须对其财产和债权债务关系进行清理、处分和分配，但有限责任公司变更为股份有限公司应当进行资产评估，评估增值部分所涉及资产的计税基础在变更后除另有规定外由变更后企业承继，不应根据评估值进行调整。此外，有限责任公司变更为股份有限公司时，折后的实收股本总额不得高于公司净资产额。有限责任公司变更为股份有限公司，为增加资本公开发行股份时，应当依法办理。

2. 公司类型变更的所得税处理

公司类型变更往往涉及注册资本的变更，即将原公司类型下净资产中的资本公积、盈余公积和未分配利润转增为注册资本。

通常情况下，公司增加注册资本主要有两种途径：一是吸收外来新资本，包括增加新股东或者公司原股东追加投资；二是用资本公积、盈余公积转增资本或者未分配利润转增资本。

公司类型变更往往涉及上述第二种转增资本途径，那么在税法上应该如何进行企业所得税税务处理？这里对个人所得税不作讨论。

（1）留存收益转增资本的涉税处理

财务报表上的盈余公积和未分配利润项目统称留存收益，属于企业的经营积累。留存收益转增资本主要是指盈余公积转增资本和未分配利润转增资本两种情况。对企业的经营积累转增股本首先要视为企业先对投资者进行利润分配，然后用分配的利润进行投资两种行为。在现行公司法制度下，一般盈余公积分为两种：一是法定盈余公积。公司的法定盈余公积按照税后利润的10%提取，法定盈余公积累计额已达注册资本的50%时可以不再提取。二是任意盈余公积。任意盈余公积主要是公司按照股东大会的决议提取。法定盈余公积和任意盈余公积的区别就在于其各自计提的依据不同。前者以国家的法律或行政规章为依据提取；后者则由公司自行决定提取。

1）盈余公积转增资本的所得税处理。公司将从税后利润中提取的法定公积金和任意公积金转增注册资本，实际上是该公司将盈余公积金向股东分配了股息、红利，股东再以分得的股息、红利增加注册资本。《企业所得税法》第二十六条第（二）项规定，符合条件的居民企业之间的股息、红利等权益性投资收益为企业免税收入。《企业所得税法实施条例》第八十三条规定："企业所得税法第二十六条第（二）项所称符合条件的居民企业之间的股息、红利等权益性投资收益，是指居民企业直接投资于其他居民企业取得的投资收益。企业所得税法第二十六条第（二）项和第（三）项所称股息、红利等权益性投资收益，不包括连续持有居民企业公开发行并上市流通的股票不足12个月取得的投资收益。"因此，如果股东为法人或公司，被投资企业的盈余公积转增资本时，法人股东按照投资比例增加的部分注册资本是免征企业所得税的。

2）未分配利润转增资本的所得税处理。如果股东是法人或公司，被投资企业的未分配利润转增资本的实质也是先分配后投资，根据《企业所得税法》的规定，法人股东从被投资的居民企业税后利润分得的股息和红利是免企业所得税的。因此，未分配利润转增资本时，法人股东按照投资比例增加的部分注册资本是免征企业所得税的。

（2）资本公积转增资本的涉税处理

根据《企业所得税法》第二十六条、《企业所得税法实施条例》第八十三条的规定，有限责任公司变更为股份有限公司用资本公积转增注册资本，法人股东可按以下原则处理。

1）资本公积中原属于资本溢价的部分转增注册资本时，不视为利润分配，不缴纳企业所得税。

2）资本公积中的其他资本公积转增注册资本时，视为利润分配，在符合规定情况下免缴企业所得税，不符合规定条件的情况下应依法缴纳企业所得税。

4.2.3 个人独资企业和合伙企业相互变更的所得税处理

合伙企业变为个人独资企业的，原合伙企业应按规定清算，新成立的个人独资企业的资产计税基础按公允价值确认。个人独资企业变更为合伙企业则不需清算，原个人独资企业转移到合伙企业的资产计税基础按原计税基础确认。

4.2.4 分公司和子公司之间相互变更的所得税处理

分公司和子公司之间的相互变更，会导致法律主体地位发生变化。

分公司变为子公司实质上是具有法人资格的总公司将其分公司的资产投资设立具有法人资格的子公司。总公司变更税务登记，子公司设立税务登记。子公司变为分公司实质上是具有法人资格的子公司将其全部资产和负债转让给具有法人资格的母公司，子公司股东换取母公司股权，属企业吸收合并。若母公司对子公司100%控股，则属于同一控制下且不需要支付对价的企业合并。母公司变更税务登记，子公司注销税务登记。税务处理同合并重组见第7章。

第5章 企业债务重组业务所得税制度

企业债务重组是企业加快发展、提升竞争力及化解债务危机的重要途径。从企业债务重组的发展历程来看，在市场经济条件下企业发展模式与企业债务重组手段互为依存，现代社会几乎每个大型企业的成长历程都与企业债务重组密不可分。

债务重组通常发生在债务人陷于一定的财务困难无法按照原合同的约定偿还债务的情形，经双方协商，债权人同意延期支付或削减债务本金或利息，或允许债务人用非现金资产抵债，从而减轻或减缓债务人的偿债压力。随着社会经济的发展，尤其在市场流动性不足，企业资金周转困难的情形下，债务重组已成为债务人和债权人之间有效解决长期欠款问题行之有效的途径之一。

5.1 债务重组概述

5.1.1 债务重组的内涵及其主要方式

债务重组又称债务重整，是指债权人在债务人发生财务困难时，债权人按照其与债务人达成的协议或者法院的裁定作出让步的事项。只要债权人和债务人达成一致，修改了原定债务偿还条件，使债务重组时确定的债务偿还条件不同于原协议，均视为债务重组。

债务重组是为避免债权人通过诉讼（仲裁）、强制执行等刚性手段来解决债务争端而产生的债务处理方法。债务重组的内容范围较广，债务重组在理论上可以分为持续经营条件下的债务重组和非持续经营条件下的债务重组。本书的债务重组是指前者，其目的是减轻企业的债务负担，优化企业的资本结构。在实践中比较常见的债务重组方式有以下几种。

1. 债转股

债转股是指债务人将所负债务转化为企业资本，同时债权人对企业的债权转化为对负债企业的股权的情况。目前，我国行政法规中规定的债转股仅限于金融机构与国有大型企业之间发生的债权转股权，即所谓的政策性债转股，但法律并没有明文禁止其他企业之间的债转股，而且企业间债转股作为一种缓解企业资金紧缺的新手段已经得到越来越广泛的运用。

2. 债务转移

债务转移又称为债务承担，是指负债企业将其对债权人的负债通过债权人、债务人与第三方之间达成协议转移给第三方承担的行为。根据法律的相关规定，合同债务转移应具备如下条件。

1）合同债务转移的前提条件是有效债务的存在。如果合同自始无效或者债务转移时已经失效，即使当事人就此订立债务转移协议，也不具备法律效力。

2）被转移的合同债务没有禁止转移的约束。法律规定不可转移的债务、当事人约定不可转移的债务及其他不宜转移的债务，不能成为合同转移的标的。

3）债务转移需取得债权人的同意。因为债务是一种义务人必须履行的特定义务，鉴于不同债务人的信用、偿还能力存在差异，为保障债权人的权益，债务转移需取得债权人的同意。因此，合同债务转移要取得债权人的同意，方才生效。

3. 债务豁免

债务豁免是指负债企业以低于债务账面价值的现金清偿债务，即债权人豁免负债企业的部分债务，以在一定程度上减轻负债企业的负担。豁免部分债务带来的损失，应计入债权人当期营业外支出，但负债企业不宜确认债务重组收益。

4. 债务抵销

债务抵销分为法定抵销和约定抵销两类。当事人互负到期债务，该债务标的物种类、品质相同的，任何一方可以将自己的债务与对方的债务抵销，但依照法律规定或者合同性质不得抵销的除外。当事人主张抵销的，应当通知对方。法定抵销不得附有条件或者期限。所谓约定抵销就是当事人互负债务，但标的物种类、品质甚至数量均不相同的，经双方协商一致进行的抵销。债务抵销一方面可以免去双方交互给付的麻烦，节省清偿债务的费用；另一方面可确保债权的效力，以免先为清偿者有蒙受损害的危险，特别是在破产程序中，破产人对债权人有反对债权时，其债权人得以抵销，免除自己的债务，从而使自己处于优先清偿的地位。此外，债务人接到债权转让通知时，债务人对让与人享有债权，并且债务人的债权先于转让到期或者同时到期的，债务人可以向受让人主张抵销。因此，在债务重组实践中，债务抵销与第三方债权转让配套运用也较为常见。

5. 直接融资增资减债

直接融资增资减债原则上不属于直接的债务重组的范畴，但有异曲同工之效。它主要是负债企业在资本市场中吸引其他资金注入，改善资金紧缺的状况，使经营活动顺利进行，通过赢利来偿还债务。直接融资一般有两种方法，一是利用股票市场，即企业通过在境内外发行股票筹得资金，从而减轻企业的债务负担。二是发行可转换公司债券。可转换公司债券是一种被赋予股票转换权的公司债券，也可称为转换债券。发行公司事先规定债权人可以选择有利时机，按发行时规定的条件将其债券转换成发行公司的等值股票（普通股票）。可转换债券是一种混合型的债券形式，通常在发行公司的发展潜力及前景不够明朗时，投资者可先投资这种债券，待发行公司经营业绩显著，经营前景乐观，其股票行市看涨时，可将债券转换为股票，以受益于公司的发展，这对于投资者来说无疑是多了一种投资选择机会。因此，即使可转换债券的收益比一般债券收益低，但在投资机会选择的权衡中，这种债券仍然受到投资者的青睐。

6. 修改其他债务条件

企业间的债务一般是根据合同产生的，当一方因故不能履行合同约定的偿还债务的条款时，可与对方协商变更合同、修改债务条件来减轻负债企业的债务危机。通常包括降低利率、延长偿债期限、消减债务本金或积欠利息等，在理论上可以被称为附或有条件的债务重组和不附或有条件的债务重组。这种方法适用于某些一时出现财务困境但尚有发展潜力的负债企业。

本书所讨论的债务重组方式主要如下。

1）以低于债务账面价值的现金清偿债务。

2）以非现金资产清偿债务。

3）债务转为资本。

4）修改其他债务条件，如延长债务偿还期限、延长债务偿还期限并加收利息、延长债务偿还期限并减少债务本金或债务利息等。

5）以上两种或两种以上方式的组合。

5.1.2 债务重组对企业债务人财务的影响

债务重组通常是企业化解债务危机的一种有效途径。企业通过债务重组减轻债务负担，优化资本结构，改善财务状况。

1. 减少债务人负债，降低债务人的资产负债率

债权人和债务人通过协议或法院的裁决，分担了债务人的部分经济负担，使债务人的债务负担有所减轻，从而降低资产负债率。但也应清楚地认识到，债务重组并没有增加债务人的资产总量，也没有增加资产的变现能力，这并不意味着企业偿债能力的增强。

2. 增加债务人所有者权益

债务人在债务重组过程中可实现以下两种收益：债务重组收益和资产处理收益。《企业会计准则第 12 号——债务重组》的规定如下（李飞和张艳，2011）。

1）以现金清偿某项债务的，债务人应将债务重组的账面价值与支付的现金之间的差额，计入资本公积。

2）以非现金资产清偿某项债务的，债务人用于抵偿债务的非现金资产的账面价值和相关税费之和与应付债务账面价值的差额作为资本公积或直接计入营业外支出。

3）债务转为资本的，债务人应将应付债务的账面价值与债权人放弃债权而享有股权份额的差额计入资本公积。

4）以修改其他债务条件进行债务重组的，小于重组债务账面价值时，债务人应将重组应付债务的账面价值减记为将来应付金额，减记部分作为资本公积；大于或等于重组债务账面价值时，暂不作处理。由此可见，由于债务重组过程中，债务人不确认重组收益，债务重组并没有改善债务人的经营管理、产品质量、销售渠道等影响企业盈利能力的根本因素。

3. 能够减轻债务人的未来财务负担

《企业会计准则第 12 号——债务重组》第三条第三项规定，债务重组可通过修改有关债务条件来实现，如调整债务本金、改变债务利息等。负债是企业的未来经济负担，负债本金和利息的减少减轻了债务人未来的经济负担，降低了企业未来的财务费用，从而降低资产使用成本，减轻企业的财务负担。

4. 导致所有者权益的结构变化，影响未来利益分配关系

由于债务重组可采取将债权转换为产权的方式进行，这种方式只是负债与所有者权益的转换，负债转化为所有者权益，并没有实际新增企业资产。但这一过程会导致实收资本或资本公积的增加，使债务人的原所有者权益结构发生变化，将影响企业未来利益分配关系。

债务重组从本质上讲，是债务人的还款能力受到限制或者丧失用现金流还款

的能力，如对其进行诉讼强制偿还债务，则可能使债务人丧失正常经营能力而破产，债权人也难以得到全额偿还，或者偿还比例极低，对债权人和债务人都不利。债务重组通过修改债务偿还条件、时间等方式，使债务人能够正常经营，债权人虽然让步，但也得到一定比例的偿还，这不失为“双赢”之举。

但与同样具有消灭债权债务关系功能的破产程序相比，债务重组体现为双方当事人之间的谈判与协议的过程，法律干预程度较低，与破产程序的“法定准则”“司法主导”两大特征形成鲜明的对比。为此，债务重组既然是当事人之间的协商活动，也应当贯彻、体现法律对缔约过程所要求的平等、自愿、互利互惠原则，以均衡双方当事人的利益。由于债务重组本身意味着债权人作出让步，遭受一定的利益损失，这就更需要在此过程中关注如何实现利益均衡的问题。

5.1.3 债务重组的税务处理原则

基于我国企业重组的鼓励重组活动及反避税的价值取向，为鼓励出现财务危机的企业积极开展债务重组活动并阻止避税行为，债务重组的税务处理应遵循以下原则（黄震，2011）。

1. 量能课税的原则

量能课税的原则是指根据纳税人负担能力的大小来确定税收负担水平的原则，即在重组中国家的税收征收要基于纳税人的负担能力，按照纳税人各自不同的税收负担能力来课征赋税，纳税能力强的负担更多的税收，而纳税能力弱的则负担较少的税收。这一原则强调税收的征纳不应以在形式上实现依法征税、满足财政需要为目的，而应在实质上实现税收负担在全体纳税人之间的公平分配，使所有纳税人按照实质纳税能力负担应缴纳的税收额度。

2. 原则性与灵活性相结合原则

在制定税法时，要求明确、具体、严谨和周密。但是为了保证税法在全国所有地区贯彻执行，就要求税法不能与现实脱节，不能规定得过细过死，这就要求必须坚持原则性与灵活性相结合原则。具体来讲，就是必须贯彻法制的统一性与因时、因地制宜相结合。法制的统一性，在我国税收立法权只能由国家最高权力机关来行使，各地区、各部门不能违背宪法和法律擅自制定法律法规。我国区域经济发展不均衡，而重组活动往往涉及跨地区的兼并行为，因而为了充分发挥地方的积极性，要兼顾不同地区的发展情况和特点，允许地方在遵守国家法律、法规的前提下，制定适合当地实际的实施办法等。

3. 法律的稳定性、连续性与废改立相结合的原则

税法的制定是与一定经济基础相适应的，税法一旦制定，在一定时期内就要保持稳定性，以利于贯彻实施。若税法经常变动，不仅会破坏税法的权威和严肃性，而且会给国家经济生活造成非常不利的影响。但是，这种稳定性不是绝对的，随着社会、政治、经济状况的不断变化，税法也要进行相应的调整变化。这种变化具体表现如下：对于已经过时的，需要废除；对于部分失去效力的，需要修改与补充；对于出现的新情况，需要制定新的税法。此外，还必须注意保持税法的连续性，即税法不能中断，在未制定新的税法前，原有的税法不应随便中止生效；在修改、补充或制定新税法时，应保持与原有税法的承续关系，应在原有税法的基础上，结合新的实践经验，修改、补充原有税法和制定新税法。近年来，随着债务重组方式的不断创新，只有遵循这一原则，才能使税收法律制度满足债务重组发展变化的需要，推动重组活动的开展。

4. 经济实质原则

经济实质原则是指税法制定（有关税收优惠政策）是基于现实经济活动能有效改变纳税人的经济状况，并且纳税人签订的交易具有实质目的。依据这一原则，如果某项交易不具有经济实质或缺少合理的商业目的，则纳税人的税收利益将不能获得认可。

5. 纳税必要资金原则

纳税必要资金原则是指纳税人有足够财力缴税时才能确认收入并就该收入缴税。债务重组本身就是在债务人发生财务困难的情况下，债权人通过与债务人达成的书面协议或者法院裁定书就其债务人的债务作出让步的事项。在这个过程中，均涉及债务重组的税务处理问题，其中最直接、最重要、涉及面最广的就是企业所得税处理问题，这必然会产生新的税负成本。因此，债务重组过程中的涉税处理应充分考虑纳税人的财力，避免重组投资人无力缴税而导致债务重组失败。

5.2 企业债务重组业务的所得税处理

企业债务重组是一项极为复杂的系统工程，是企业资本运作的重要形式和企业经营战略的重要措施。税收是企业重组决策及实施中不可忽视的重要因素。相

对于发达国家，我国企业债务重组发展历时较短，配套的企业债务重组法律法规也不尽完善。从我国债务重组实践来看，根据我国现行企业债务重组所得税制度的相关规范性文件，我国债务重组所得税处理主要遵循财税〔2009〕59 号文件相关规定。

5.2.1 债务重组的企业所得税属性

根据《企业所得税法》规定，企业每一纳税年度的收入总额，减除不征税收入、免税收入、各项扣除以及允许弥补的以前年度亏损后的余额，为应纳税所得额。收入总额是指企业以货币形式和非货币形式从各种来源取得的收入，包括销售货物收入、提供劳务收入、转让财产收入、股息和红利等权益性投资收益、利息收入、租金收入、特许权使用费收入、接受捐赠收入、其他收入。根据《企业所得税法实施条例》，《企业所得税法》中的其他收入包括企业资产溢余收入、逾期未退包装物押金收入、确实无法偿付的应付款项、已作坏账损失处理后又收回的应收款项、债务重组收入、补贴收入、违约金收入、汇兑收益等。由此可见，债务重组属于《企业所得税法》收入的一种法定形式，必然要参与应纳税所得额的计算。换句话说，关于债务重组的应税性质，按照现行的税收政策，企业被减免的债务应视为其收益，并因企业仍然存续而需缴纳企业所得税。

5.2.2 债务重组企业所得税税务处理规则

对于债务重组收益的企业所得税处理，财税〔2009〕59 号文件将企业债务重组按不同条件规定分别适用一般性税务处理和特殊性税务处理两种方式。

1. 债务重组的一般性税务处理

债务重组的一般性税务处理是指按照税法规定，债务重组业务中债权人对债务人的让步，债务人应当确认为债务重组所得，计入企业当期的应纳税所得额；债权人应当确认为当期的债务重组损失，冲减应纳税所得额。

财税〔2009〕59 号文件第四条第（二）项对债务重组的一般性税务处理作了规定："企业债务重组，相关交易应按以下规定处理：

1. 以非货币资产清偿债务，应当分解为转让相关非货币性资产、按非货币性资产公允价值清偿债务两项业务，确认相关资产的所得或损失。

2. 发生债权转股权的，应当分解为债务清偿和股权投资两项业务，确认有关债务清偿所得或损失。

3. 债务人应当按照支付的债务清偿额低于债务计税基础的差额，确认债务重组所得；债权人应当按照收到的债务清偿额低于债权计税基础的差额，确认债务重组损失。

4．债务人的相关所得税纳税事项原则上保持不变。”

对上述一般性税务处理规定的理解应重点关注的是，财税〔2009〕59号文件将债务重组分为3种类别：一是以货币性资产清偿债务，如以现金或银行存款清偿债务。二是以非货币资产清偿债务，如债务人公司以自身拥有的房屋、机器设备、存货及持有的控股企业的股份清偿债务。三是债转股。这里将其与“以非货币资产清偿债务”的债务重组区别开来，整体看债转股属于发行权益工具清偿债务，增发的股份并不属于债务人的非货币性资产，即债务人公司增发股份清偿债务。在这3种类别中，第二类和第三类都涉及股权支付的问题，前者属于以控股企业的股份作为对价支付，后者属于以自身股份作为对价支付。

例如，甲企业欠乙企业1 300万元，经协商进行债务重组，甲企业以库存商品一批抵顶债务，商品成本价900万元，评估价值1 130万元（含税），其他债务免去。此例中，债权人乙企业收到的存货公允价值为1 130万元，与债务账面价值1 300万元相比，作出170万元的让步，让步金额为170万元。按照税法规定，可以作为财产损失报税务机关审批后税前扣除。债务人甲企业以1 130万元存货抵销1 300万元债务，减少归还债务170万元，获得债务重组收入170万元。同时，债务人视同销售收入1 000万元（不含税收入），视同销售成本900万元，视同销售所得100万元。按照税法规定，此两项所得270（170＋100）万元应计入当期应纳税所得额缴纳企业所得税。

2. 债务重组的特殊性税务处理

特殊性税务处理是指在符合税法规定条件的情况下，基于经营连续性规则、权益连续性规则、合理商业目的及纳税必要资金原则等，构建的一套不同于一般性税务处理的税务处理规则体系。在特殊性税务处理规则下，对于获取了债务重组收益的债务人来说，可以根据不同的业务形式采用递延纳税或者分期纳税两种处理方式。

财税〔2009〕59号文件第五条、第六条对债务重组的特殊性税务处理作了规定：“五、企业重组同时符合下列条件的，适用特殊性税务处理规定：

（一）具有合理的商业目的，且不以减少、免除或者推迟缴纳税款为主要目的。

（二）被收购、合并或分立部分的资产或股权比例符合本通知规定的比例。

（三）企业重组后的连续12个月内不改变重组资产原来的实质性经营活动。

（四）重组交易对价中涉及股权支付金额符合本通知规定比例。

（五）企业重组中取得股权支付的原主要股东，在重组后连续12个月内，不得转让所取得的股权。”

“六、企业重组符合本通知第五条规定条件的，交易各方对其交易中的股权支付部分，可以按以下规定进行特殊性税务处理：

（一）企业债务重组确认的应纳税所得额占该企业当年应纳税所得额 50%以上，可以在 5 个纳税年度的期间内，均匀计入各年度的应纳税所得额。

企业发生债权转股权业务，对债务清偿和股权投资两项业务暂不确认有关债务清偿所得或损失，股权投资的计税基础以原债权的计税基础确定。企业的其他相关所得税事项保持不变。”

上例中，假如甲企业同意乙企业债转股增资，双方确认增资额为 1 130 万元，则乙企业不确认债务重组损失 170 万元，但投资到甲企业的股权计税基础是原债权计税基础金额 1 300 万元，待企业将来处置该项长期股权投资时，可以按 1 300 万元结转计税成本。

在实践中，如何判定债务重组方是否满足财税〔2009〕59 号文件规定适用特殊性税务处理的各项条件成为问题的关键，通常可通过提供以下相关资料加以佐证（易茜，2012）。

1）对上述财税〔2009〕59 号文件第五条第（一）项条件，应同时提供以下资料说明企业重组具有合理的商业目的。

① 重组活动的交易方式，即重组活动采取的具体形式、交易背景、交易时间、交易前后的运作方式和有关的商业常规。

② 该项交易的形式及实质，即形式上交易所产生的法律权利和责任，也是该项交易的法律后果。另外，交易实际上或商业上产生的最终结果。

③ 重组活动给交易各方税务状况带来的可能变化。

④ 重组各方从交易中获得的财务状况变化。

⑤ 重组活动是否给交易各方带来了在市场原则下不会产生的异常经济利益或者潜在义务。

⑥ 非居民企业参与重组活动的情况。

2）对上述财税〔2009〕59 号文件第五条第（三）项、第（四）项条件，当事各方应在完成重组业务后的下一年度企业所得税年度申报时，向主管税务机关提交书面情况说明，以证明企业在重组后的连续 12 个月内有关符合特殊性税务处理的条件未发生改变。

3）享受上述债务重组所得在 5 个纳税年度的期间内均匀计入各年度应纳税所得额的，应准备和提供以下资料。

① 当事方的债务重组的总体情况说明（如果采取申请确认，应为企业的申请，下同），情况说明中应包括债务重组的商业目的。

② 当事各方所签订的债务重组合同或协议。

③ 债务重组所产生的应纳税所得额、企业当年应纳税所得额情况说明。

④ 税务机关要求提供的其他资料证明。

4）对债权转股权业务，债务人享受上述对债务清偿业务暂不确认所得或损失，债权人享受上述对股权投资的计税基础以原债权的计税基础确定的，应准备和提供以下资料。

① 当事方的债务重组的总体情况说明。情况说明中应包括债务重组的商业目的。

② 双方所签订的债转股合同或协议。

③ 企业所转换的股权公允价格证明。

④ 市场监管管理部门及有关部门核准相关企业股权变更事项证明材料。

⑤ 税务机关要求提供的其他资料证明。

符合特殊性税务处理条件的债务重组债权转股权所得税处理的核心在于暂不确认有关债务清偿所得或损失。

综上所述，企业进行债务重组活动基于不同的情形可以选择适用一般性税务处理或特殊性税务处理。但也应该看到，实践中债务重组适用特殊性税务处理的情况却并不理想，原因如下。

首先，重组企业同时满足特殊性债务重组的条件比较困难。例如，对于债务豁免而言，并不存在资产收购或者股权收购的比例，也不存在股权支付部分或者股权支付比例。2015 年，国家税务总局公布了《国家税务总局关于企业重组业务企业所得税征收管理若干问题的公告》（国家税务总局公告 2015 年第 48 号），从其附表的填表说明来看，债务重组业务适用特殊性税务处理，并不需要同时满足财税〔2009〕59 号文件第五条规定的 5 个条件。在以非货币资产清偿债务或者债务豁免的情况下，只要企业债务重组确认的应纳税所得额占该企业当年应纳税所得额 50%以上并具有合理的商业目的，就可以适用 5 年分期纳税。在债权转股权的情况下，也只需要满足“合理商业目的”和“企业重组中取得股权支付的原主要股东，在重组后连续 12 个月内，不得转让所取得的股权”两项条件即可。

其次，对于以非货币资产清偿债务和债务豁免两种业务，由于适用特殊性税务处理对于债权人而言不必分期确认损失，可以一次性确认债务重组损失并做税前扣除，因此双方都比较容易接受。但对于债转股来说，由于债权人往往是在别无选择的情况下才接受该清偿方式的，如果债务人一方打算选择适用特殊性税务处理，将使债权人既不能当期确认损失并做税前扣除，又要保持 12 个月以上的持股期限，这对于债权人来说较难接受。

最后，财税〔2009〕59 号文件对债务重组特殊性税务处理的规定尚不够明确。

这主要表现为债务重组企业在适用特殊性税务处理时，财税〔2009〕59号文件未明确企业在债务重组中确认的应纳税所得额构成，未明确企业多笔债务重组业务是否可以合并计算，且我国企业债务重组所得税制度对于多步骤交易规则的规定过于宽泛，不利于税务机关的管理。此外，未规定“暂不确认”的具体期限，这无疑给征纳双方带来诸多不确定性。

总之，从企业债务重组特殊性税务处理的规定来看，企业适用特殊性税务处理的准入门槛较高、类型也较少，这在一定程度上削弱了企业在财务困难时进行债务重组的积极性。因此，完善我国企业债务重组所得税制度，需要进一步充分体现鼓励企业进行债务重组活动以及阻止避税型债务重组活动的双重价值取向；在制度规则方面，应明确规定企业债务重组确认的应纳税所得额构成，企业多笔债务重组业务以单次重组进行处理的计算标准，细化多步骤交易规则，扩充适用特殊性税务处理的债务重组类型及规定“暂不确认”的期限等。

5.2.3 债务重组不同方式下的税务处理

财税〔2009〕59号文件，为规范债务重组中收益与损失的所得税处理，对重组活动中的各类事项予以明确规定，并将所得税事项分为以下几种情形：一是以低于债务账面价值的现金清偿债务；二是以非货币资产清偿债务；三是债权转为股权；四是修改其他债务条件的债务重组；五是债权债务“差额”的处理。因各种情况的性质不同，加之现行税法在应纳税所得额确定方法上，采取了税法与会计适当分离的模式，因此债务重组行为会对企业所得税产生一定的影响，且债务重组双方在所得税处理上也不尽相同。

1. 以低于债务账面价值的现金清偿债务

债务人以低于债务账面价值的现金清偿某项债务时，债务人应当将重组债务的计税成本与支付的现金的差额确认为债务重组收益，计入企业应纳税所得额中；债权人应当将重组债权的计税成本与收到的现金差额确认为当期的债务重组损失，以冲减应纳税所得。

2. 以非货币资产清偿债务

（1）债务方的所得税处理

债务人以非货币资产清偿债务时，债务人应当将其分解为按公允价值转让非货币资产，再以非货币资产公允价值相当的金额偿还债务两项经济业务进行所得税处理。具体来看，债务人应当将用以清偿的非货币资产的公允价值与其计税成本的差额确认为资产转让所得或损失，将重组债务的计税成本与用以清偿的非货币资产的公允价值（包括与转让非货币资产相关的税费）的差额，确认为债务重组所得，计入企业的应纳税所得额。

1)转让非货币性资产的处理。转让非货币性资产的价值应当以公允价值确定，在没有其他因素影响的前提下，会计处理上应以公允价值登记相关财产的收入，以资产的计税成本冲减账面资产价值（售价核算的除外），其公允价值扣除计税成本和相关税费（增值税除外）后，如为正数，应将其确定为当期所得；如为负数，应将其确定为当期损失。

2）偿还债务的处理。在没有其他因素影响的前提下，转让非货币性资产的公允价值金额应当相当于支付受让方债务的金额，在会计上作相关债务减少处理。

可见，在以非货币资产清偿债务的重组方式中，确定非货币资产价值的关键是公允价值。

【案例 5-1】某工业企业（增值税一般纳税人）在经营过程中欠某机械设备厂设备款 1 130 000 元，企业因流动资金周转困难无货币资金支付，经双方协商工业企业用其生产的一批甲产品偿还债务。该批甲产品共计 10 000 件，市场价格为每件 100 元（不含税价），单位生产成本为 80 元，该工业企业应如何进行所得税处理？

分析：偿还债务时，工业企业作为债务人以甲产品清偿债务，应当视为按公允价值转让非货币资产，账务处理如下：

借：应收账款——机械设备厂	1 130 000	
贷：主营业务收入		1 000 000
应交税金——应交增值税（销项税额）		130 000

确认偿债损益时，工业企业该批甲产品的公允价值与其计税成本的差额确认为资产转让所得（不考虑应缴纳的城建税、教育费附加及其他间接费用因素）。

借：主营业务成本	800 000	
贷：库存商品——甲产品		800 000

即该工业企业用甲产品偿还债务增加计税所得 100－80＝20（万元）。

（2）债权方的所得税处理

债务人以非货币资产清偿债务时，债权人应当将其分解为以公允价值购入非货币性资产和核销债权两项业务处理。债权人取得的非现金资产，应当按照该有关资产的公允价值（包括与转让资产有关的税费）确定计税成本，据以计算可以在企业所得税前扣除的固定资产折旧费用、无形资产摊销费用或者结转商品销售成本等；同时将重组债权的计税成本与收到的非现金资产的公允价值（包括与转让资产有关的税费）之间的差额，确认为当期的债务重组损失，冲减应纳税所得额。

1)购入非货币性资产的处理。债权人以公允价值购入债务人的非货币性资产，在没有其他因素影响的前提下，会计处理上应当以公允价值作相关资产购入处理，以不含税价格（非增值税应税项目和不允许抵扣的项目除外）作为资产的账面价值（售价核算的除外），其法定抵扣凭证上注明或依据其计算的进项税额可以用以抵扣当期的销项税额。

2）核销债权的处理。在债务人以非货币性资产抵偿债务的情况下，债权人在没有其他因素影响的前提下，应当在按公允价值作非货币性资产增加的同时，在财务上作相关债权核销处理。

【案例 5-2】接案例 5-1，债权方应如何进行账务处理？

分析：购入非货币性资产时，机械设备厂应按公允价值作购入甲产品处理。

借：库存商品或原材料　　1 000 000
　　应交税金——应交增值税（进项税额）　　130 000
　　贷：应付账款——工业企业　　1 130 000

确认核销债权时：

借：应付账款——工业企业　　1 130 000
　　贷：应收账款——机械设备厂　　1 130 000

3. 债权转为股权

除企业改组或者清算另有规定外，债务人应当将重组债务的账面价值与债权人因放弃债权而享有的股权的公允价值的差额，确认为债务重组所得，计入当期应纳税所得额；债权人应当将享有的股权的公允价值确认为该项投资的计税成本，并将重组债权的计税成本与享有的股权的公允价值之间的差额，确认为当期的债务重组损失，冲减应纳税所得额。

（1）债务方的所得税处理

债权转股权在没有其他因素的影响下，债务人应按债务金额同时作股本增加和清偿债务处理。

【案例 5-3】案例 5-2 中，某工业企业赊欠某机械设备厂的 1 130 000 元设备款经协商作债转股处理，财务处理如下：

借：应付账款——机械设备厂　　1 130 000
　　贷：实收资本——机械设备厂　　1 130 000

（2）债权方的所得税处理

债权转股权对债权人来说，等于把债权转成了投资，在没有其他因素的影响下，债权人应按应收款项金额同时作长期投资增加和核销债权业务处理。

【案例 5-4】机械设备厂将应收账款 1 130 000 元转为对某工业加工企业的股

权投资时，财务处理如下：

借：长期股权投资——工业企业　　1 130 000

　贷：应收账款——工业企业　　1 130 000

4. 修改其他债务条件的债务重组

修改其他债务条件进行债务重组时，债务人应当将重组债务的计税成本减记至将来应付金额，减记的金额确认为当期的债务重组所得，计入当期应纳税所得；债权人应当将债权的计税成本减记至将来的应收金额，减记的金额确认为当期的债务重组损失，冲减应纳税所得额。有关税法只对重组债务的计税成本大于将来应付金额的情况进行了规定，对于重组债务的计税成本小于将来应付金额的情况未予以明确，如果发生此种情况，从性质上看应属于债务人对债权人的无偿捐赠，债务人不允许从应纳税所得额中扣除该捐赠部分；债权人应将接受的捐赠部分计入应纳税所得额。需要注意的是，修改其他债务条件进行债务重组时，债务人涉及或有应付金额、债权人涉及或有应收金额时，依据真实发生原则和确定性原则，由于或有应付（收）金额不一定必然发生，其金额也是事先预计的，因此债务人、债权人在计算债务重组所得或损失时不得包含或有应付（收）金额。

5. 债权债务"差额"的处理

在债务重组过程中，除上述等价处置外，往往还会出现非等价的问题，如债权人豁免或承让部分债权、债务人在以非货币性资产偿债时不能够完全地按价分割资产而承让的部分资产，或以债权转为股权时出现股权支付金额与相应债权、债务不符的情形，都应该及时进行处理。

（1）债务人的处理方法

1）以现金清偿债务的处理方法。债务人以低于应付债务账面价值的现金清偿债务时，应按应付账款的账面余额，借记"应付账款"科目，按实际支付的金额，贷记"银行存款"科目。按其差额，贷记"营业外收入——债务重组利得"科目。如果债务人以高于应付债务账面价值的现金清偿债务，其高于部分属于支付的资金占用费记入"财务费用"科目的贷方，属于赔偿的损失则应记入"营业外支出——债务重组损失"科目的借方。

2）债务人以非现金资产清偿债务时，除以公允价值按 5.2.1 小节的方法处理外，其大于小于相应"应付账款"账面余额的差额分别记入"营业外收入""营业外支出"科目。

3）以债务转为资本时，除按 5.2.2 小节的方法处理外，其大于小于相应"应付账款"账面余额的差额分别记入"营业外支出——债务重组损失""营业外收入——债务重组利得”科目。将股份价值总额与相应的实收资本之间的差额，作增加或减少“资本公积——资本溢价”处理。

4）企业如将“应付账款”划转出去或者确实无法支付时，应按其账面余额，借记“应付账款”科目，贷记“营业外收入——应付账款”科目。

（2）债权人的处理方法

1）收到现金资产的处理。债权人收到债务人清偿债务的现金金额小于该项应收账款账面价值时，应按实际收到的现金金额，借记“银行存款”等科目并按重组债权已计提的坏账准备，借记“坏账准备”科目；按重组债权的账面余额，贷记“应收账款”科目；按其差额，借记“营业外支出”科目。

收到债务人清偿债务的现金金额大于该项应收账款账面价值时，应按实际收到的现金金额，借记“银行存款”等科目；按重组债权已计提的坏账准备，借记“坏账准备”科目；按重组债权的账面余额，贷记“应收账款”科目；按其差额，贷记“资产减值损失”科目。

2）收到非现金资产的处理。债权人企业收到债务人用于清偿债务的非现金资产时，除以公允价值按上述方法处理外，如果已提取坏账准备，还应同时核销相应“坏账准备”账户余额；如果收到的偿债非现金资产公允价值小于相应“应收账款”账户余额，其小于部分记入“营业外支出”账户，如果大于相应“应收账款”账户余额，其大于部分记入“资产减值损失”账户的贷方。

3）债权转股权的处理。经协商将债权转为股权时，除按上述方法处理外，其取得的股权金额大于小于相应“应收账款”账户差额的处理方法与上述收到非现金资产的处理方法相同。

4）应收账款确实无法收回时的会计处理。对于应收账款确实无法收回时，应按其账面余额，借记“营业外支出——应收账款”科目，贷记“应收账款”科目。

综上所述，债务重组业务中无论是债权人还是债务人，均存在一定的纳税义务。因此，在企业进行债务重组决策时，应充分考虑税负成本对债务重组损益的影响。《企业所得税法》规定，纳税人发生的坏账损失，必须符合特定条件（即确认无法收回 3 年以上），并报经税务机关批准后才允许税前扣除，而采取债务重组方式，在重组的当年即可将坏账损失部分作为重组损失冲减企业当年的应纳税所得额，可以提前抵减所得税的支出，缓解流动资金压力。

5.2.4 债务重组中需要注意的问题

1. 企业债转股选择税务处理方式应注意的问题

债转股适用特殊性税务处理的具体规定：企业发生债权转股权业务，对债务清偿和股权投资两项业务暂不确认有关债务清偿所得或损失，债权人股权投资的计税基础以原债权的计税基础确定，债务人应当按照原债务的计税基础增加注册资本。企业的其他相关所得税事项保持不变。

如果企业在债转股的同时，债务人还向债权人支付了部分货币资产或非货币性资产，则支付的货币资产按照普通债务清偿进行税务处理，双方都不需要确认所得或者损失；支付的非货币性资产按照一般性税务处理进行处理；剩余部分进行的债转股可以选择按一般性税务处理，也可以选择按照特殊性税务处理方式。

2. 企业债务重组适用特殊性税务处理下非股权支付确认问题

企业债务重组享受特殊性税务处理时，如果对交易中股权支付暂不确认有关资产的转让所得或损失，其非股权支付仍应在交易当期确认相应的资产转让所得或损失，并调整相应资产的计税基础。

非股权支付对应的资产转让所得或损失
=（被转让资产的公允价值－被转让资产的计税基础）
×（非股权支付金额÷被转让资产的公允价值）

3. 企业选择特殊性税务处理应关注的税收征管问题

企业发生符合特殊性重组条件并选择特殊性税务处理的，当事各方应在该重组业务完成当年企业所得税年度申报时，向主管税务机关提交以下书面备案资料，证明其符合各类特殊性重组规定的条件。未按规定书面备案的，一律不得按特殊重组业务进行税务处理。

1）以非货币资产清偿债务的，应保留当事各方签订的清偿债务的协议或合同，以及非货币资产公允价格确认的合法证据等。

2）债权转股权的，应保留当事各方签订的债权转股权协议或合同。

4. 债务重组业务发生变化致使税务处理方式改变应注意的问题

当事方的其中一方在规定时间内发生生产经营业务、公司性质、资产或股权结构等情况变化，致使重组业务不再符合特殊性税务处理条件的，发生变化的当事方应在情况发生变化的30日内书面通知其他所有当事方。主导方在接到通知后30日内将有关变化通知其主管税务机关。

在上述情况发生变化后的60日内，应按照财税〔2009〕59号文件第四条的规定，调整重组业务的税务处理。重组各方应各自按重组完成时资产和负债的公允价值计算重组业务的收益或损失，调整交易完成纳税年度的应纳税所得额及相应的资产和负债的计税基础，并向各自主管税务机关申请调整交易完成纳税年度的企业所得税年度申报表。逾期不调整申报的，税务机关将按照《税收征管法》

的相关规定处理。

5. 跨年度分步债务重组应注意的问题

若债务重组业务涉及在连续 12 个月内分步交易，且跨两个纳税年度，当事各方在第一步重组完成时预计整个交易可以符合特殊性税务处理条件，可以协商一致选择特殊性税务处理的，可在第一步重组完成后，适用特殊性税务处理。第二年进行下一步重组后，按要求准备相关资料确认适用特殊性税务处理。

跨年度分步重组，若当事各方在首个纳税年度不能预计整个重组是否符合特殊性税务处理条件，应适用一般性税务处理。在下一纳税年度全部重组完成后，适用特殊性税务处理的，可以调整上一纳税年度的企业所得税年度申报表；涉及多缴税款的，报请主管税务机关退税或抵缴当年应纳税款。

5.2.5 综合案例分析

【综合案例 1】

A 公司欠 B 公司货款 300 000 元。由于 A 公司财务发生困难，短期内不能支付已于 2015 年 5 月 1 日到期的货款。2015 年 7 月 1 日，经双方协商达成一致，以 A 公司产品偿还 B 公司债务。该产品的公允价值为 200 000 元，实际成本为 120 000 元。A 公司和 B 公司均为增值税一般纳税人，适用的增值税税率为 13%。B 公司于 2015 年 8 月 1 日收到 A 公司抵债的产品，并作为库存商品入库。分析上述事项对 A 公司、B 公司的影响。

【解析】

（1）债务人：A 公司的账务处理与税务处理

1）业务分解。

① 销售产品——产品公允价值 200 000 元，增值税销项税额 26 000 元。

② 按其公允价值偿还债务，并计算债务重组利得：

应付账款的账面价值 300 000 元。

减：所转让产品的公允价值 200 000 元。

增值税销项税额＝（200 000×13%）＝26 000（元）。

债务重组利得＝300 000－200 000－26 000＝74 000（元）。

2）账务处理如下：

	借	贷
借：应付账款	300 000	
贷：主营业务收入		200 000
应交税费——应交增值税（销项税额）		26 000
营业外收入——债务重组利得		74 000

借：主营业务成本　　120 000
　　贷：库存商品　　120 000

3）计算企业所得税。

因该债务重组事项确认的销售产品产生的应纳税所得额：

应纳税所得额＝（200 000－120 000）＋74 000（债务清偿利得）＝154 000（元）。

应纳所得税＝154 000×25%＝38 500（元）。

（2）债权人：B公司的账务处理与税务处理

1）业务分解：分解为以公允价值购入库存商品和债务重组损失两项业务。

以公允价值购入库存商品：以公允价值 200 000 元购入库存商品，进项税额为 26 000 元。

计算债务重组损失：

应收账款账面价值 300 000 元。

减：受让资产的公允价值 200 000 元。

增值税进项税额 26 000 元。

债务重组损失＝300 000－200 000－26 000＝74 000（元）。

2）账务处理如下：

借：库存商品　　200 000
　　应交税费——应交增值税（进项税额）　　26 000
　　营业外支出——债务重组损失　　74 000
　　贷：应收账款　　300 000

（3）特殊性税务处理

该项业务如果符合特殊性税务处理的条件，则可以进行以下税务处理：财税〔2009〕59 号文件规定，企业债务重组确认的应纳税所得额占该企业当年应纳税所得额 50%以上，可以在 5 个纳税年度的期间内，均匀计入各年度的应纳税所得额。

【综合案例 2】

A 企业欠 B 企业 1 200 000 元货款，由于 A 企业无力偿还，双方达成债转股协议，由 B 企业持有 A 企业 30%的股权，该股权的公允价值为 700 000 元。A 企业、B 企业如何进行企业所得税处理？

【解析】

1）债务人 A 企业：按照股权公允价值 700 000 元与其债务账面价值 1 200 000 元之间的差额 500 000 元，确认债务重组利得 500 000 元；同时按照股权的公允价值 700 000 元增加注册资本。

借：应付账款　　　　1 200 000
　　贷：实收资本　　　　700 000
　　　　营业外收入——债务重组利得　　　　500 000

则该项债务重组事项确认的债转股的应纳税所得额为 500 000 元。

应纳企业所得税＝50×25%＝12.5（万元）。

2）债权人 B 企业：按照债务账面价值 1 200 000 元与股权公允价值 700 000 元之间的差额 500 000 元确认为债务重组损失；同时按照股权公允价值 700 000 元确定对外投资，即债权人以该股权的公允价值确认股权的计税基础。

借：长期股权投资　　　　700 000
　　营业外收入——债务重组损失　　　　500 000
　　贷：应收账款　　　　1 200 000

【综合案例 3】

A 企业欠 B 企业 1 000 万元货款。由于 A 企业无力偿还，双方协商达成债务重组协议，由 A 企业支付 B 企业 100 万元银行存款，用 A 企业生产产品抵偿 300 万元债务，该产品的公允价值为 200 万元，实际生产成本为 120 万元；剩余的 600 万元债务转为 B 企业持有 A 企业 35%的股权，该股权的公允价值为 400 万元。A 企业、B 企业均为增值税一般纳税人，增值税税率为 13%。假设该项重组事项具有合理的商业目的，且不以减少、免除或者推迟缴纳税款为主要目的，企业重组后的连续 12 个月内不改变重组资产原来的实质性经营活动，B 企业在重组后连续 12 个月内，没有转让所取得的股权，则 A 企业、B 企业应如何进行企业所得税处理？

【解析】

1）用 100 万元银行存款清偿债务，双方无须确认所得或损失。

2）用 A 企业生产产品抵偿 300 万元债务，按一般性税务处理：

A 企业债务重组利得＝300－200－200×13%＝74（万元）。

B 企业债务重组损失＝74 万元。

3）债转股双方可选择按一般性税务处理进行处理，也可选择按特殊性税务处理进行处理。

如果选择按一般性税务处理进行处理，则双方应按公允价值确认有关债务清偿所得或损失。则 A 企业债务重组利得＝600－400＝200（万元）。B 企业债务重组损失＝600－400＝200（万元）。

同时，A 企业应按照 400 万元增加注册资本，B 企业以公允价值 400 万元确定股权投资的计税基础。

如果双方选择按照特殊性税务处理进行处理，则双方对债务清偿和股权投资两项业务暂不确认有关债务清偿所得或损失，债务人A企业应当按照原债务的计税基础600万元增加注册资本，债权人B企业股权投资的计税基础以原债权的计税基础600万元确定。

特别强调的是，同一重组业务的当事各方应采取一致税务处理原则，即统一按一般性税务处理或特殊性税务处理。

第 6 章 企业股权收购和资产收购重组业务所得税制度

6.1 企业股权收购和资产收购重组业务

6.1.1 股权收购和资产收购概述

1. 股权收购的内涵

从股权收购定义来看，股权收购交易的对象是被收购企业的股权。在股权收购过程中，涉及收购企业、被收购企业及被收购企业股东三方。由此可见，实现对被收购企业的控制是股权收购的重要特征。

股权收购与股权转让是有区别和联系的。股权收购是股权转让的一部分，因为股权收购是被收购企业的股权转让给第三方企业；股权转让既包括被转让方企业的股东之间的股权转让，也包括被转让方企业的股权转让给第三方企业。股权收购是站在收购方而言的民事行为，而股权转让是站在转让方而言的民事行为。

2. 资产收购的内涵

所谓资产收购，是指一家企业以股权支付、非股权支付或两者组合的支付对价形式，购买另一家企业部分或全部实质经营性资产的交易，如果收购转让企业全部资产，则转让企业需办理注销手续。在理解资产收购的内涵时，要注意资产收购与一般的资产买卖（或资产转让）和企业合并之间的区别。

（1）资产收购与一般的资产买卖（或资产转让）的区别

资产收购是指涉及实质经营性资产的交易，即一家企业必须是购买另一家企业内部某些生产经营活动或资产的组合，该组合一般具有投入、加工处理过程和产出能力，能够独立计算成本费用或所产生的收入，但不构成独立法人资格的部分。同时，企业在购买这些资产组合后，必须实际经营该项资产，以保持经营上的连续性。例如，甲企业单纯购买乙企业的机器和设备就不是资产收购，仅是一般的资产买卖或资产转让。

（2）资产收购与企业合并的区别

资产收购是企业与企业之间的一场资产交易。企业合并是企业与企业股东之间的一场交易，即合并企业与被合并企业的股东之间就被合并企业进行的一场交易。因此，相对于企业合并而言，资产收购不涉及法律主体资格的变更或者法律权利义务的承受，可以避免被收购企业向收购企业转嫁债务。在资产收购中，只要收购企业对所购资产支付了合理对价，就不再承担被收购企业的任何债务。这样就可有效避免因出卖方债务不如实告知或者发生或有债务带来的债务风险。

3. 股权收购与资产收购的差异

虽然股权收购与资产收购从表面看，交易对象、交易方式相同，但本质上仍存在诸多差异（贾丽智，2010）。

（1）主体和客体不同

股权收购的主体是收购企业和被收购企业的股东，客体是被收购企业的股权。资产收购的主体是受让企业和转让企业，客体是转让企业的资产。

（2）纳税主体差异

在股权收购中，纳税义务人是收购企业和被收购企业股东，而与被收购企业无关。除了合同印花税，根据国税发〔2000〕118 号文件，被收购企业股东可能因股权转让所得缴纳所得税；在资产收购中，纳税义务人是受让企业和转让企业本身。根据目标资产的不同，纳税义务人可能涉及增值税、所得税、契税和印花税等不同税种。

（3）负债风险差异

股权收购后，收购企业成为被收购企业控股股东，收购企业仅在出资范围内承担责任，被收购企业的原有债务仍然由被收购企业承担，但因为被收购企业的原有债务对今后股东的收益有着巨大影响，所以在股权收购之前，收购企业必须调查清楚被收购企业的债务状况。在股权收购时，被收购企业的或有债务往往难以预料，因此，股权收购存在一定的负债风险；在资产收购中，资产的债权债务状况一般比较清晰，除了一些法定责任（如职工安置、环境保护），基本不存在或有负债的问题。因此，受让企业只要关注资产本身的债权债务情况，就基本可以控制收购风险。

（4）政府审批差异

股权收购因被收购企业性质的不同，政府监管的宽严程度区别很大。对于不涉及国有股权、上市公司股权收购的，审批部门只有负责外经贸的部门及其地方授权部门，审批要点主要是外商投资是否符合我国利用外资的政策、是否可以享受或继续享受外商投资企业有关优惠待遇。对于涉及国有股权的，审批部门还包括负责国有股权管理的部门及其地方授权部门，审批要点是股权转让价格是否公平、国有资产是否流失。对于涉及上市公司股权的，审批部门还包括中国证券监督管理委员会，审批要点是上市公司是否仍符合上市条件、是否损害其他股东利益、是否履行信息披露义务等。

对于资产收购，因转让企业性质的不同，政府监管的宽严程度也有一定的区别。对于转让企业是外商投资企业的，我国尚无明确法律法规规定外商投资企业资产转让需要审批机关的审批。根据《中华人民共和国外商投资法》（自 2020 年 1 月 1 日起施行）确立的准入前国民待遇加负面清单管理制度是对外商投资管理制度所做的重大改革，将进一步简化外商投资企业设立程序，为外商投资营造更便利的环境。

（5）第三方权益影响差异

股权收购中，受影响最大的是被收购企业的其他股东。根据《公司法》，对于股权转让必须有过半数的股东同意并且其他股东有优先购买权。

资产收购中，受影响最大的是对该资产享有某种权利的人，如担保人、抵押权人、商标权人、专利权人、租赁权人。对于这些资产的转让，必须得到相关权利人的同意，或者必须履行对相关权利人的义务。

此外，在股权收购和资产收购中，都可能因收购公司（目标企业股东或目标企业）的债权人认为转让价格大大低于公允价格，而依据《民法典》中规定的撤销权，主张转让合同无效，导致收购失败。因此，债权人的同意对公司收购行为至关重要（章建良，2011b）。

6.1.2 股权收购和资产收购操作实务

1. 股权收购和资产收购所需的法律资料

根据法律法规及源于税务实践的总结，企业发生股权收购或资产收购业务，应准备以下资料。

1）当事方的股权收购或资产收购业务总体情况说明，情况说明中应包括股权收购或资产收购的商业目的。

2）双方或多方所签订的股权收购或资产收购业务合同或协议。

3）股权收购应由评估机构出具的所转让及支付的股权公允价值，资产收购应由评估机构出具的资产收购所体现的资产评估报告。

4）证明股权收购或资产收购符合特殊性税务处理条件的资料，包括股权比例、支付对价情况，以及 12 个月内不改变资产原来的实质性经营活动和原主要股东不转让所取得股权的承诺书等。

5）工商等相关部门核准企业股权变更事项证明材料。

6）税务机关要求的其他材料。

2. 股权收购和资产收购的尽职调查

一般而言，股权收购或资产收购通常涉及以下几个方面的风险：一是法律风险，目标企业的主体资格、劳动用工，目标企业经营管理的合法性、目标企业资产、债权债务等；二是财务风险，目标企业的资产状况、负债情况、经营能力、经营状况、竞争能力等；三是其他风险，目标企业的技术能力、目标企业所涉及的环境保护事项等。为此，基于规避收购风险的考虑，收购企业在收购前必须聘请律师事务所或财务税务顾问对被收购企业进行全方位的尽职调查。

（1）尽职调查的内涵

尽职调查又称谨慎性调查，一般是指投资人在与目标企业达成初步合作意向后，经协商一致，投资人对目标企业与本次投资有关的一切事项进行现场调查、资料分析的一系列活动。尽职调查主要是在收购（投资）等资本运作活动时进行，但企业上市发行时，也需要事先进行尽职调查，以初步了解是否具备上市的条件。

（2）尽职调查的范围

一般来说，收购中的调查主要包括企业的营运、规章制度及有关契约、财务等方面的内容。具体的调查内容则取决于管理人员对信息的需求、潜在的目标企业规模和相对重要性、已审计的和内部财务信息的可靠性、内在风险的大小及所允许的时间等多方面的因素。

1）目标企业营运状况的调查。这主要是针对目标企业营运状况的调查，主要依据收购企业的动机和策略的需要，调查并衡量目标企业是否符合收购的标准。如果收购企业想利用目标企业的现有营销渠道来扩展市场，则应了解其现有的营销和销售组织及网络、主要客户及分布状况、客户的满意程度和购买力、主要竞争对手的市场占有率。此外，收购企业不应仅注意目标企业市场占有率或市场增长的统计，还应重视那些有助于评估目标企业在市场上能够取得成功的潜在要素，以及它的竞争战略是否继续可行等方面的信息；在产品方面，应了解产品质量、产品有无竞争力、新产品开发能力；还要了解目标公司在生产、技术、市场营销能力、管理能力及其他经营方面与本公司的匹配程度等。除要对上述情况进行调查外，还要查明收购后原有的供应商及主要客户是否会流失。

如果收购的目的是想利用目标企业现有的生产设备及其他生产设施，则应注意了解这些生产设施是目标企业自有还是租赁、账面价值和重置价值、目前的使用情况、是否有其他用途等。此外，还可以将自己设立的同类企业与目标企业相比较，了解在资金上、时间上的损失程度，以及通过收购能够从目标企业获得哪些由自己设立同类企业所得不到的好处。

2）对目标企业规章制度、有关契约及法律方面的调查。

① 必须调查目标企业组织、章程中的各项条款，尤其对重要的决定，如合并或资产出售的认可，须经占比多少以上股东的同意才能进行的规定，这一点要予以充分的注意，以避免收购过程中受到阻碍；也应注意目标企业章程中是否有特别投票权的规定和限制；还应对股东大会及董事会的会议记录加以审查。如果是资产收购，还应取得股东大会同意此项出售的决议文件。

② 应对目标企业的主要财务清单进行审查，了解其所有权归属、使用价格及重置价格，并了解其对外投资情况及公司财产投保范围。若目标企业有租赁资产，则应注意此类契约的条件对收购后的营运是否有利。

③ 审查目标企业的全部对外书面契约，尤其不可缺少的调查内容包括任何使用外界商标及专利权，或授权他人使用的权利义务的约定，以及租赁、代理、借贷、技术授权等重要契约。审查中，要特别注意在控制权改变后契约是否继续有效。在债务方面，应审查目标企业的一切债务关系，注意偿还期限、利率及债权人对其是否有何种限制。其他问题，如公司与供应商和代理销售商之间契约上的权利义务、公司与员工之间的雇用合同及有关工资福利待遇的规定等，都应给予严格审查。

④ 应对目标企业过去所涉及的诉讼案件加以了解，了解这些诉讼案件是否会影响公司目前和将来的利益。

3）对目标企业财务和会计问题的调查。对目标企业财务和会计方面的调查，通常聘请会计师事务所协助完成。财务和会计问题调查的目的在于，使收购企业确定目标企业所提供的财务报表是否准确地反映了该公司的真实状况，若发现有误，则要求其对财务报表进行必要的调整；重点关注财务报告中揭示的主要问题、变化趋势和非正常财务特征，而不仅仅是注意财务报表中的每个项目；通过财务指标比对、分析，判断有无异常情况。例如，通过对各种周转率（如应收账款周转率、存货周转率等）进行分析，可以发现有无虚列财产价值或虚增收入等现象。此外，通过调查还可以发现目标企业的一些未透露事项，如通过目标企业的律师费支出，发现未被透露的法律诉讼案件。

在资产科目的审查方面，应注意在账面上是否存在不能收回的应收账款，是否存在现金及商业折扣、销售退回和折让的情形。对于长期股权投资，则要注意所投资公司的财务状况。对土地、建筑物、设备及无形资产（如专利权、商标、商誉等）的价值评估，应依据双方事先同意的评估方式进行调整。

在负债方面，应尽可能查明任何未记录的债务，对于未列示或列示不足的债务，必要时可要求卖方开立证明，保证若有未列债务出现应由其自行负责。若有些债务已经到期未付，则应特别注意债权人法律上的追索问题及额外利息的支付。此外，还应进行税务审查，确定应交税款的数额及应由谁来缴纳，过去是否存在偷漏税款情形，是否存在应缴税金。对目标企业负债的检查，还应注意是否有对其他人借贷的担保承诺，因为这可能会因负连带责任而招致额外的损失。

另外，还应审查目标企业在未来是否存在重大支出，如工厂迁址和扩建、新产品开发等。对于涉及国际业务的目标企业，还应注意审查汇率变动、外汇管制和利润汇回等问题。

（3）尽职调查的具体内容

企业运营是一项涉及经济政策、财务制度、相关法律法规等方面的系统工程。因此，确保收购活动顺利开展的前提是充分了解目标企业的基本情况，包括法律地位、财务状况、资信、人员等。对目标企业的调查内容主要包括以下几个方面。

1）目标企业组织和产权结构。

① 目标企业及其附属机构的组织结构和产权结构或相类似的信息（包括所有的公司，有限责任公司、合伙企业、合资企业或其他直接或间接拥有某种利益的组织形式）。

② 目标企业及其附属机构的组织文件及补充条款、规章制度和补充文件。

③ 目标企业及其附属机构历次董事会和股东会的会议记录。

④ 目标企业及其附属机构的股东名单和已签发的股票数量、未售出的股票数量。

⑤ 目标企业及其附属机构股票转让记录。

⑥ 目标企业及其附属机构与相关的股东或第三人签署的有关选举、股票的处置或收购的协议。

⑦ 所有与股东沟通的季度、年度或其他定期的报告。

⑧ 目标企业及其附属机构有资格从事经营业务的范围及其在相应的经营范围内的经营声誉及纳税证明。

⑨（在一定时期内）目标企业及其附属机构曾作为一方与他方签订的有关业务合并、资产处置或收购（不管是否完成）的所有协议。

⑩ 有关目标企业被卖方出售的所有文件，包括但不限于收购协议、与收购协议有关的协议和有关收购、证券方面的所有文件。

2）附属协议。

① 列出目标企业所有附属机构（包括不上市的股票持有人、目标企业和附属机构中持有超过5%资本金股票的人员）以及所有企业和其附属机构、合作企业的

董事和经营管理者名单。

② 所有公司与①所列单位和人员签署的书面协议、备忘录（不管这些文件是否生效）。

③ 上述②所列举的各类文件包括但不限于有关分担税务责任的协议、保障协议、租赁协议、保证书、咨询、管理和其他服务协议，关于设施和功能共享协议、购买和销售合同、许可证协议等。

3）债务和义务。

① 目标企业和附属机构所欠债务清单。

② 证明借钱、借物等的债务性文件及与债权人协商的补充性文件或放弃债权文件。

③ 所有证券交易文件、信用凭单、抵押文件、信托书、保证书、分期付款购货合同、资金拆借协议、信用证、有条件的赔偿义务文件和其他涉及目标企业和附属机构收购问题、其他目标企业和附属机构负有全部或部分责任等的有关文件。

④ 涉及由目标企业、附属机构及它们的经营管理者、董事、主要股东进行贷款的文件。

⑤ 由目标企业或附属机构签发的企业债券和信用证文件。

⑥ 与借款者沟通或给予借款者的报告文件，包括所有由目标企业或其附属机构或独立的会计师递交给借款者的相关文件。

4）政府规定。

① 有关政府部门签发给目标企业和其附属机构的各类许可证明的复印件。

② 所有递交给政府管理机构沟通的报告和文件的复印件。

③ 有关目标企业和其附属机构违反政府法规而收到的报告、通知、函等有关文件，包括但不限于反不正当竞争、贸易政策、环境保护、卫生安全等规定。

5）税务。

① 目标企业税务顾问（包括负责人）的姓名、地址及联络方式。

② 所有由目标企业制作的或关于目标企业及其附属机构有关税收返还的文件，最新的税务当局的审计报告与税务代理机构的审查报告和其他相关的函件。

③ 有关涉及税务事项与税务当局的争议情况的最终结论或相关材料。

④ 有关税种（如增值税）的安排、计算和支付，以及罚金或罚息的文件。

⑤ 涉及目标企业的企业间交易以及离开企业集团后企业间可清算的账户信息。

⑥ 有关目标企业涉及企业间分配和义务的信息。

6）财务数据。

① 所有目标企业就股票交易情况向证券管理当局递交的文件（涉及上市公司）。

② 所有审计或未审计过的目标企业财务报表。

③ 所有来自审计师对目标企业管理建议和报告，以及目标企业与审计师之间往来的函件。

④ 资产总量和可接受审查的账目。

⑤ 销售、货物销售成本、市场开拓、新产品研究与开发的详细情况。

⑥ 形式上的项目和可能发生责任的平衡表。

⑦ 各类储备的详细情况。

⑧ 过去5年主要经营和账目变化的审查。

⑨ 目标企业审计师的姓名、地址和联络方式。

7）管理和雇员。

① 目标企业及其附属机构的结构情况和主要雇员的个人经历。

② 目标企业的所有雇员及其聘用合同、工会或集体谈判合同，每个雇员重新谈判续签合同的到期日。

③ 所有员工手册和提供给员工的有关雇用条款或条件的文件。

④ 遵守相应政府劳动管理部门有关雇员福利规定的文件。

⑤ 所有涉及现雇主或原雇主与雇员所签的关于保守目标公司机密、知识产权转让、非竞争条款的协议复印件。

⑥ 所有以目标企业名义与目标企业及附属机构的雇员签订的协议，包括贷款协议、信用延期协议和有关保障、补偿协议等的复印件。

⑦ 列出目标企业经营管理者和关键人员及他们的年薪和待遇情况。

⑧ 列出所有选择权和股票增值权的价格细目表。

⑨ 雇员利益计划，包括但不限于计划概述、递交有关税务和雇员福利管理部门的定期表格、报告，向有关部门递交有关要求确认和批准的雇员利益计划的申请文件，最新年度的计划评估报告和财务报告，以及有关退休金、股票选择和增值权、奖金、利益分享、分期补贴、权力参与、退休、人身保险、丧失劳动能力补助、储蓄、离职、保险、节假日、度假等待遇计划的最新实际评估报告。

8）法律纠纷情况。

① 列出正在进行的诉讼、仲裁或政府调查（包括国内或国外）情况清单，包括当事人、损害赔偿情况、诉讼类型、保险金额、保险公司的态度等。

② 所有诉讼、仲裁、政府调查的有关文件。

③ 列出所有由法院、仲裁委员会、政府机构作出的，对目标企业及其附属机构有约束力的判决、裁决、命令、禁令、执行令的清单。

④ 由律师写给审计师的有关诉讼和其他法律纠纷的函件。

⑤ 列出有关诉讼、仲裁中当事人双方自行和解、调解、协议放弃权利主张、

要求或禁止进一步活动的情况。

⑥ 所有提出专利、商标和其他知识产权侵权行为的函件。

⑦ 所有有关政府调查或目标企业违法的函件。

9）资产情况。

① 列出所有目标企业及其附属机构合法拥有或租赁拥有的不动产，指明每一处不动产的所有权、位置、使用情况。如系租赁拥有，应列出租赁期限、续签条件、租赁义务等情况，以及目标企业及其附属机构所拥有的不动产被抵押的情况。

② 目标企业及其附属机构所拥有的不动产的保险情况，包括每一处不动产的保险文件。

③ 所有由目标企业及其附属机构因出租或承租而签署的租赁、转租赁协议，包括这类协议履行情况的文件。

④ 所有有关不动产的评估报告。

⑤ 所有有关目标企业及其附属机构拥有或出租情况的调查报告。

⑥ 有关目标企业及其附属机构拥有的或出租的不动产的税收数据。

⑦ 所有存货的细目表，包括存货的规格、存放地点和数量等。

⑧ 所有目标企业及其附属机构在经营中使用的设备情况，指明这些设备的所有权情况，以及有关融资租赁的条款或有关设备可被拥有或租赁使用的协议。

⑨ 所有有关有形资产收购或处置的有效协议。

10）经营情况。

① 由目标企业及其附属机构对外签订的所有协议，包括合资协议、战略联盟协议、合伙协议、管理协议、咨询协议、研究和开发协议等。

② 一定时期内所有已购资产的供货商的情况清单。

③ 购货合同和供货合同的复印件，以及价格确定、相关条件及特许权规定的说明。

④ 所有的市场开拓、销售、特许经营、分拨、委托、代理、代表协议复印件，以及独立销售商或分拨商的名单。

⑤ 列出目标企业及其附属机构产品的消费者的清单。

⑥ 有关存货管理程序的说明材料。

⑦ 列出目标企业在国内或地区内主要竞争者的名单。

⑧ 目标企业产品销售过程中使用的标准单据，包括但不限于订购单、售货单、分配表格等。

⑨ 所有一定时期内作出的有关目标企业生产或分拨的产品的明确或隐含的质量保证的文件。

⑩ 所有关于广告、公共关系的书面协议和广告品的备份。

11）保险情况。

① 所有的保险合同、保险证明和保险单，包括但不限于下列承保险种：一般责任保险、产品责任保险、火险或其他灾害险、董事或经营管理者的责任险、雇员的人身保险等。

② 有关上述保险险种是否有充分适合的报告和函件，以及在这种保险单下权利的保留、拒绝赔偿的报告和函件。

12）实质性协议。

① 有关实质性合同履行过程中产生的违约情况，影响或合理地认为会影响目标企业及其附属机构的有关情况。

② 其他一些上述事项中尚未列出的实质性合同或协议，包括但不限于需要第三方同意才能履行的协议、作为计划中的交易活动的结果可能导致违约的协议、以任何方法在目标企业和其他实际的或潜在的竞争对手签署的限制竞争的协议或谅解备忘录等。

13）环境问题。

① 有关目标企业及其附属机构过去或现在面临的环境问题的内部报告。

② 目标企业及其附属机构根据各级政府环保部门规定所作的陈述或报告的复印件。

③ 针对目标企业和其附属机构的有关环境问题作出的通报、投诉、诉讼或其他类似文件。

14）市场开拓和价格问题。

① 来自消费者或竞争者关于价格问题的投诉信或法律控告文件。

② 为开发和实施市场开拓计划或战略而准备的业务计划、销售预测、价格政策、价格趋势等文件。

③ 有关访问和征求消费者、供应商或分拨商意见的报告。

④ 来自销售代理商的竞争性价格或竞争性信息的情况。

⑤ 公开的或不公开的价格清单，以及涉及价格或促销的计划书。

⑥ 有关价格浮动的政策，如打折、促销广告等。

15）知识产权。

① 所有由目标企业及其附属机构拥有或使用的商标、服务标识、版权、专利和其他知识产权。

② 一种非专利技术性评估和特殊知识构成的并在市场上获得成功的知识性集成，如被采纳使用的可行性研究报告。

③ 涉及特殊技术开发的作者、提供者、独立承包商、雇员的名单和有关雇用开发协议文件。

④ 列出非专利保护的专有产品的清单，这些专有产品之所以不申请专利，是为了保证它的专有性秘密。

⑤ 所有目标企业知识产权的注册证明文件。

⑥ 足以证明下列情况的所有文件：一是正在向有关知识产权注册机关申请注册的商标、服务标识、版权、专利的文件；二是正处在知识产权注册管理机关反对或撤销程序中的文件；三是需要向知识产权注册管理机关申请延期的文件；四是国内或国外拒绝注册的商标、服务标识、版权、专利或其他知识产权的文件；五是所有由目标企业或其附属机构作为一方与他方签署的商标、服务标识、版权、专利、技术诀窍、技术或其他知识产权使用许可协议，以及由目标企业或其附属机构转让或接受转让的商标、服务标识、版权、专利、技术诀窍、技术或其他知识产权的协议；六是由目标企业或其附属机构在商标、服务标识、版权、专利、技术诀窍、技术或其他知识产权上提出权利主张包括法律诉讼的情况，以及由第三方对目标企业或其附属机构使用或拥有的商标、服务标识、版权、专利、技术诀窍、技术或其他知识产权提出权利主张包括法律诉讼的情况。

⑦ 涉及目标企业或其附属机构与知识产权注册管理机关之间就第 15）条中⑥所列项目互相往来的函件。

⑧ 其他影响目标企业或其附属机构的商标、服务标识、版权、专利、技术诀窍、技术或其他知识产权的协议。

⑨ 所有的商业秘密、专有技术秘密或其他目标企业或其附属机构作为当事人并对其有约束力的协议，以及与日标企业或其附属机构或第三方的专有信息或知识产权有关的协议。

16）其他。

① 所有送交目标企业或其附属机构董事会的有关非正常支付或有疑问活动的报告。

② 由投资银行、工程公司、管理咨询机构或会计师事务所对目标企业或其经营活动所作的近期分析，如市场调研、信用报告和其他类型的报告。

③ 所有涉及目标企业或其附属机构的业务、经营或产品的具有重要意义的管理、市场开拓、销售或类似的报告。

④ 所有目标企业或其附属机构对外发布的新闻报道。

⑤ 所有涉及目标企业或其附属机构或它们的产品、服务或其他重大事件的报道和介绍手册。

⑥ 任何基于职业判断认定对收购者来说是重要的、需要披露的涉及目标企业业务的财务情况的信息和文件。

6.2 企业股权收购和资产收购重组业务的所得税处理

6.2.1 股权收购和资产收购所得税处理的异同点

股权收购与资产收购是两种不同性质的交易活动，既有共同之处，又存在本质区别。

1. 股权收购和资产收购所得税处理的相同点

（1）支付对价的方式相同

不论是股权收购还是资产收购，收购企业支付对价都采取股权支付、非股权支付或者两者相结合三种方式。

（2）交易中对股权、资产计税基础的确定原则相同

不论是股权收购还是资产收购，财税〔2009〕59号文件和《企业重组管理办法》对税务处理分别按不同的条件适用一般性税务处理和特殊性税务处理两种方式，且在适用一般性税务处理的情况下，企业收购股权、资产相关交易税务处理原则相同。

（3）适用特殊性税务处理要求的条件相同

不论是股权收购还是资产收购，要满足特殊性税务处理的要求，就必须满足财税〔2009〕59号文件第五条。

（4）向主管税务机关报送的备案资料相同

企业不论是发生股权收购还是资产收购业务，均应向主管税务机关报送以下资料。

1）当事各方的资产、股权收购业务总体情况说明。

2）当事各方所签订的资产、股权收购业务合同或协议。

3）评估机构出具的资产、股权收购所体现的资产公允价值评估报告。

4）涉及当事各方股权计税基础的有效凭证。

5）政府相关行政部门核准相关企业股权变更事项证明材料。

6）税务机关要求提供的其他证明材料。

此外，如果企业发生资产收购、股权收购业务，选择特殊性税务处理均应报送以下资料。

① 当事各方在交易完成当年企业所得税年度申报时，向主管税务机关提交书面备案资料，证明其符合各类特殊性重组规定的条件，包括资产收购比例、支付对价情况，以及 12 个月内不改变资产原来的实质性经营活动、原主要股东不转让所取得股权的承诺书等，否则不得按特殊重组业务进行税务处理。同时，针对适用特殊性税务处理条件，还应向主管税务机关提交书面情况说明，证明企业在重组后的连续 12 个月内，有关符合特殊性税务处理的条件未发生改变。如果当事方的其中一方在规定时间内发生生产经营业务、公司性质、资产或股权结构等情况变化，致使收购业务不再符合特殊性税务处理条件，发生变化的当事方应在情况发生变化的 30 日内书面通知其他所有当事方，主导方在接到通知后 30 日内将有关变化通知其主管税务机关；并且在情况发生变化后 60 日内，按照一般性税务处理的规定调整收购业务的税务处理。原当事各方应各自按原交易完成时资产和负债的公允价值计算收购业务的收益或损失，调整交易完成纳税年度的应纳税所得额及相应的资产和负债的计税基础，并向各自主管税务机关申请调整交易完成纳税年度的企业所得税年度申报表。

② 报送以下资料说明发生资产、股权收购具有合理的商业目的。一是收购活动的交易方式，即收购活动采取的具体形式、交易背景、交易时间、在交易之前和之后的运作方式和有关的商业常规。二是收购交易的形式及实质，即形式上交易所产生的法律权利和责任，也是该项交易的法律后果。另外，交易实际上或商业上产生的最终结果。三是收购活动给交易各方税务状况带来的可能变化。四是收购活动交易各方从交易中获得的财务状况变化。五是收购活动是否给交易各方带来了在市场原则下不会产生的异常经济利益或潜在义务。六是非居民企业参与收购活动的情况。

2. 股权收购和资产收购所得税处理的不同点

（1）承担风险的方式不同

股权收购只承担投资收益风险，在投入的人力、物力和财力上也远远不如实施资产收购的企业。资产收购完成后，受让企业直接组织或参与转让企业的生产经营活动，承担和处理发生或可能发生的一切风险活动，如经营风险、投资风险、纳税风险等。

（2）获得的权利不同

股权收购购买的是对被收购企业资产的拥有或控制权，收购企业不直接参与被收购企业的生产经营活动，对其财产也没有直接的处置权。资产收购获得的是对企业全部资产的实质性经营权，即资产收购交易完成后，受让企业直接参与转让企业的生产经营活动，并对所经营的资产享有绝对的处置权。

（3）在利益分配中所处的地位不同

股权收购方式下，收购企业不直接参与管理，除持股比例达到一定比例并出任董事长外，仅按持股比例享受经营成果的分配。资产收购完成后，受让企业是转让企业的经营者和管理者，也是转让企业经营成果的直接分配者。

（4）会计核算运用的科目不同

股权收购不论是采取股权支付，还是非股权支付或者采用两者相结合的支付方式，对收购的股权一律通过“长期股权投资”科目核算。对于资产收购，不论是采取股权支付，还是采取非股权支付或者采用两者相结合的支付方式，对收购的资产都应按资产收购清单中的交易资产名称设置会计科目进行核算，如固定资产、无形资产、生物资产、原材料、库存商品、银行存款、现金，以及应收应付款项、长期股权投资等。

这里需要说明的是，不论是股权收购还是资产收购，选择特殊性税务处理其内容属于企业所得税纳税调整的一部分，在会计核算上必须按照实际结算价格核算，然后在年终汇算清缴时将其享受的税收优惠从总的计税所得额中剔除（李国华和于荣艳，2011）。

6.2.2 股权收购业务的所得税处理

根据财税〔2009〕59号文件的有关规定，股权收购业务的企业所得税处理分为一般性税务处理和特殊性税务处理（白丽红和崔灵精，2011）。

1. 股权收购业务的一般性税务处理

（1）收购企业的税务处理

1）支付对价涉及的所得税处理。

当收购企业支付的对价包括固定资产、无形资产等非货币资产时，虽然财税〔2009〕59 号文件未明确规定应确认所涉及非货币资产的转让所得或损失，但由于资产的所有权属发生了变化，因此收购企业以固定资产、无形资产等非货币资产进行支付的，应按税法规定确认资产的转让所得或损失。

2）取得被收购企业股权计税基础的确定。

由于收购企业支付的对价无论是股权支付，还是非股权支付均是按公允价值支付的，依据财税〔2009〕59号文件的规定，收购企业应按公允价值确定被收购企业股权的计税基础。

（2）被收购企业股东的税务处理

1）股东放弃被收购企业股权涉及的所得税处理。

在股权收购过程中，被收购企业股东放弃被收购企业股权而取得收购企业支付的股权和非股权，其实质应分解为两项业务，即先转让被收购企业股权，然后以转让收入购买股权或非股权支付，因此依据财税〔2009〕59号文件的规定，被收购企业股东应确认股权转让所得或损失。

2）取得股权支付和非股权支付计税基础的处理。

由于被收购企业股东确认了放弃被收购企业股权的转让所得或损失，因此对其取得的股权支付和非股权支付均应按公允价值确定计税基础。

2. 股权收购业务的特殊性税务处理

（1）股权收购业务的特殊性税务处理条件

根据财税〔2009〕59号文件第五条、第六条和《财政部 国家税务总局关于促进企业重组有关企业所得税处理问题的通知》（财税〔2014〕109号）文件的规定，在对股权收购业务进行特殊性税务处理时，应同时符合以下条件。

1）具有合理的商业目的，且不以减少、免除或者推迟缴纳税款为主要目的。

2）股权收购，收购企业购买的股权不低于被收购企业全部股权的50%，且收购企业在该股权收购发生时的股权支付金额不低于其交易支付总额的85%。

3）企业重组后的连续12个月内不改变重组资产原来的实质性经营活动。

4）重组交易对价中涉及股权支付金额符合上述规定的比例。

5）企业重组中取得股权支付的原主要股东，在重组后连续12个月内，不得转让其所取得的股权。

（2）收购企业涉及的税务处理（毛谢恩和崔国，2017）

1）支付对价涉及的所得税处理。

收购企业支付非股权对价涉及的所得税问题，同前述一般性税务处理规定。根据财税〔2009〕59号文件的规定，无论是一般性税务处理还是特殊性税务处理，凡收购企业支付对价涉及非股权等其他非货币性资产的，均应按税法规定确认其转让所得或损失。对股权收购方而言，非股权支付对应的资产转让所得应该直接按照其公允价值扣除计税基础计算。

2）取得被收购企业股权计税基础的确定。

根据财税〔2009〕59号文件第六条的规定，收购企业取得被收购企业股权的计税基础，以被收购股权的原有计税基础确定。

（3）被收购企业股东涉及的所得税处理

1）股东放弃被收购企业股权的税务处理。

为支持企业开展重组活动，缓解纳税人在资金上的纳税困难，依据财税〔2009〕

59 号文件的规定，符合特殊处理条件的股权收购业务，被收购企业股东可暂不确认股权转让所得或损失。这里应注意的是，如果被收购企业股东除取得收购企业的股权外，还取得收购企业支付的非股权支付，被收购企业股东应确认非股权支付对应的资产转让所得或损失（崔淑莲，2011）。计算公式如下：

非股权支付对应的资产转让所得或损失
＝（被转让资产的公允价值－被转让资产的计税基础）
×（非股权支付金额÷被转让资产的公允价值）

【案例 6-1】甲公司以本企业 20%的股权（公允价值为 5 700 万元）和 300 万元现金作为支付对价，收购乙公司持有的丙公司 80%的股权（计税基础 1 000 万元，公允价值 6 000 万元）。应如何确认乙公司股权转让所得？

分析：由于甲公司收购丙公司股权的比例大于 50%，股权支付占交易总额比例：5 700÷6 000＝95%＞85%，假定同时符合特殊性税务处理的其他条件。虽然依据财税〔2009〕59 号文件规定，乙公司可暂不确认转让丙公司股权的全部转让所得，但应确认取得非股权支付额 300 万元现金对应的股权转让所得，即应确认股权转让所得为

（6 000－1 000）×（300÷6 000）＝250（万元）

2）取得股权支付和非股权支付计税基础的确定。

财税〔2009〕59 号文件规定，符合特殊性税务处理条件的股权收购业务，在涉及非股权支付的情况下，应确认非股权支付对应的资产所得或损失，并调整相应资产的计税基础，但未明确应如何调整相应资产的计税基础。按照所得税对等理论，被收购企业股东应以被收购企业股权的原计税基础加上非股权支付额对应的股权转让所得，作为取得的股权支付额和非股权支付额的计税基础。其中，非股权支付额的计税基础应为公允价值，所以取得收购企业股权的计税基础应为被收购企业股权的原计税基础加上非股权支付额对应的股权转让所得减去非股权支付的公允价值。

接案例 6-1，乙公司取得现金资产的计税基础应为 300 万元，取得甲公司股权的计税基础应为 1 000＋250－300＝950（万元）。未来乙公司转让甲公司股权时允许扣除的计税基础为 950 万元，而不是起初取得股权时的公允价值 5 700 万元。如果甲公司以被收购企业股权 950＋300＝1 250（万元）作为计税基础，则甲公司将来转让该投资反而要多交税。因为资本公积溢价是不交企业所得税的，现在没有调减，将来却要调增。可见，财税〔2009〕59 号文件对股权收购特殊性税务处理的规定，并不是让被收购企业的股东真正享受所得税的免税待遇，而是为支持企业重组，允许其递延缴纳企业所得税。

6.2.3 资产收购业务的所得税处理

根据财税〔2009〕59号文件的规定，资产收购企业所得税的税务处理分为一般性税务处理和特殊性税务处理两种方式。两者的税务处理有很大的不同，现分别介绍如下。

1. 资产收购业务的一般性税务处理

根据财税〔2009〕59号文件的规定，资产收购的一般性税务处理应按照以下规定进行处理。

1）转让企业应确认资产转让所得或损失。

2）受让企业取得资产的计税基础应以公允价值为基础确定。

3）转让企业的相关所得税事项原则上保持不变。

在一般性税务处理下，资产收购的所得税处理和一般意义上的企业资产买卖交易（资产转让）的税务处理原则是完全一致的，即转让企业按资产的市场价格或公允价值与计税基础的差额确认资产转让所得或损失；受让企业如果是用非货币资产进行交换的，应分两步进行处理，先按公允价值销售确认非货币资产转让所得或损失，再按公允价值购买资产。由于资产收购不涉及企业法律主体资格的变更，因此，转让企业的相关所得税事项原则上保持不变。

2. 资产收购业务的特殊性税务处理

（1）特殊性税务处理的条件

根据财税〔2009〕59号文件的规定，资产收购的特殊性税务处理应同时符合以下条件。

1）资产收购应有合理商业目的。

2）资产收购不能以减少、免除或者推迟缴纳税款为主要目的。

如果企业以减少、免除或者推迟缴纳税款为主要目的，故意使资产收购中的股权支付比例符合特殊性税务处理，税务机关可予以否决。

3）企业在收购另一家企业的实质经营性资产后，必须在收购后的连续12个月内继续运营该资产，从事该项资产以前的营业活动。

例如，甲企业购买了乙企业的一个食品生产车间，如果其在购买后的12个月内将食品生产线变卖，利用该场地重新购置设备从事服装加工，则不能适用资产收购的特殊性税务处理。

4）资产收购中，受让企业收购的资产不低于转让企业全部资产的50%，且企业在该资产收购发生时的股权支付金额不低于其交易支付总额的85%。

对于上述50%和85%比例计算要注意以下两点（任坐田和王磊，2011）。

一是在计算受让企业收购的资产不低于转让企业全部资产的50%时，应以转让企业原来资产的计税基础进行确定。财税〔2009〕59号文件没有明确计算有关50%的资产价值应当使用公允价值，还是计税基础。但从交易过程判断来看，转让企业可能有一部分资产并没有实际参加交易，这部分资产的公允价值是不易合理确定的，而且特殊性税务处理的本意是延续其计税基础。因此，计算有关资产比例前提指标时应当以计税基础为数据来源。

二是计算股权支付金额不低于其交易支付总额的85%时，应以公允价值进行确定。

（2）资产收购业务的特殊性税务处理的条件

在对资产收购业务进行特殊性税务处理时，应按以下规定处理。

1）转让企业取得企业股权的计税基础，以被收购资产的原有计税基础确定。

2）企业取得转让企业资产的计税基础，以被收购资产的原有计税基础确定。

3. 资产收购业务一般性税务处理与特殊性税务处理的比较

资产收购业务一般性税务处理和特殊性税务处理比较如表6-1所示。

表6-1　资产收购业务一般性税务处理和特殊性税务处理比较

项目	一般性税务处理	特殊性税务处理
资产重组	1）转让企业应确认资产转让所得或损失。 2）受让企业取得资产的计税基础应以公允价值为基础确定。 3）转让企业的相关所得税事项原则上保持不变	1）转让企业取得企业股权的计税基础，以被收购资产的原有计税基础确定。 2）企业取得转让企业资产的计税基础，以被收购资产的原有计税基础确定

6.2.4 综合案例分析

【综合案例1】

圣华伦股份有限公司为进一步扩大经营规模，于2016年7月1日与宏盛酒店签订了资产收购协议。协议规定，圣华伦股份有限公司收购宏盛酒店全部酒店类资产。截至2016年6月30日，宏盛酒店全部资产的账面价值为5 000万元，公允价值为6 200万元，其中拟被收购资产（全部酒店类资产）的账面价值为4 800万元，公允价值为6 000万元；圣华伦公司支付的收购对价包括定向增发股票、银行存款及一栋库房。

支付对价的具体构成：①向宏盛酒店定向增发股票900万股，每股发行价格为6元；②支付银行存款200万元；③转让的库房评估价格为400万元，账面价值为280万元。

根据上述资料应如何进行相关所得税处理？

【解析】

宏盛酒店转让资产的比例＝4 800÷5 000＝96%＞50%；

资产收购中，股权支付占取得全部经济利益的比例＝（900×6）÷（900×6＋200＋400）×100%＝90%＞85%

假定同时符合特殊性税务处理的其他条件，可按特殊性税务处理规定加以处理。

宏盛酒店税务处理如下：

1）暂不确认资产的全部转让所得，但应确认两项非股权支付（200＋400＝600万元）对应的资产转让所得（即确认全部转让增值中与非股权支付对应部分的增值额，这部分增值在当期应计算缴纳企业所得税）。

非股权支付对应的资产转让所得＝（6 000－4 800）×（600÷6 000）＝120（万元）

2）确认取得股权的计税基础。

按照上述方法，设用于转让资产（即与非股权支付部分对应的）的原计税基础为x，则（900×6＋600）÷4 800＝600÷x

x＝480（万元）

3）取得股权的计税基础为4 800－480＝4 320（万元）。

今后宏盛酒店若再转让此部分股权，在计算股权转让所得时允许扣除的金额应为4 320万元，而不是取得该项股权时的发行价格5 400万元。

这里需要注意的是：①因为与这部分股权对应的原账面成本为4 320万元，这部分在这一次转让（收购）事项中未缴纳企业所得税，只能按原计税基础作税前扣除。②如果库房再转让，计税基础应为400万元，而不是280万元，因为增值部分已缴纳企业所得税。

【综合案例2】

A企业用500万元的资产购买B企业的全部资产500万元（均为公允价值、双方均为增值税一般纳税人）。其中，在A企业支付的对价资产中用股权支付450万元，初始计税价格420万元，占全部交易支付额的90%，用自己生产的产品支付50万元，销售成本价30万元。在购买的B企业资产中固定资产200万元，折余价值150万元；股权投资30万元，账面价值26万元；原材料170万元，账面价值 140 万元；库存商品 100 万元，成本价 70 万元。A、B 双方应如何进行税务与账务处理？（假如题中的固定资产为不动产，涉及的产成品和原材料的公允价值均为含税价格。）

【解析】

（1）税务处理

A 企业用产品支付对应的资产转让所得＝（500－450）×（50÷500）＝5（万元）。

B 企业非股权支付对应的资产转让所得＝（500－386）×（50÷500）＝11.4（万元）。

（2）账务处理

1）A 企业资产收购的会计分录。

① 对收购的资产：

借：固定资产	2 000 000	
长期股权投资	300 000	
原材料	1 700 000	
库存商品	1 000 000	
贷：长期股权投资		4 200 000
主营业务收入		442 500
营业外收入		300 000
应交税费——应交增值税（销项税额）		57 500

② 结转用产品支付的成本时：

借：主营业务成本	300 000	
贷：库存商品		300 000

2）B 企业清算的相关会计分录。

① 对换回的资产：

借：长期股权投资	4 500 000	
库存商品	500 000	
贷：固定资产清理		2 000 000
长期股权投资		260 000
营业外收入		40 000
主营业务收入		885 000
其他业务收入		1 504 400
应交税费——应交增值税（销项税额）		310 600

② 结转转让资产的成本：

借：固定资产清理	150	
累计折旧	50	

主营业务成本 70
其他业务支出 140
贷：固定资产 200
库存商品 70
原材料 140

③ 结转“固定资产清理”账户时：

借：固定资产清理 50
贷：营业外收入 50

3）年终汇算清缴时：

A 企业应剔除的计税所得额＝30＋44.25－30－5＝39.25（万元）

B 企业应剔除的计税所得额＝200＋4＋88.5＋150.44－150－70－140－11.4
＝71.54（万元）

第7章

企业合并所得税制

7.1 企业合并概述

7.1.1 企业合并的含义

企业合并是指一家或多家企业（以下称为被合并企业）将其全部资产和负债转让给另一家现存或新设企业（以下称为合并企业），被合并企业股东换取合并企业的股权或非股权支付，实现两个或两个以上企业的依法合并。企业合并实质上是资本的扩张。

7.1.2 企业合并的类型

企业合并按合并方式可分为控股合并、吸收合并和新设合并。

（1）控股合并

合并企业通过企业合并交易或事项取得对被合并企业的控制权，企业合并后能够通过所取得的股权等主导被合并企业的生产经营决策并从被合并企业的生产经营活动中获益，被合并企业在企业合并后，仍维持其独立法人资格继续经营，该类合并为控股合并。

控股合并中，因合并企业通过企业合并交易或事项取得了对被合并企业的控制权，被合并企业成为其子公司，在企业合并发生后，被合并企业应当纳入合并企业合并财务报表的编制范围，从合并财务报表角度形成报告主体的变化。

（2）吸收合并

合并企业在企业合并中取得被合并企业的全部净资产，并将有关资产、负债并入合并企业自身的账簿和报表进行核算。企业合并后，注销被合并企业的法人资格，由合并企业持有合并中取得的被合并企业的资产、负债，在新的基础上继续经营，该类合并为吸收合并。

吸收合并中，因被合并企业在合并发生以后被注销，合并企业需要解决的问题是，其在合并日取得被合并企业有关资产、负债的入账价值之间存在差额的处理。企业合并继后期间，合并企业应将在合并中取得的资产、负债作为本企业的资产、负债核算。

（3）新设合并

参与合并的各企业在企业合并后，法人资格均被注销，需重新注册成立一家新的企业，由新注册成立的企业持有参与合并各企业的资产、负债，在新企业的基础上经营，该类合并为新设合并。

例如，A 公司和 B 公司的股东 b 打交道，购买 B 公司的全部资产、负债、劳动力，B 公司解散。若 B 公司的资产纳入 A 公司是吸收合并，设立新公司 C 是新设合并；若 A 公司向股东 b 购买其持有 B 公司 50%以上的股权，以实现对 B 公司的控制是控股合并，B 公司不用解散。

7.2　企业合并业务的税务处理

在企业合并的 3 种形式中，所得税上所称的合并业务通常是指吸收合并和新设合并，而控股合并所得税上称之为股权收购（见第 6 章）。

通常情况下，企业合并后，被合并企业应视为按公允价值转让、处置全部资产，计算资产的转让所得，依法缴纳所得税。被合并企业以前年度的亏损，不得结转到合并企业弥补。合并企业接受被合并企业的有关资产，计税时可以按经评估确认的价值确定成本。被合并企业的股东取得合并企业的股权视为清算分配。合并企业和被合并企业为实现合并而向股东回购本公司股份，回购价格与发行价格之间的差额，应作为股票转让所得或损失。被合并企业合并以前的全部企业所得税纳税事项由合并企业承担，以前年度的亏损，如果未超过法定弥补期限，可由合并企业继续按规定用以后年度实现的与被合并企业资产相关的所得弥补。

财税〔2009〕59 号文件将企业合并的所得税处理分为一般性税务处理和特殊性税务处理两种方式。

7.2.1　一般性税务处理

从税收属性进行分析，对于合并企业来说，主要是一种支付行为，所以一般不涉及税收问题（非货币性资产支付一般需要视同销售）；对于被合并企业来说，企业被合并注销后，企业资产被合并转移，企业股东获得收入，因此，被合并企业涉及资产转移的税收问题。根据财税〔2009〕59 号文件规定，企业合并，当事各方应按下列规定处理。

1）合并企业应按公允价值确定接受被合并企业各项资产和负债的计税基础。

2）被合并企业及其股东都应按清算进行所得税处理。

3）被合并企业的亏损不得在合并企业结转弥补。

【案例 7-1】 A 公司合并 B 公司（股东为正大公司和自然人王某），B 公司的注册资本为 1 000 万元，正大公司和王某对 B 公司投资的计税基础分别为 700 万元和 300 万元，股权比例分别为 70%和 30%。合并日 B 公司的数据：资产账面价值共计 8 000 万元，其中现金 1 000 万元，存货 2 500 万元，设备 2 500 万元，办公楼 2 000 万元；公允价值 10 000 万元，其中现金 1 000 万元，存货 2 800 万元，设备 2 500 万元，办公楼 3 700 万元；非现金资产计税基础 7 500 万元，其中存货 3 000 万元，设备 2 600 万元，办公楼 1 900 万元；负债的账面价值与计税基础和公允价值皆为 2 000 万元；实收资本 1 000 万元，留存收益 5 000 万元。B 公司为合并支付评估费 10 万元，合并基准日资产总额已剔除评估费。

A 公司拟向正大公司和王某支付自身公司 20%的股份（公允价值为 3 000 万元）；支付王某现金 500 万元和公允价值为 1 000 万元的别墅（该别墅原购入价为 700 万元，其中含土地使用权成本 100 万元；账面价值 600 万元；计税基础为 550 万元，旧房评估费 2 万元，房产重置成本为 400 万元，成新率为 80%），支付正大公司 500 万元的现金和公允价值为 3 000 万元的存货（该存货账面价值为 3 000 万元，计税基础为 3 600 万元）。A 公司原实收资本为 4 000 万元。A 公司总支付价 8 000（10 000－2 000）万元为 B 公司净资产公允价值 8 000（3 000＋500＋1 000＋500＋3 000）万元。A 公司和 B 公司应如何进行税务处理？

分析：

（1）B 公司清算所得应缴纳企业所得税

B 公司应纳企业所得税＝（9 000－7 500－10）×25%＝372.50（万元）。

（2）A 公司支付非货币资产涉及的企业所得税处理

1）A 公司转移别墅应视同销售缴纳企业所得税。

根据国家税务总局 2016 年第 80 号公告相关规定：外购资产视同销售确认收入时，可按购入时的价格确定销售收入。

应纳税所得额＝700－550－55－0.50－189.63－2＝－97.13（万元）。

上述转移房地产形成的亏损可以由其他盈利金额弥补。

2）A 公司转移存货应视同销售缴纳企业所得税。

应纳税所得额＝3 000－3 600＝－600（万元）。

上述转移存货形成的亏损可以由其他盈利金额弥补。

3）接受 B 公司资产的计税基础。根据财税〔2009〕59 号第四条第四款第一项规定："合并企业应按公允价值确定接受被合并企业各项资产和负债的计税基础。"A 公司接受 B 公司的资产和负债，以公允价值为基础加以确定，即存货为 2 800 万元，设备为 2 500 万元，办公楼为 3 700 万元，负债为 2 000 万元。

（3）B 公司的法人股东正大公司股权转让涉及的企业所得税处理

1）确认清算所得产生的新留存收益=（10 000－8 000）－（10 000－8 500－10）×25%=1 627.50（万元）。

2）确认总的留存收益=5 000+1 627.50=6 627.50（万元）。正大公司应确认的股息收益=6 627.50×70%=4 639.25（万元）。该股息所得免征企业所得税。

3）确认股权转让所得=3 000×70%+500+3 000－372.50×70%－4 639.25－700=0（万元）。（B 公司应负担的企业所得税额为 372.50 万元，按比例减少股东正大公司权益 260.75 万元，故正大公司实际收到的对价中应去掉 260.75 万元）。该股权转让所得应纳所得税为 0 万元。

4）确认新投资的计税基础为 3 000×70%=2 100（万元）。

7.2.2 特殊性税务处理

根据财税〔2009〕59 号文件第五条的规定，企业重组同时符合 5 项条件的（见第 3 章 3.1.1 节），可选择适用特殊性税务处理。该文件同时规定，符合通知第五条规定条件的企业合并，企业股东在该企业合并发生时取得的股权支付金额不低于其交易支付总额的 85%，以及同一控制下且不需要支付对价的企业合并，可以选择对交易中股权支付暂不确认有关资产的转让所得或损失，并可以选择按以下规定处理：合并企业接受被合并企业资产和负债的计税基础，以被合并企业的原有计税基础确定。被合并企业合并前的相关所得税事项由合并企业承继。

需要注意的是，企业选择特殊性税务处理的，当事各企业应在该重组业务完成当年企业所得税年度申报时，向主管税务机关提交书面备案资料，证明其符合各类特殊性重组规定的条件。企业未按规定书面备案的，一律不得按特殊重组业务进行税务处理（孙雪梅，2016）。但企业发生涉及我国境内与境外之间（包括港澳台地区）的股权和资产收购交易，除应符合上述规定的条件外，还应同时符合下列条件才可选择适用特殊性税务处理规定：①非居民企业向其 100%直接控股的另一非居民企业转让其拥有的居民企业股权，没有因此造成以后该项股权转让所得预提税负担变化，且转让方非居民企业向主管税务机关书面承诺在 3 年（含 3 年）内不转让其拥有受让方非居民企业的股权；②非居民企业向与其具有 100%直接控股关系的居民企业转让其拥有的另一居民企业股权；③居民企业以其拥有的资产或股权向其 100%直接控股的非居民企业进行投资；④财政部、国家税务总局核准的其他情形。文件同时规定，在企业吸收合并中，合并后的存续企业性质及适用税收优惠的条件未发生改变的，可以继续享受合并前该企业剩余期限的税收优惠，其优惠金额按存续企业合并前一年的应纳税所得额（亏损计为零）计算。

1. 合并企业的所得税处理

1）非股权支付中涉及非货币性资产应否确认资产转让所得或损失问题。

合并业务在符合特殊性税务处理规定的条件下，虽然合并企业支付的对价85%以上为股权支付，但仍可能涉及非股权支付。应注意的是，如果非股权支付中涉及非货币性资产，仍应按税法规定确认资产的转让所得或损失。

2）接受被合并企业净资产计税基础的确定。

按照财税〔2009〕59号文件规定，合并企业接受被合并企业净资产（资产、负债）的计税基础，以被合并企业的原有计税基础确定。这里重点分析接受被合并企业资产（以下简称合并资产）计税基础的确定。在不涉及非股权支付的情况下，合并资产的计税基础应为被合并企业原来的计税基础。但在涉及非股权支付情况下，合并资产的计税基础应根据被合并企业原有计税基础调整确定。在实践中，可利用分解理论调整确定合并资产的计税基础。由于合并企业为取得合并资产付出了股权支付和非股权支付两种代价，因此可将其取得的合并资产分解为两个部分，即一部分通过股权支付方式取得，另一部分通过非股权支付方式取得。其中，通过股权支付方式取得合并资产的计税基础，依据财税〔2009〕59号文件规定应按其原来的计税基础确定。通过非股权支付方式取得的合并资产相当于按非股权支付的公允价值购入，因此应按公允价值确定其计税基础。

3）以前年度所得税事项的处理。

关于税收优惠政策的处理，财税〔2009〕59号文件规定，在企业吸收合并中，合并后的存续企业性质及适用税收优惠的条件未发生改变的，可以继续享受合并前该企业剩余期限的税收优惠，其优惠金额按存续企业合并前一年的应纳税所得额（亏损计为零）计算。依据上述规定，在税率相同的情况下，剩余年限内各年可享受的减免税额相同。

关于弥补亏损问题，财税〔2009〕59号文件只明确了符合特殊性税务处理规定条件下，被合并企业以前年度发生的亏损应如何弥补，并未明确合并企业合并前发生的尚未超过弥补期限的亏损合并后应如何弥补。本书认为，后者也应比照前者进行处理。

2. 被合并企业的所得税处理

（1）是否确认资产的转让所得或损失问题

如果合并业务符合特殊性税务处理规定的条件，则不涉及或仅涉及少量的货币资金。因此，为支持企业进行改组，财税〔2009〕59 号文件规定，被合并企业可暂不确认全部资产的转让所得或损失，但应确认非股权支付对应的转让所得或损失，具体计算公式如下：

非股权支付对应的资产转让所得或损失＝（被转让资产的公允价值－被转让资产的计税基础）×（非股权支付金额÷被转让资产的公允价值）

（2）以前年度所得税事项的处理

符合特殊性税务处理条件的合并业务，由于被合并企业暂不确认全部资产转让所得或损失，依据财税〔2009〕59 号文件的规定，被合并企业合并前的相关所得税事项由合并企业承继。

关于以前年度亏损在合并企业的弥补问题，依据财税〔2009〕59 号文件的规定，被合并企业亏损可由合并企业弥补的金额实行限额控制，具体计算公式如下：

可由合并企业弥补的被合并企业亏损的限额＝被合并企业净资产公允价值×截至合并业务发生当年年末国家发行的最长期限的国债利率

这里应注意的是，财税〔2009〕59 号文件未明确按公式计算出的限额是每年可由合并企业弥补亏损的限额，还是亏损剩余弥补期限内可由合并企业弥补亏损的合计限额。

3. 被合并企业股东的所得税处理

（1）是否确认旧股的转让所得或损失问题

符合特殊性税务处理条件的合并业务，被合并企业股东在合并中取得的多数利益为合并企业的股权，且取得的股权连续 12 个月内不得转让。如果在合并业务发生时对其确认旧股全部转让所得并征税，会造成资金困难，从而违背所得税的量能负担原则。因此，依据财税〔2009〕59 号文件规定，被合并企业股东可暂不确认旧股的转让所得或损失，但应确认非股权支付部分对应的旧股转让所得或损失。

（2）新股计税基础的确定问题

符合特殊性税务处理条件的合并业务，由于被合并企业股东暂不确认旧股的全部转让所得或损失，按照所得税对等理论，被合并企业股东不能按照公允价值确定合并企业股权（以下简称新股）的计税基础。依据财税〔2009〕59 号文件规定，应按其原持有的被合并企业股权的计税基础确定新股计税基础。具体而言，在不涉及非股权支付的情况下，新股计税基础应为旧股原计税基础；在涉及非股权支付的情况下，新股计税基础应根据旧股原计税基础调整确定。但财税〔2009〕59号文件未明确具体调整方法，在实践中通常采取以下两种调整方法。

1）依据所得税对等理论确定新股计税基础。按照财税〔2009〕59号文件规定，被合并企业股东应确定非股权支付对应的旧股转让所得或损失，按照所得税对等理论，以减少旧股为代价取得新股及非股权支付的计税基础之和，应为旧股的原计税基础加上确认的非股权支付对应的旧股转让所得或损失，即

新股计税基础＋非股权支付计税基础＝旧股原计税基础＋非股权支付对应的旧股转让所得或损失

据此即可推算出新股的计税基础（非股权支付的计税基础应按公允价值确定）。

2）利用分解理论确定新股计税基础。在涉及非股权支付的情况下，可将被合并企业股东减少的旧股分为两个部分，一部分用于换取新股，另一部分用于转让，且取得的非股权支付视为转让旧股取得的经济利益。依据财税〔2009〕59号文件规定，旧股用于换取新股的部分不确认其转让所得或损失，因此新股计税基础应为此部分旧股的原计税基础。确定新股计税基础的关键在于如何将旧股原计税基础分解为用于换取新股和用于转让两个部分。

设旧股中用于转让部分的原计税基础为 x，则有旧股公允价值/旧股原计税基础＝非股权支付/x，求得 x，则旧股中用于换取新股部分的原计税基础＝旧股原计税基础－x，此部分金额为新股的计税基础。

【案例7-2】A企业拟对B企业进行合并。已知A企业共有已发行的股票3 000万股，股票面值为1.5元/股，市场价值为4元/股；A企业近几年的经营状况较为平稳，年应纳税所得额比较稳定，估计合并后每年约为1 000万元。B企业合并前账面净资产为500万元，上年亏损50万元，以前年度无亏损，B企业经评估确认的价值为800万元。已知合并后A企业的股票面值基本不会发生变化，合并后的资产平均折旧年限为5年。A企业决定用175万股股票和100万元现金购买B企业。在该项合并业务中A企业、B企业应如何进行税务处理？

分析：该项合并的非股权支付所占价款比例为

$$100\div(175\times4+100)\times100\%=12.5\%$$

非股权支付额小于股权按票面计的15%，故符合特殊税务处理规定要求，则按规定B企业不需要缴纳企业所得税。B企业的50万元亏损可以在A企业的盈利中弥补，同时A企业接受的B企业的资产可以按其账面净值为基础确定，则：

1）A企业弥补B企业亏损后的盈利为950（1 000－50）万元。

2）每年的累计折旧为100（500÷5）万元。

3）税后利润为950×（1－25%）＋100×25%＝737.5（万元）。

其中，100×25%为多提折旧抵税增加的利润。

7.2.3 企业合并的一般性税务处理与特殊性税务处理比较

企业合并的一般性税务处理与特殊性税务处理比较如表 7-1 所示。

表 7-1 企业合并的一般性税务处理与特殊性税务处理比较

项目	一般性税务处理	特殊性税务处理
企业合并	1）合并企业应按公允价值确定接受被合并企业各项资产和负债的计税基础。 2）被合并企业及其股东都应按清算进行所得税处理。 3）被合并企业的亏损不得在合并企业结转弥补	1）合并企业接受被合并企业资产和负债的计税基础，以被合并企业的原有计税基础确定。 2）被合并企业合并前的相关所得税事项由合并企业承继。 3）可由合并企业弥补的被合并企业亏损的限额=被合并企业净资产公允价值×截至合并业务发生当年年末国家发行的最长期限的国债利率。 4）被合并企业股东取得合并企业股权的计税基础，以其原持有的被合并企业股权的计税基础确定

7.2.4 企业合并与股权收购、资产收购企业所得税处理的异同

企业合并与股权收购、资产收购的企业所得税处理都有一般性税务处理与特殊性税务处理两种方式，且适用的原理相同，计税基础确定的原理、原则相同。但企业合并与股权收购、资产收购的企业所得税处理仍存在较大差异。

1）适用特殊性税务处理的量化条件只存在于股权收购中，即股权支付是否占全部支付价款的 85%（因为整体企业合并，所以没有被收购资产或股权占原资产或股份的比例要求）。

2）因为是整体企业的合并，所以非股权支付部分对应增值也不要求在当期计算缴纳企业所得税。

3）因为是整体企业的合并，所以原企业的亏损是否可由合并后企业继续弥补就要作出相关规定。符合特殊性税务处理条件才可弥补。

4）对被合并企业允许以后弥补的亏损作出限额的规定。

第 8 章

企业分立所得税制

8.1 企业分立概述

8.1.1 企业分立的内涵

企业分立是指一家企业（以下称为被分立企业）将部分或全部资产分离转让给现存或新设的企业（以下称为分立企业），被分立企业股东换取分立企业的股权或非股权支付，实现企业的依法分立。分立给现存的企业称为存续分立，分立给新设的企业称为解散分立，企业分立实质上是资本的收缩。

值得注意的是，分立有别于投资，投资是分立出自己的子公司，而分立是分立出兄弟公司。打个比方，A 公司原 3 个股东有 1 亿元的资本，拥有一幢 5 000 万元的不动产。若 A 公司用这幢楼出资成立 B 公司，称为投资，此时 A 和 B 是母子公司关系；若以 A 公司的 3 个股东名义用这幢楼去投资，成立 B 公司，则称为分立，此时 A 和 B 是兄弟公司关系。

8.1.2 企业分立的类型

从分立的实质可以看出，被分立企业失去的是标的资产，标的资产的接受者是分立企业。被分立企业本身不会获得转让资产标的的对价，标的资产对价的接受者是被分立企业的股东。被分立企业可以继续存在，也可以不再继续存在。

1. 按企业分立后组织形式的变化分类

从大类上看，根据被分立企业分立后组织形式的变化，分为存续分立和新设分立两种类型。

（1）存续分立

存续分立（又称派生分立）是指一个公司将一部分财产或营业依法分出，成立两个或两个以上公司的行为。存续分立后，被分立企业仍存续经营，并且不改变企业名称和法人地位，同时分立企业作为另一个独立法人存在。在存续分立中，分立企业的股份由被分立企业的股东持有，原公司继续存在，原公司的债权债务可由原公司与新公司分别承担，也可按协议由原公司独立承担。新公司取得法人资格，原公司也继续保留法人资格。

在实践中，存续分立具体流程如下。

1）分立后存续公司办理变更登记，应提交下列文件、证件。

① 公司法定代表人签署的公司变更登记申请书。

② 分立各方签订的分立协议和公司股东会(或其所有者)同意分立的决议(主要写明分立出几个公司，分立的主要内容)。

③ 公司分立，应当编制资产负债表及财产清单。公司应当自作出分立决议之日起 10 日内通知债权人，并于 30 日内在报纸上公告。

④ 公司分立前的债务由分立后的公司承担连带责任。但是，公司在分立前与债权人就债务清偿达成的书面协议另有约定的除外。

⑤ 公司新一届股东会议决定（主要写明总股本及其股本构成、公司领导班子是否变化、公司章程修改、其他需变更的事项）。

⑥ 章程修正案（主要列示章程变动情况对照表）或新章程。

⑦ 由新一届股东会全体股东出具的确认书。

⑧ 公司股东（发起人）名录（A 法人）、公司股东（发起人）名录（B 自然人）、公司法定代表人履历表、公司董事会成员和经理及监事会成员情况。

⑨ 公司营业执照正副本原件及加盖发证机关档案专用章的公司章程复印件。

2）派生新设立公司办理开业登记，应提交下列文件、证件。

① 公司董事长签署的公司设立登记申请书和其他开业登记材料。

② 分立各方签订的分立协议和公司股东会(或其所有者)同意分立的决议(主要写明分立出几个分公司、分立的主要内容)。

③ 刊有公司分立内容至少一次公告的报刊。

④ 分立后存续公司原营业执照复印件（需加盖发照机关印章）。

（2）新设分立

新设分立是指一个公司将其全部财产分割，解散原公司，并分别归入两个或两个以上新公司中的行为。新设分立是将被分立企业分设成两个或两个以上的企业，被分立企业依法注销。

在新设分立中，原公司的财产按照各个新成立的公司的性质、宗旨、业务范围进行重新分配组合。同时，原公司解散，债权、债务由新设立的公司分别承受。新设分立是以原有公司的法人资格消灭为前提，成立新公司。

2. 按分立后股权结构的变化分类

按照分立后股权结构的变化，可分为让产分权式分立、让产赎权式分立、让产扩权式分立和股权分割式分立。

（1）让产分权式分立

让产分权式分立是指公司将没有法人资格的部分营业分立出去成立新公司，将新公司的股权按比例分配给被分立企业的全部股东。分立企业的股权结构与被分立企业相同。让产分权式分立示意如图 8-1 所示。

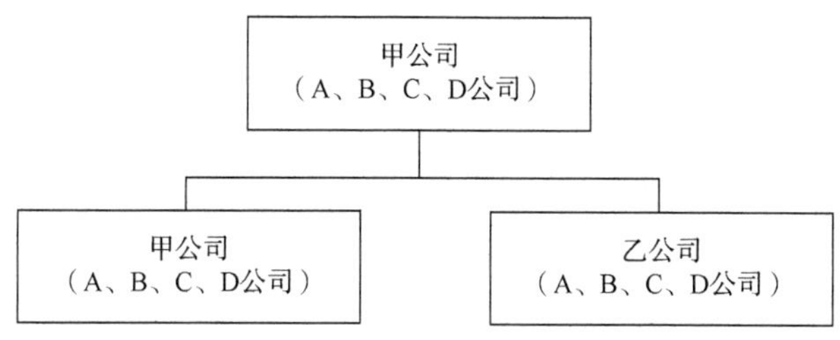

图 8-1　让产分权式分立示意

（2）让产赎权式分立

让产赎权式分立是指公司将没有法人资格的部分营业分立出去成立新公司，将新公司的股权分配给被分立企业的部分股东，换回其在被分立企业的股份，从而这部分股东不再持有被分立企业的股份。让产赎权式分立示意如图 8-2 所示。

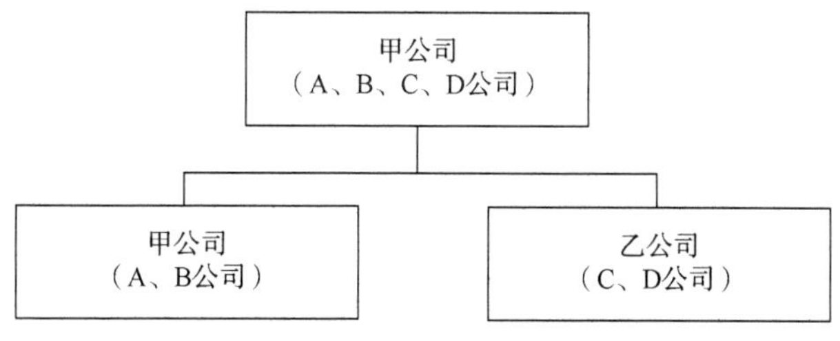

图 8-2　让产赎权式分立示意

（3）让产扩权式分立

让产扩权式分立是指公司将没有法人资格的部分营业分立出去成立新公司，新公司的股权可能是按照比例分配给被分立企业的全体股东，也可能是分配给被分立企业的部分股东，但不管是哪种形式，分立后的企业同时吸收部分新股东的投资。让产扩权式分立示意如图 8-3 所示。

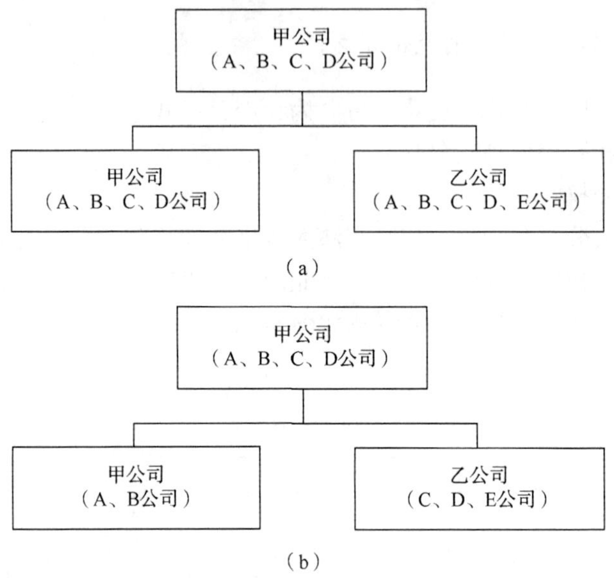

图 8-3　让产扩权式分立示意

（4）股权分割式分立

股权分割式分立是指公司分割组成两家以上的新公司。这种分立方式实质上就是新设分立（原公司解散）。表现形式也有两种：分立企业的股权结构与被分立企业相同或不同。股权分割式分立示意如图 8-4 所示。

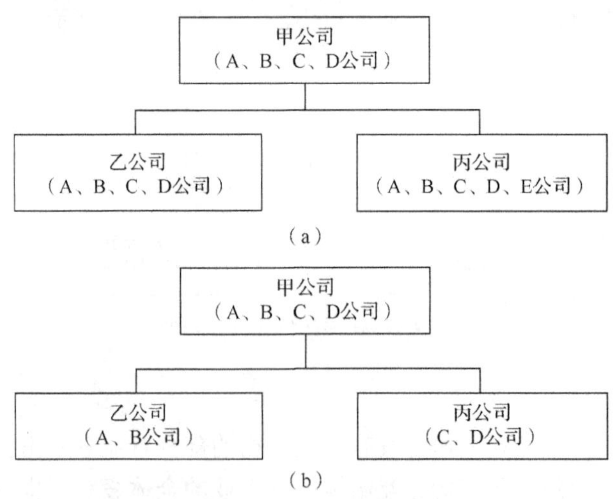

图 8-4　股权分割式分立示意

纵观以上各种分立方式，它们有一个共同的特点，即由一个法人分立为两个或两个以上的法人。

在存续分立方式下，通常采用让产分股式和让产赎股式两种技术方式。第一种方式是企业分家，股东不分家。让产分股式分立是指将部分资产分离转让出去成立新的公司或转让给现存的公司，将接受资产的子公司的股权分给被分立企业的全部股东。同时，全部股东在被分立企业的股本按比例减少，有时也可以保持不变。第二种方式是企业分家，股东也分家。让产赎股式分立是指将被分立企业部分资产分立出去成立新的子公司或现存的公司，将新公司的股权分配给被分立企业的部分股东，换回其在被分立企业的股份，从而使这部分股东在被分立企业不再保有股份。

新设分立方式下，通常采用股本分割式分立，将公司分割组成两家以上新的公司，原公司解散。股本分割可分为两种典型做法，第一种方式属于企业分家，股东不分家。被分立企业的全部股东按原持股比例同时均衡地取得全部分立企业的股权，原持有的被分立企业的股票依法注销，被分立企业依法解散。第二种方式属于企业分家，股东也分家。被分立企业的不同股东取得不同分立企业的股票，同样，被分立企业依法解散，股票依法注销。

8.2 企业分立业务的税务处理

财税〔2009〕59号文件规定，分立业务的税务处理区分不同条件分别适用一般性税务处理规定和特殊性税务处理规定。

8.2.1 一般性税务处理

企业分立业务，除符合适用特殊性税务处理规定的外，企业分立的一般性税务处理按以下原则进行（郭安清，2011）。

1）被分立企业对分立出去资产应按公允价值确认资产转让所得或损失。

2）分立企业应按公允价值确认接受资产的计税基础。

3）被分立企业继续存在时，其股东取得的对价应视同被分立企业分配进行处理。

4）被分立企业不再继续存在时，被分立企业及其股东都应按清算进行所得税处理。

5）企业分立相关企业的亏损不得相互结转弥补。

分立业务适用一般重组政策时相对简单，但需要注意下列问题：对于存续分立，被分立企业的股东取得的对价视同被分立企业分配处理。对价包括股权支付额（分立企业净资产的公允价值）和其他非股权支付额（现金、非现金资产的公允价值）。该分配额不超过被分立企业留存收益份额的部分，属于股息性所得，免征企业所得税。超过股息所得的部分，视同投资成本的回收，相应冲减旧股（存续企业）的计税基础。新股的计税基础按照分立企业净资产公允价值的份额确定。对于新设分立，被分立企业需要计算清算所得，被分立企业的股东视同转让旧股（解散企业），购买新股（分立企业）处理。取得的全部对价（分立企业净资产公允价值份额、非股权支付额的公允价值）扣除被分立企业留存收益份额和投资计税基础后的差额，确认股息所得或损失。如果留存收益为负数，按零计算。取得新股的计税基础按照公允价值确定（分立企业净资产公允价值份额）（尹磊，2010）。

【案例 8-1】甲公司现有两位股东 A 和 B，A 为自然人股东，持股 70%；B 为法人股东，持股 30%。现股东 A 和 B 准备分割甲公司财产，假如采用企业分立的形式，将甲公司分立成甲、乙两个公司，A 持股分立后甲公司 100%的股权，B 持股分立后乙公司 100%的股权。甲公司资产账面价值为 5 000 万元的固定资产，公允价值是 10 000 万元，甲公司的留存收益是 1 000 万元，甲公司将资产的 30%（该部分账面价值 1 500 万元，公允价值 3 000 万元）分立出去，成立乙公司，那么企业分立图如图 8-5 所示。

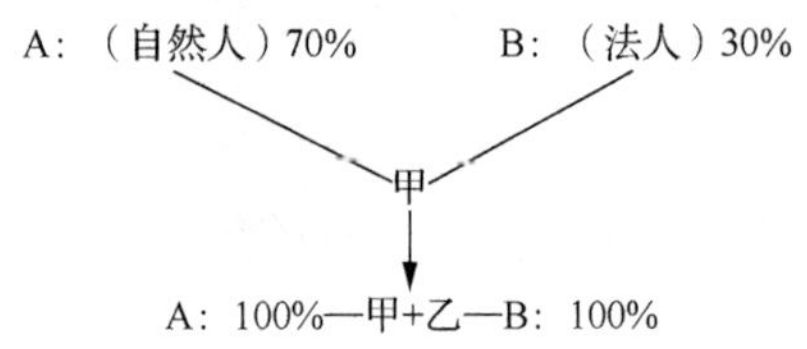

图 8-5　案例 8-1 企业分立图

在该项分立业务中涉及的各方应如何进行所得税处理？

分析：本案例在具体技术处理上属于让产赎权式分立方式，适用企业分立的一般性税务处理。

（1）甲公司企业所得税处理

本案例适用企业分立的一般性税务处理，根据财税〔2009〕59 号文件第四条第五项第一款："被分立企业对分立出去资产应按公允价值确认资产转让所得或损失。"所以，甲公司向乙公司分立部分资产，视为按公允价值向乙公司转让被分立资产，甲应当确认资产转让所得，缴纳企业所得税。

甲公司应认定的资产转让所得＝3 000－1 500＝1 500（万元）

甲公司应纳的企业所得税＝1 500×25%＝375（万元）

（2）乙公司企业所得税处理

乙公司在分立环节不涉及企业所得税的缴纳，但乙公司得到的资产对其后续企业所得税缴纳将产生影响。根据财税〔2009〕59 号文件第四条第五项第二款：“分立企业应按公允价值确认接受资产的计税基础。”乙公司在以后年度计算企业所得税时，以接受的固定资产的公允价值 3 000 万元确认计税基础，在以后年度可按 3 000 万元计提折旧，扣减应纳税所得额。

（3）股东 B 的企业所得税处理

根据财税〔2009〕59 号文件第四条第五项第三款：“被分立企业继续存在时，其股东取得的对价应视同被分立企业分配进行处理。”因此，此时应视为甲公司向股东 B 分配了财产，股东 B 作为公司法人需要缴纳企业所得税。

可将甲公司分立成立乙公司的行为视为 3 个步骤。

1）甲公司出售了 3 000 万元的资产，获得了 3 000 万元的资金。

2）甲公司以 3 000 万元资金回购了股东 B 的股权（视同甲公司分配给股东 B 3 000 万元进行处理）。

3）股东 B 以 3 000 万元资金出资购买了 3 000 万元的资产，并以 3 000 万元的资产成立了乙公司。

在上述过程中，股东 B 在 2）中产生纳税义务，按照财税〔2009〕59 号文件的规定，应视为股东 B 取得了甲公司分配的 3 000 万元现金，计算缴纳企业所得税：首先计算股东 B 在甲公司中享有的留存收益份额，视为股息分配所得，这部分免征企业所得税；其次，超过部分等于投资成本回收，超过投资成本部分视为股权转让所得，即

① 甲公司的留存收益共 1 000 万元，股东 B 享有 1 000×30%＝300（万元），这 300 万元为股东 B 的股息、红利所得，根据《企业所得税法》第二十六条第（二）款、《企业所得税法实施条例》第八十三条，免征企业所得税。

② 股东 B 收到的甲公司分配的 3 000 万元中应扣除上述 300 万元的股息分配所得，剩余部分 2 700 万元视为股东 B 的投资成本回收，股东 B 的投资成本为 1 500 万元，则股东 B 的资本利得＝2 700－1 500＝1 200（万元）；应缴纳的企业所得税＝1 200×25%＝ 300（万元）。

8.2.2 特殊性税务处理

1. 企业分立业务适用特殊性税务处理需满足的条件

企业分立业务适用特殊性税务处理应同时满足以下基本条件。

1）具有合理的商业目的，且不以减少、免除或者推迟缴纳税款为主要目的。

2）企业分立后的连续 12 个月内不改变重组资产原来的实质性经营活动。

3）企业分立中取得股权支付的原主要股东，在重组后连续 12 个月内，不得转让所取得的股权。

2. 企业分立业务特殊性税务处理方法

企业分立符合上述基本条件，被分立企业所有股东按原持股比例取得分立企业的股权，分立企业和被分立企业均不改变原来的实质经营活动，且被分立企业股东在该企业分立发生时取得的股权支付金额不低于其交易支付总额的 85%，可以选择按下列方法进行税务处理。

1）分立企业接受被分立企业资产和负债的计税基础，以被分立企业的原有计税基础确定。

2）被分立企业已分立出去资产相应的所得税事项由分立企业承继。

3）被分立企业未超过法定弥补期限的亏损额，可按分立资产占全部资产的比例进行分配，由分立企业继续弥补。

4）被分立企业的股东取得分立企业的股权（简称新股），如需部分或全部放弃原持有的被分立企业的股权（简称旧股），新股的计税基础应以放弃旧股的计税基础确定。如不需要放弃旧股，则其取得新股的计税基础可从以下两种方法中确定：一是直接将新股的计税基础确定为零；二是以被分立企业分立出去的净资产占被分立企业全部净资产的比例，先调减原持有旧股的计税基础，再将调减的计税基础平均分配到新股上。

5）特殊重组交易中，股权支付暂不确认有关资产的转让所得或损失的，其非股权支付仍应在交易当期确认相应的资产转让所得或损失，并调整相应资产的计税基础。

由此可见，特殊重组除需满足合理的商业目的、经营连续、权益连续 3 个条件外，还要求分立企业的股权结构与被分立企业相同、股权支付额达到整体交易支付总额的 85%。在分立重组业务中，通常很少出现被分立企业的股东取得非股权支付额的情形，因此，一般均符合特殊重组的条件（武娟，2010）。

这里需要注意的是，存续分立中的交易支付总额是指所剥离的净资产（资产－负债）的公允价值，包括股权支付额和非股权支付额。其中，股权支付额是指被分立企业的股东持有分立企业股权的公允价值；非股权支付额是指被分立企业的股东从被分立企业直接取得的现金和非现金资产的公允价值。新设分立（解散分立）中的交易支付总额实际上是被分立企业净资产的公允价值，其中股权支付额是指被分立企业的股东持有各个分立企业股权的公允价值。被分立企业的股东取得的除股权支付额之外的现金和非现金资产为非股权支付额。

【案例 8-2】甲企业由 A 企业和 B 企业投资组建，注册资本 1 000 万元（A 企业出资 700 万元、B 企业出资 300 万元，股权比例分别为 70%、30%）。分立基准日，资产负债表显示资产总额 3 000 万元（公允价值为 3 800 万元）、负债 2 000 万元（公允价值为 2 000 万元）、净资产 1 000 万元（公允价值为 1 800 万元）。甲企业将 1 200 万元资产（公允价值为 1 400 万元）、负债 300 万元（公允价值为 300 万元）剥离成立乙企业，即甲企业将所剥离的净资产支付给 A 企业和 B 企业，再由 A 企业和 B 企业出资成立乙企业。假设 A 企业和 B 企业将所取得的净资产（资产、负债）全部用于成立乙企业，从而持有乙企业股权，分立各方应如何进行税务处理？

分析：甲企业将所剥离的净资产全部用于设立乙企业，从而持有乙企业股权，说明股权支付额占整体交易总额的比例为 100%，可适用特殊性税务处理办法。

乙企业账面反映的资产总额为 1 400 万元、负债为 300 万元，实收资本 1 105 万元（$3\,000 \div 3\,800 = x \div 1\,400$，$x \approx 1\,105$），A 企业和 B 企业的股权比例仍分别为 70%、30%。实收资本以不低于《公司法》要求的最低金额为限，具体金额由股东确定，差额部分作为资本溢价处理。假设实收资本确定为 500 万元，资本溢价为 605 万元。

1）甲企业所剥离的资产不确认资产转让所得，相应地乙企业取得资产的计税基础只能在原有计税基础上确定。

2）甲企业以前年度的亏损（应纳税所得额）可以按照分立资产（公允价值）占分立前总资产（公允价值）的比例划分，由分立企业和被分立企业在剩余的年限内继续弥补。

3）A 企业和 B 企业不视同转让旧股，购买新股处理。新股和旧股的计税基础按下列方法确定：如果甲企业股本减少（剥离出去的净资产，依次冲减未分配利润、盈余公积、资本公积、实收资本），则将减少的股本作为股东 A、B 对乙企业投资的计税基础。如果甲企业股本不变，则股东 A、B 对乙企业投资的计税基础为零，或者按下列方法确定新股和旧股的计税基础：

A 企业持有新股的计税基础＝剥离净资产÷总净资产×旧股计税基础

＝1 100÷1 800×700≈427.78（万元）

调整后 A 企业持有旧股的计税基础＝700－427.78＝272.22（万元）

B 企业持有新股的计税基础＝剥离净资产÷总净资产×旧股计税基础

＝1 100÷1 800×300≈183.33（万元）

调整后 B 企业持有旧股的计税基础＝300－183.33＝116.67（万元）

【案例 8-3】接案例 8-2 的资料。如果 A 企业和 B 企业将所取得资产中的现金 100 万元留下（A 企业 70 万元、B 企业 30 万元），其余资产、负债用于成立乙企业，则留下的现金为非股权支付额，A 企业和 B 企业持有乙企业的股权的公允价值为股权支付额，则分立各方又将如何进行税务处理？

分析：首先确定股权支付额占整体交易总额的比例，从而判定是否适用特殊性税务处理规定。

股权支付额占交易总额比例＝股权支付额÷交易总额×100%

＝乙企业净资产公允价值÷剥离净资产公允价值×100%

＝1 000÷1 100×100%

≈90.91%

90.91%＞85%，仍然符合特殊重组的条件。

1）A 企业和 B 企业不视同转让旧股，购买新股处理，但必须确认非股权支付额所对应的应纳税所得额。

A 企业应确认非股权支付对应的股权转让所得

＝（被剥离资产的公允价值－被剥离资产的计税基础）

×（非股权支付金额÷被转让资产的公允价值）

＝（1 400－1 200）×（70÷1 100）≈12.73（万元）

或

＝（1 100－900）×（70÷1 100）≈12.73（万元）

B 企业应确认非股权支付对应的股权转让所得＝（1 400－1 200）×（30÷1 100）

≈5.45（万元）

或

＝（1 100－900）×（30÷1 100）≈5.45（万元）

2）新股和旧股的计税基础按下列方法确定。

如果甲企业股本减少 300 万元（其中 A 减少 210 万元、B 减少 90 万元），则：

A 企业持有旧股的计税基础＝旧股原计税基础－放弃旧股计税基础

＝700－210＝490（万元）

A 企业持有新股的计税基础＝放弃旧股计税基础－收到的非股权支付额

＋非股权支付额所对应的股权转让所得

＝210－70＋12.73＝152.73（万元）

同理

B 企业持有旧股权的计税基础＝300－90＝210（万元）

B 企业持有新股的计税基础＝90－30＋5.45＝65.45（万元）

如果甲企业股本不变，则 A 企业和 B 企业持有旧股的计税基础按照原计税基础确定，分别是 700 万元、300 万元。由于 A 企业和 B 企业持有新股的计税基础不可能为负数，因此应按下列方法调整确定：

A 企业持有旧股的计税基础应调减数＝1 100÷1 800×700≈427.78（万元）

调整后

A 企业持有旧股的计税基础＝700－427.78＝272.22（万元）

A 企业持有新股的计税基础＝旧股计税基础调减数－收到的非股权支付额
＋非股权支付额所对应的股权转让所得
＝427.78－70＋12.73＝370.51（万元）

同理

B 企业持有旧股的计税基础＝300－183.33＝116.67（万元）

B 企业持有新股的计税基础＝183.33－30＋5.45＝158.78（万元）

调整后

B 企业持有旧股的计税基础应调减数＝1 100÷1 800×300＝183.33（万元）

第9章 企业重组过程中特殊事项税务处理

9.1 清　　算

目前，我国公司法律制定是以《公司法》为基本法，以《中华人民共和国证券法》（以下简称《证券法》）等为特别法并辅以相关行政法规、规章为一体化的法律体系。《公司法》是规定公司法律制度的根本性法律规范的总和，其对公司清算内涵的表述概括起来包括以下方面（翟继光，2009）。

1）公司面临终止的情况主要有解散和破产两种。解散又分为自愿解散和强制解散；清算可以分为普通清算和破产清算两种。

2）负有清算义务的主体是指基于自己对公司的资产享有权益或者基于对公司的重大管理权限而被法律确定为公司在终止事由出现时组织公司清算的义务主体，它是清算的实施主体。该主体有别于清算组，清算组是清算主体在组织清算时，任命或者选定具体操作公司清算事宜的临时性组织。

3）公司清算的内容：按照法律规定的方式、程序对公司的资产、负债、股东权益等公司的状况作全面的清理、处分和分配；主要查清公司的债权、债务，并分析债权、债务的性质及收回和清偿的合理性依据，以回收债权，清偿债务，安置公司的职工，向股东分配剩余财产。

4）公司清算的目的在于终止公司法人资格，清理公司债权债务，结束公司内外一切法律关系的系列法律行为。

企业在重组过程中，出现以下情形时需要进行清算。一是企业由法人转变为个人独资企业、合伙企业等非法人组织，或将登记注册地转移至中华人民共和国境外（包括港澳台地区），应视同企业进行清算、分配，股东重新投资成立新企业。二是企业合并时，对于吸收合并，被合并企业及其股东都应按清算进行所得税处理。三是企业分立，被分立企业不再继续存在时，被分立企业及其股东都应按清算进行所得税处理。

9.1.1 企业清算所得税处理的基本原则

企业清算原则上应当将清算期间作为一个独立的纳税年度，就企业清算期间的所得计算缴纳企业所得税。

《企业所得税法》第五十三条规定，企业依法清算时，应当以清算期间作为一个纳税年度。第五十五条规定，企业在年度中间终止经营活动的，应当自实际经营终止之日起六十日内，向税务机关办理当期企业所得税汇算清缴。企业应当在办理注销登记前，就其清算所得向税务机关申报并依法缴纳企业所得税。

9.1.2 清算所得的注意事项

企业重组过程中发生清算应注意以下事项（李德吉，2010）。

1）企业清算期间终止持续经营原则。

持续经营是会计的基本假设之一，企业会计确认、计量和报告都是以持续经营为前提的。由于税法对应纳税所得额的计算，总体是建立在会计利润加减纳税调整额的基础上的（企业所得税纳税申报表中有完整的体现），即会计的基本假设在税法上也是大体遵循的，只不过在某些方面存在差异。企业清算期间已不是企业正常的生产经营期间，不再适用正常的核算原则，因而会计核算及应纳税所得额的计算将终止遵循持续经营原则。

2）清算环节的资产所隐含的增值或损失一律视同实现。

清算是企业解散前的最后一道环节。一般来说，清算过程完成后，企业作为一个会计主体和纳税主体的资格随之消亡。我国目前对企业所得税和个人所得税是分别立法的，尚未实行所得税的一体化，法律承认企业的独立纳税人资格，因而需要在企业将剩余财产分配给股东前，就清算所得缴纳企业所得税。这也是在企业层面对企业资产隐含增值行使征税权的最后环节。企业清算期间的资产无论是否实际处置，一律视同销售，确认增值或损失。

3）清算期间企业各项资产增值或损失的确认，应按其可变现净值或公允价值计算。

清算期间，企业实际处置资产时按正常交易价格取得的收入可视为资产的公允价值，而那些尚未处置的资产，则应按照其可变现净值来确认资产的增值或损失。根据《企业会计准则——基本准则》第四十二条第三款，在可变现净值计量下资产按照其正常对外销售所能收到现金或者现金等价物的金额扣减该资产至完工时估计将要发生的成本、估计的销售费用以及相关税费后的金额计量。

4）清算所得不适用《企业所得税法》所规定的税收优惠政策。

《企业所得税法》第二十五条规定，国家对重点扶持和鼓励发展的产业和项目，给予企业所得税优惠。企业清算期间，正常的产业和项目运营一般已停止，企业所得已是非正常的生产经营所得，企业所得税优惠政策的适用对象已不存在。因而，企业应就清算所得按税法规定的基本税率（25%）缴纳企业所得税，不得享受其他任何优惠税率。

5）取消独立纳税人资格的企业清算。

除免税重组外，依照法律法规、章程协议终止经营或应税重组中取消独立纳税人资格的企业，均应按照国家有关规定进行清算，并就清算所得计算缴纳企业所得税。

9.1.3 清算所得的具体确定

《企业所得税法实施条例》第十一条规定："企业所得税法第五十五条所称清算所得是指企业的全部资产可变现价值或者交易价格减除资产净值、清算费用以及相关税费等后的余额。"为便于更好地理解和操作，本书可以将《企业所得税法》规定的清算所得理解为企业的全部资产可变现价值或交易价格减除资产的计税基础、清算费用、相关税费等，再加上债务清偿损益等后的余额。清算所得的计算公式如下：

清算所得＝全部资产的可变现价值或交易价格－各项资产的计税基础
－清算费用－相关税费＋债务清偿损益

1）企业的全部资产，包括货币资金、实物资产、投资资产、应收款项、无形资产和递延资产等。企业在清算期间，全部资产必须以可变现价值和交易价格来衡量。

2）资产的计税基础，是指企业收回资产账面价值过程中，计算应纳税所得额时按照税法规定可以自应税经济利益中抵扣的金额，可能与资产的账面价值一致，也可能不一致。

3）清算费用，是指企业在清算期间支付的职工生产费，财产管理、变卖和分配所需费用，资产评估费及诉讼费等。

4）相关税费，是指企业清算过程中新产生的计入成本费用的、除企业所得税以外的税费。

5）债务清偿损益，是指企业清算期间在清偿债务时所发生的收益和损失的合计。一般情况下，对于因债权人原因确实无法归还的债务应转作收入，增加清算所得。

9.1.4 清算所得应纳所得税额的确定

企业应该就其清算期间形成的清算所得按企业所得税的基本税率计算缴纳企业所得税，计算公式如下：

清算所得应纳所得税额＝清算所得×基本税率（25%）

企业在计算出清算所得应纳所得税额后，应按照税法的规定，以清算期间为一个纳税年度，在办理工商注销登记之前，向税务机关办理所得税申报。

9.1.5 被清算企业股东分回剩余财产的所得税处理

公司财产在分别支付清算费用、职工工资、社会保险费用和法定补偿金，缴纳所欠税款，清偿公司债务后的剩余财产后，有限责任公司按照股东的出资比例分配，股份有限公司按照股东持有的股份比例分配。在税法意义上，企业清算后可以向所有者分配的剩余资产，是指企业全部资产的可变现价值或交易价格减除清算费用、职工工资、社会保险费用和法定补偿金等，结清税款，清偿公司债务后的剩余财产。用公式表示为

剩余财产＝全部资产的可变现价值或交易价格－清算费用－职工的工资、社会保险费用和法定补偿金等－未结清税费－其他公司债务

未结清税费＝清算前未交税费＋清算过程中产生的除企业所得税以外的相关税费＋清算所得应纳所得税税额

假如被清算企业的股东是居民企业，从各国通常的做法来看，股东从被清算企业分回的剩余财产的所得税处理方式有 3 种：第一种是全额作为股息处理，代表国家有澳大利亚、比利时、丹麦、法国、德国、意大利、西班牙、荷兰等；第二种是全额作为资本利得处理，代表国家有英国、美国等；第三种是部分作为股息、部分作为资本利得处理，代表国家有加拿大、日本、阿根廷等。从《中华人民共和国个人所得税法实施条例》可以看出，我国对企业股东取得剩余财产的处理与上述第三种方法相似，即企业从被清算企业分得的剩余资产，其中相当于被清算企业累计未分配利润或累计盈余公积中按投资（或持股）比例应当分得的部分，应确认为股息所得；剩余资产减除上述股息所得后的余额，超过或低于投资成本的部分，应确认为投资资产转让所得或损失。

9.2 关联交易

近年来，企业重组活动风起云涌，大企业集团纷纷设立子公司以不断提升自

身竞争力。企业集团的兴起使关联企业之间的交易越来越多，交易金额越来越大，但关联交易是一把“双刃剑”。一方面，企业通过关联交易，可以降低交易成本，提高企业效益和盈利能力，扩大经营规模，提高企业的市场竞争能力；通过企业集团内部适当的交易安排，有利于实现企业集团利润的最大化，提高其整体的市场竞争力，从而实现企业集团整体战略目标。另一方面，现实中大量不公平、不合法关联交易的存在，对正常的市场经济行为产生了诸多不利影响。有的上市公司利用关联交易操纵公司利润，粉饰会计报表以达到特定经营目的；有的控股公司利用上市公司融资套现，募股后通过关联交易将资金转移出上市公司，使上市公司资产不当减少，侵害债权人利益，破坏交易安全；有的上市公司存在大量的关联交易，过分倚重关联企业的扶持，使上市公司的经营丧失了市场独立性，也不利于公司的长远发展；有的上市公司通过关联交易，在一定程度上垄断市场。更为严重的是，如果任由不公平关联交易滋生、蔓延，势必会打击投资者的信心，破坏公平竞争，扰乱正常市场秩序。因此，有必要对上市公司的关联交易进行限制。

9.2.1 关联交易与关联方

关联交易是指公司或附属公司与在本公司直接或间接占有权益、存在利害关系的关联方之间所进行的交易。关联方包括自然人和法人，主要是指上市公司的发起人、主要股东、董事、监事、高级行政管理人员，以及其家属和上述各方所控股的公司。

关联交易的表现形式多种多样，理解“交易”概念的内涵与外延，是正确认识关联交易的前提。根据各国证券监管的规定，是否为关联方，应视控制或重大影响的存在与否而定。控制是指一方能够直接决定另一方的经济资源的处置；重大影响是指一方具有处置另一方经济资源的间接能力。判断关联关系是否存在，应取决于关系的实质，而不仅仅是法律形式。所以，界定关联方的范围很重要。

基于不同的视角，关联方认定标准有所不同。

1. 会计上对关联方的认定

根据《企业会计准则第 36 号——关联方披露》的规定，一方控制、共同控制另一方或对另一方施加重大影响，以及两方或两方以上同受一方控制、共同控制或重大影响的，构成关联方。

控制，是指有权决定企业的财务和经营政策，并能据以从该企业的经营活动中获取利益。重大影响，是指对一个企业的财务和经营政策有参与决策的权力但并不能够控制或者与其他方一起共同控制这些政策的制定。参与决策的途径主要包括：在董事会或类似的权力机构中派有代表，参与政策的制定过程，互相交换管理人员等。凡以上关联方之间发生转移资源或义务的事项，不论是否收取价款，均被视为关联交易。通常以下各方构成企业的关联方。

1）该企业的母公司。

2）该企业的子公司。

3）与该企业受同一母公司控制的其他企业。

4）对该企业实施共同控制的投资方。

5）对该企业施加重大影响的投资方。

6）该企业的合营企业。

7）该企业的联营企业。

8）该企业的主要投资者个人及与其关系密切的家庭成员。主要投资者个人，是指能够控制、共同控制一个企业或者对一个企业施加重大影响的个人投资者。

9）该企业或其母公司的关键管理人员及与其关系密切的家庭成员。关键管理人员，是指有权力并负责计划、指挥和控制企业活动的人员。与主要投资者个人或关键管理人员关系密切的家庭成员，是指在处理与企业的交易时可能影响该个人或受该个人影响的家庭成员。

10）该企业主要投资者个人、关键管理人员或与其关系密切的家庭成员控制、共同控制或施加重大影响的其他企业。

2. 税法对关联方的认定

《企业所得税法实施条例》第一百零九条规定："企业所得税法第四十一条所称关联方，是指与企业有下列关联关系之一的企业、其他组织或者个人：

（一）在资金、经营、购销等方面存在直接或者间接的拥有或者控制关系。

（二）直接或者间接地同为第三者控制。

（三）在利益上具有相关联的关系。"

从上述关系具体来看，企业与另一公司、企业和其他经济组织（以下统称另一企业）有下列之一关系的，即构成关联企业。

1）相互间直接或间接持有其中一方的股份总和达到25%或以上的。

2）直接或间接同为第三者所拥有或控制股份达到25%或以上的。

3）企业与另一企业之间借贷资金占企业自有资金50%或以上，或企业借贷资金总额的10%或以上是由另一企业担保的。

4）企业的董事或经理等高级管理人员一半以上或有一名以上（含一名）常务董事是由另一企业所委派的。

5）企业的生产经营活动必须由另一企业提供的特许权利（包括工业产权、专业技术等）才能正常进行的。

6）企业生产经营购进的原材料、零部件等（包括价格及交易条件等）是由另一企业所供应并控制的。

7）企业生产的产品或商品的销售（包括价格及交易条件等）是由另一企业所控制的。

8）对企业生产经营、交易具有实际控制或在利益上具有相关联的其他关系，包括家族、亲属关系等。

从内容实质来看，两者基本一致。只是会计上更注重“实质重于形式”原则，只要企业有可能对另一企业施加重大影响，它们就构成关联方关系。

9.2.2 关联交易的种类

在经济活动中存在着各种各样的关联方关系，也经常发生多种多样的关联方交易。

1. 按关联交易的性质来划分

（1）公平公正的关联交易与不公平、不公正的关联交易

判断一项关联交易是否公平合理的标准是考察一项关联交易对上市公司来说是否公平合理。因为关联方都有自利动机，在交易过程中，有的关联方会滥用对上市公司的控制权或影响力，不按等价有偿的原则向公司支付对价，从而损害了公司及中小股东、债权人等利益相关者的合法权益。因此，判断一项关联交易是否公平合理，就要看关联交易是否遵循了市场竞争原则，是否符合正常或一般的商业惯例。

（2）零星的关联交易、普通的关联交易和重大的关联交易

这种分类其意义在于区分，哪些关联交易需要上市公司即时披露；哪些无须披露；哪些关联交易需要上市公司董事会批准；哪些需要股东大会批准。

（3）真实的关联交易与虚假的关联交易

判断关联交易真实与虚假的标准，一看是否有真实的交易动机；二看交易是否符合商业常规。

2. 会计上对关联交易的划分

（1）购买或销售商品

购买或销售商品是关联交易中最常见的交易事项。实践中，企业集团成员之

间通过预先内部适当的交易安排相互购买或销售商品，从而形成关联交易。这种交易将市场交易转变为企业集团的内部交易，可以节约交易成本，减少交易过程中的不确定性，确保供给和需求，并能在一定程度上保证产品的质量和标准化，有利于实现企业集团利润的最大化，提高整体的市场竞争能力。

（2）购买其他资产

企业集团成员之间购买或销售商品以外的其他资产，是关联交易的主要形式。例如，母公司销售给其子公司的设备或建筑物等。

（3）提供或接受劳务

企业集团成员之间相互提供或接受劳务，也是关联交易的主要形式。企业外部的报表使用者，需要了解这种提供或接受劳务的定价标准，以及关联方之间是否在正常的交易情况下进行。在附注中披露这类关联交易的有关情况，为报表使用者分析企业集团的财务状况和经营成果提供依据。

（4）担保

1）保证。保证是指保证人和债权人约定，当债务人不履行债务时，由保证人按照约定履行主合同的义务或者承担责任的行为。

2）抵押。抵押是指债务人或者第三人不转移抵押财产的占有，将抵押财产作为债权的担保。当债务人不履行债务时，债权人有权依照《民法典》的规定以抵押财产折价或者以拍卖、变卖该财产的价款优先受偿。

3）质押。质押是指债务人或者第三人将其动产移交债权人占有，或者将其财产权利交由债权人控制，将该动产或者财产权利作为债权的担保。债务人不履行债务时，债权人有权依照《民法典》的规定以该动产或者财产权利折价，或者以拍卖、变卖该动产或者财产权利的价款优先受偿。

4）留置。留置是指在保管合同、运输合同、加工承揽合同中，债权人依照合同约定占有债务人的动产，债务人不按照合同约定的期限履行债务的，债权人有权依照《民法典》规定留置该财产，以该财产折价或者以拍卖、变卖该财产的价款优先受偿。

5）定金。定金是指合同当事人一方为了担保合同的履行，预先支付另一方一定数额的金钱的行为。债务人履行债务后，定金应当抵作价款或者收回。给付定金的一方不履行合同约定的债务的，无权收回定金；收受定金的一方不履行合同约定的债务的，应当双倍返还定金。

上述担保方式中，留置是法定担保方式，即债权人依照法律规定行使留置权，无须当事人之间约定。其他 4 种担保方式需由当事人之间约定，是协议的担保方式。

关联企业之间相互提供担保，能有效解决企业的资金问题，有利于经营活动的有效开展，但也形成了或有负债，增加了担保企业的财务风险，有可能因此引发经济纠纷。因此，在附注中披露关联方相互之间担保的相关信息，对于分析判断企业的财务状况是非常有用的。

（5）提供资金

企业集团成员之间提供资金包括以现金或实物形式提供的贷款或股权投资。

（6）租赁

租赁通常包括经营租赁和融资租赁等。关联方之间的租赁合同也是主要的交易事项。

（7）代理

企业集团成员之间依据合同条款，一方为另一方代理某些事务的行为。

（8）研究与开发转移

存在关联方关系时，有时企业集团成员中的某一企业所研究与开发的项目会由于另一方的要求而放弃或转移给其他企业。

（9）许可协议

当存在关联方关系时，关联方之间可能达成某种协议，允许一方使用另一方的商标等，从而形成关联方交易。

（10）代表企业或由企业代表另一方进行债务结算

这也是关联方企业之间比较普遍存在的一种关联交易形式。例如，母公司为子公司支付广告费用，或者为子公司偿还已逾期的长期借款等。

（11）关键管理人员薪酬

企业集团成员支付给关键管理人员（如董事长、总经理等）的薪酬也是一种主要的关联交易形式。因为企业关键管理人员之间构成了关联方关系。

9.2.3 对关联交易的规制

关联交易在市场经济条件下普遍存在，但它与市场经济的基本原则往往相悖。按照市场经济原则，企业之间的一切交易都应该在市场竞争的原则下进行。在关联交易中，由于交易双方存在各种各样的关联关系，交易往往不是在完全公开竞争的条件下进行的，如关联方之间在定价过程中具有一定程度的灵活性，公司的控股股东、实际控制人或影响者可能利用关联交易转让定价，从而达到转移利益的目的。关联交易可能客观上给企业带来或好或坏的影响。从有利的方面讲，交易双方因存在关联关系，可以节约大量商业谈判等方面的交易成本，并可运用行政的力量保证商业合同的优先执行，从而提高交易效率。从不利的方面讲，由于关联交易方可以运用行政力量操控交易，从而有可能使交易的价格、方式等在非竞争的条件下出现不公正情况，形成对股东或部分股东的利益侵犯。

正是由于关联交易的普遍存在，以及它对企业经营状况有着重要影响，因而全面规范关联交易及其信息披露便成为保障关联交易公平与公正的关键。关联交易信息披露的根本目的是使之具备等同于无关联交易的公开与公平性质，确保关联方没有获得在无关联状态下无法获得的不当利益，以确保该项交易对公司及股东是公平和合理的。同时，为投资者对该项交易行使表决权提供信息基础，使投资者在了解关联交易真实内容的基础上作出投资决策。我国十分重视关联交易的披露，通过制定相关法律法规对关联交易的信息披露加以规制。

1. 会计准则对关联方信息披露的规制

《企业会计准则第36号——关联方披露》对有关关联方关系及关联交易的定义与信息披露等，都作了详细规定。针对关联方信息披露规定，企业无论是否发生关联方交易，均应当在报表附注中披露与母公司和子公司有关的信息。

1）母公司和子公司的名称。母公司不是该企业最终控制方的，还应当披露最终控制方名称。

母公司和最终控制方均不对外提供财务报表的，还应当披露母公司之上与其最相近的对外提供财务报表的母公司名称。

2）母公司和子公司的业务性质、注册地、注册资本（或实收资本、股本）及其变化。

3）母公司对该企业或者该企业对子公司的持股比例和表决权比例。

同时，企业与关联方发生关联方交易的，应当在附注中披露该关联方关系的性质、交易类型及交易要素。交易要素至少应当包括：①交易的金额；②未结算项目的金额、条款和条件，以及有关提供或取得担保的信息；③未结算应收项目的坏账准备金额；④定价政策。

此外，关联交易还应当分别就关联方及交易类型予以披露。类型相似的关联方交易，在不影响财务报表阅读者正确理解关联交易对财务报表影响的情况下，可以合并披露。企业只有在提供确凿证据的情况下，才能披露关联方交易是公平交易。

2.《公司法》对关联交易的规制

(1)《公司法》对关联交易及相关规避的规定

《公司法》对关联交易及其相关规避作出严格的规定。具体表现在以下几个方面。

1）不正当关联交易的禁止。《公司法》第二十一条规定：“公司的控股股东、实际控制人、董事、监事、高级管理人员不得利用其关联关系损害公司利益。”这一修改成为《公司法》的一个亮点，是首次对公司关联交易进行规制。这一强制性规定体现了法律对关联交易的基本态度，即对不公正关联交易给予禁止，这是在充分衡量关联交易可能存在的合理性与危害性后，特别是我国当前不公正关联交易日渐增多的情况下，做出的一种切合实际的制度选择。

2）表决权的回避。《公司法》第一百二十四条规定：“上市公司董事与董事会会议决议事项所涉及的企业有关联关系的，不得对该项决议行使表决权，也不得代理其他董事行使表决权。该董事会会议由过半数的无关联关系董事出席即可举行，董事会会议所作决议须经无关联关系董事过半数通过。出席董事会的无关联关系董事人数不足三人的，应将该事项提交上市公司股东大会审议。”

3）自我交易的限制。《公司法》第一百四十八条规定了董事、高级管理人员自我交易的限制。

4）对关联关系的基本界定。《公司法》第二百一十六条对关联关系进行了基本界定：“关联关系，是指公司控股股东、实际控制人、董事、监事、高级管理人员与其直接或者间接控制的企业之间的关系，以及可能导致公司利益转移的其他关系。但是，国家控股的企业之间不仅因为同受国家控股而具有关联关系。”

但也应该看到，目前《公司法》对关联交易的规则，仍有许多不尽完善之处，且缺乏有效的操作性，如对关联交易的主体范围规制不足，如董事利用家人、朋友即“影子董事”与公司进行的交易未纳入关联人范围，在认定时就比较困难；表决回避制度并未成为广泛规定，而是仅限于上市公司关联董事，尤其对于如何证实违法关联交易及判断关联交易的公平性尚未规定统一且具操作性的标准。《公司法》对转投资（公司通过向其他公司投资而成为其他公司股东的行为）的限制放松了，取消了“公司对外投资不得超过净资产的50%”的限制，这势必导致大量的空壳工具公司和关联企业集团的出现，极易引起资本空洞化及造成资本虚增假象。因此，如何健全和完善公司法，规制关联关系仍是《公司法》有待解决的问题。

（2）《公司法》规制关联交易的方法

1）完善公司治理结构。不正当关联交易产生的深刻根源在于公司治理机制，因此，规制关联交易的根本性措施要从优化公司治理结构着手。一是完善公司治理结构，必须以投资主体多元化为前提。对企业来说，实现投资主体多元化的途径主要如下：通过债权转股权等方式形成多元股东；吸收各地方实体和战略投资者投资作为股东；在企业并购过程中，通过多种方式实现投资主体多元化；通过境内外上市、中外合资、法人相互持股，实现投资主体多元化。二是建立健全董事会制度。健全董事会制度，促使董事勤勉敬业，恪尽职守，充分发挥董事会的应有功能，是完善公司法人治理结构的核心。建立集体决策、个人负责及责任追究机制，保证董事会对股东负责，建立符合现代企业制度要求的董事选聘、考评、奖惩制度；建立外部董事制度，独立制定有关公司首席执行官的业绩标准和薪酬计划，并据此对首席执行官的业绩进行定期考核；建立董事会的自我评价体系，提高董事会运作的有效性，强化董事会的战略管理功能与责任；限制大股东的投票权，以及加强对股东知情权的保护，加强股东、董事、监事、高级管理人员的诚信义务，完善公司的内控机制和监督制衡机制。三是营造良好的公司治理环境和机制（企业文化激励）。通过不断健全各项法律法规制度和完善相关的外部监督机制实现公司的有效治理。可借鉴发达国家外部监督机制的成功经验，如强制的信息公开制度、股东衍生诉讼、股东证券诉讼、证券交易所的自律规则、公司并购、机构投资者及对股东诉讼极为有利的风险诉讼机制等。

2）建立有效的防范制度。一是完善重要关联交易股东大会批准制度。除我国《公司法》第十六条规定的，公司为公司股东或实际控制人提供担保的，必须经股东会或股东大会决议。董事、监事、高级管理人员与本公司订立合同或者进行交易需要股东会或股东大会同意外，针对许多其他形式的关联交易，对公司产生重大影响的关联交易必须经过股东大会的批准。二是健全关联交易披露制度。我国《公司法》缺乏对非上市公司关联交易披露的具体规定。三是建立关联董事、关联股东回避制度。我国《公司法》仅仅有对上市公司的董事回避的规定，没有对非上市公司的董事作出回避规定，也没有建立关联股东回避制度。《公司法》应健全关联董事、关联股东的回避制度。四是独立董事发表意见制度。上市公司进行关联交易时，独立董事必须对关联交易是否有损公司和股东的利益发表意见。这样有利于防范关联交易损害公司利益，有利于保护中小股东与债权人的利益。五是规定关联交易必须书面记载。强调关联交易必须为书面形式，可使小股东、债权人在事后查证关联交易记录，追究相关人的责任，有利于保护小股东、债权人的合法权益。

3）事后救济制度。一是对债权人人格否认制度。《公司法》已有规定，但没有规定债权居次原则，我国司法实践中出现了一些母公司受利益的驱使以不正当手段规避子公司的债务，并从中获得不当利益的情况。为此，我们可借鉴美国、我国台湾地区的衡平居次原则的成功经验，在《公司法》中增加母公司对子公司的债权受偿顺位问题的规制，以有效地保障子公司其他债权人债权的受偿，最大限度地保障子公司的正常经营和整体利益。《公司法》在构建母公司对子公司的债权受偿顺位制度时，应该确立适当的居次程序。居次程序应该区分母公司的债权是否基于不正当行为所得，对于基于合法行为所得的债权应该按照正常的受偿顺序受偿，但对基于母公司的不正当行为所得的那部分债权应该置后受偿，即应居次受偿。二是建立基于中小股东的救济制度。《公司法》规定了股东派生诉讼制度，赋予股东提起派生诉讼的权利，这对提高公司治理水平、保护中小股东利益起到了重要作用。但没有明确规定对不正当关联交易是否可以代位诉讼。此外，《公司法》还规定了股票回购制度，但没有规定股东受到不正当关联交易损害后可以要求公司回购其股份。为了保护中小股东的利益，应该赋予中小股东在受到不当关联交易严重侵害时或多次受不当关联交易侵害时，享有股份回购请求权。

3. 税收法律制度对关联交易的规制

《企业所得税法》及其实施条例对关联交易的规定涉及以下几个方面。

（1）税务机关的合理调整权

《企业所得税法》第四十一条规定，企业与其关联方之间的业务往来，不符合独立交易原则而减少企业或者其关联方应纳税收入或者所得额的，税务机关有权按照合理方法调整。常用的调整方法主要有以下几种。

1）纳税人与关联企业之间的有形商品购销业务，不按照独立企业之间的业务往来作价的，税务机关可以按照下列顺序和确定的方法调整其计税收入额或者所得额，核定其应纳税额。

① 可比非受控价格法。按独立企业之间进行相同或类似业务活动的价格进行调整，即将企业与其关联企业之间的业务往来价格，与其和非关联企业之间的业务往来价格进行分析、比较，从而确定公平成交价格。

② 再销售价格法。按再销售对无关联关系的第三者价格所应取得的利润水平进行调整，即对关联企业的买方将从关联企业的卖方购进的商品（产品）再销售给无关联关系的第三者时所取得的销售收入，减去关联企业的买方从非关联企业购进类似商品（产品）再销售给无关联关系的第三者时，所发生的合理费用和按正常利润水平计算的利润后的余额，为关联企业卖方的正常销售价格。采用这种方法，应限于再销售者未对商品（产品）进行诸如改变外形、性能、结构、更换商标等实质性增值加工，仅是简单加工或单纯的购销业务，并且要合理地选择确定再销售者应取得的利润水平。

③ 成本加成法。按成本加合理费用和利润进行调整，即将关联企业中卖方的商品（产品）成本加上正常的利润作为公平成交价格。采用这种方法，应注意成本费用的计算必须符合税法的有关规定，并且要合理地选择确定所适用的成本利润率。

④ 其他合理方法。在上述 3 种调整方法均不能适用时，可采用其他合理的替代方法进行调整，如可比利润法、利润分割法、净利润法等。在企业不能提供准

确的价格、费用等凭证资料的情况下，还可以采取核定利润率方法进行调整。

2）纳税人与关联企业之间融通资金所支付或者收取的利息，超过或者低于没有关联关系的企业之间所能同意的数额，或者其利率超过或者低于同类业务正常利率的，主管税务机关可以参照正常利率予以调整。

3）纳税人与关联企业之间提供劳务，没有按照独立企业之间业务往来收取或者支付劳务费用的，主管税务机关可以参照类似劳务活动的正常收费标准予以调整。

4）纳税人与关联企业之间转让财产、提供财产使用权等业务往来，没有按照独立企业之间业务往来作价或者收取、支付费用的，主管税务机关可以参照没有关联关系的企业之间的正常交易价格予以调整。

（2）税务机关的纳税核定权

《企业所得税法》第四十四条规定，企业不提供与其关联方之间业务往来资料，或者提供虚假、不完整资料，未能真实反映其关联业务往来情况的，税务机关有权依法核定其应纳税所得额。

（3）补征税款和加收利息

《企业所得税法》第四十八条规定，税务机关依照本章规定作出纳税调整，需要补征税款的，应当补征税款，并按照国务院规定加收利息。

（4）纳税调整的时效

《企业所得税法实施条例》第一百二十三条规定，企业与其关联方之间的业务往来，不符合独立交易原则，或者企业实施其他不具有合理商业目的的安排的，税务机关有权在该业务发生的纳税年度起10年内，进行纳税调整。《企业所得税法》第四十三条规定，企业向税务机关报送年度企业所得税纳税申报表时，应当就其与关联方之间的业务往来，附送年度关联业务往来报告表。

此外，《税收征管法》对关联企业业务往来收取或者支付价款、费用作出规定。《税收征管法》第三十六条规定，企业或者外国企业在中国境内设立的从事生产、经营的机构、场所与其关联企业之间的业务往来，应当按照独立企业之间的业务往来收取或者支付价款、费用；不按照独立企业之间的业务往来收取或者支付价款、费用，而减少其应纳税的收入或者所得额的，税务机关有权进行合理调整。这里的关联企业，是指有下列关系之一的公司、企业、其他经济组织：一是在资金、经营、购销等方面，存在直接或者间接的拥有或者控制关系；二是直接或者间接地同为第三者所拥有或者控制；三是其他在利益上具有相关联的关系。

由于关联企业存在特定关系，为防止纳税人利用其关联企业采取不正当手段转让定价、转移利润，以达到逃避纳税的目的，国家从强化税收征管的角度，防止利用关联企业逃避纳税，明确规定关联企业之间的业务往来应当按照独立企业之间的业务往来收取或者支付价款或者费用。独立企业之间的业务往来，是指没有关联关系的企业之间，按照公平成交价格和营业常规所进行的业务往来。这就要求纳税人有义务就其与关联企业之间的业务往来，向当地税务机关提供有关的价格、费用标准等资料。对不按照独立企业之间的业务往来收取或者支付价款或者费用，而减少其应纳税的收入或者所得额的，规定税务机关有权进行合理调整。这是税法赋予税务机关的一项权力，以保证国家税收收入的实现。

总之，在现实经济活动中，关联企业与关联交易有其存在的客观使然，而关联交易本身又是一把双刃剑，因此，需要通过对其进行有效的法律规制，发挥各项法律法规在其中的规范、引导作用，促进关联交易健康、有序地开展。

4. 上市规则对关联交易的规制

上市公司关联交易披露规则的核心是界定关联交易和关联人的范围。将可能利用关联关系实现在无关联者之间不可能发生的交易活动的人士都包括在内，以维护公平交易秩序。

我国沪深证券交易所上市规则规定，上市公司的关联交易是指上市公司或其控股子公司与上市公司关联人之间发生的转移资源和义务的事项。关联人包括关联法人和关联自然人，上市规则中对关联法人和关联自然人的范围给予了明确定义。同时，规定了潜在关联人的条件，即因与上市公司的关联人签署协议或作出安排，在协议生效或安排生效后，或在未来 12 个月内具有前述关联法人或关联自然人的规定情形之一的，以及过去 12 个月内，曾经具有前述关联法人或关联自然人的规定情形之一的，都被视为潜在关联人。另外，还对关联董事进行了界定。上市公司与关联人发生的交易金额在 3 000 万元以上，且占上市公司最近一期经审计净资产绝对值 5%以上的关联交易，除应当及时披露外，还应聘请具有证券、期货业务资格的中介机构，对交易标的进行评估和审计，并将该交易提交股东大会审议。上市公司股东大会审议关联交易事项时，关联股东应当回避表决。此外，证监会、交易所或上市公司根据“实质重于形式”的原则，可以认定其他与上市公司有特殊关系，可能造成上市公司对其利益倾斜的自然人和法人为关联人，从而应履行相应的关联交易决策和披露程序。

9.2.4 重大资产重组构成关联交易的情形

上市公司与关联人之间进行的重组构成关联交易。从实质上来看，重大资产重组是否构成关联交易，应把握重组各公司之间是否存在利益联系这一实质问题。在重大资产重组活动中，独立财务顾问和律师事务所应当审慎核查该重组是否构成关联交易，并依据核查确认的相关事实发表明确意见。重大资产重组涉及关联交易的，独立财务顾问应当就本次重组对上市公司非关联股东的影响发表明确意见，同时上市公司编制的提交给证监会的重组报告书应当在标题中标明“暨关联交易”的字样，如“××股份有限公司重大资产购买暨关联交易报告书”。对于涉及关联交易的重大资产重组，证监会通常着重关注以下几个方面。

1. 交易对方的详尽信息

交易对方的背景，其控股股东、实际控制人、有无经营业务，以及是否仅为本次交易设立等。交易对方对购买方及其控股股东、实际控制人的关系，是否构成关联交易。律师需要发表明确的意见，本次交易是否构成关联交易；构成关联交易的，是否已依法履行必要的信息披露义务和审议批准程序。董事会会议是否就本次重组是否构成关联交易作出明确判断，并作为董事会决议予以披露，存在关联关系的董事、股东是否依照相关法律法规，在相关董事会、股东会上回避表决。

2. 交易价格的定价依据及其披露

是否充分披露关联交易的定价依据，是否详细分析交易定价的公允性。如果关联交易定价与市场交易价格或独立第三方价格存在较大差异，是否充分说明原因，是否存在导致单方获利的交易或者显失公允的交易。

3. 关联交易在重组前后的变化及其原因和影响

是否披露关联交易重组前后的变化，是否说明各类交易属于经常性关联交易或偶发性关联交易，是否充分披露重组完成后关联交易的必要性、定价公允性及占比等，是否充分说明关联交易对上市公司经营独立性和业绩稳定性的影响，独立财务顾问是否已审核核实减少和规范关联交易的承诺和措施，并发表专业意见。特殊情况下，涉及重组方将其产业链的中间业务注入上市公司，重组后的持续关联交易是难以避免的，是否已考虑采取有效措施（督促上市公司）建立对持续性关联交易的长效独立审议机制、细化信息披露内容和格式，并适当扩大披露品类。

关于重大资产重组对关联交易状况的影响主要体现在以下方面：第一，重组前后的关联交易变化情况；第二，重组是否有利于上市公司增强经营独立性，减少和规范关联交易；第三，重组方案是否严格限制因重组而新增可能损害上市公司独立性的持续性关联交易；第四，对于重组完成后无法避免或可能新增的关联交易，是否采取切实有效的措施加以规范，相关各方是否作出明确具体的承诺或签订了完备的协议，以提高关联交易的决策透明度和信息披露质量，促进定价公允性。

4. 关联交易对相关方的影响

是否由于交易对方或其实际控制人与被购买企业间存在特定债权、债务关系，重组完成后出现上市公司违规对外担保、资金资源被实际控制人或其他关联人占用。是否存在控股股东、实际控制人及其关联方通过重组占用上市公司资金资源或增加上市公司风险的其他情形，相关影响和解决措施是否已充分披露等。

9.2.5 关联交易所得税处理

关联交易的存在往往容易导致交易方利用其特殊的内在联系进行盈余管理，实现逃避或少缴税款的目的。在进行关联交易所得税处理时，判断其是否合规最主要的依据——是否遵循独立交易原则，即完全独立的无关联关系的企业或者个人，依据市场条件下公平成交价格和营业常规进行业务往来所采用的计价标准或者价格来处理其相互之间的收入和费用分配的原则。企业不按照独立交易原则开展关联交易，且有避税的客观结果，根据我国税收相关法律法规规定，则应作纳税调整。我国在 2009 年 1 月 8 日发布的《特别纳税调整实施办法（试行）》是税务机关针对企业的转让定价、预约定价安排、成本分摊协议、受控外国企业、资本弱化及一般反避税等特别纳税调整事项的管理。特别纳税调整是针对“一般纳税调整”而言的，是税务机关出于实施反避税目的而对纳税人特定纳税事项所进行的税收调整，具体包括针对纳税人转让定价、资本弱化、受控外国企业及其他避税情形而进行的税收调整。通俗地讲，一般纳税调整是基于企业的日常经营，而特别纳税调整则基于企业存在关联交易，违背独立交易原则的“特别情况”。下面就特别纳税调整的具体内容加以阐释。

1. 转让定价管理

转让定价管理是指税务机关对企业与其关联方之间的业务往来（以下简称关联交易）是否符合独立交易原则进行审核评估和调查调整等工作的总称。

（1）转让定价方法

转让定价方法包括可比非受控价格法、再销售价格法、成本加成法、交易净利润法、利润分割法和其他符合独立交易原则的方法。

可比非受控价格法以非关联方之间进行的与关联交易相同或类似业务活动所收取的价格作为关联交易的公平成交价格，这种方法运用范围较广，可以适用于所有类型的关联交易。再销售价格法以关联方购进商品再销售给非关联方的价格［公平成交价格＝再销售给非关联方的价格×（1－可比非关联交易毛利率）］减去可比非关联交易毛利（可比非关联交易毛利率＝可比非关联交易毛利÷可比非关联交易收入净额×100%）后的金额作为关联方购进商品的公平成交价格，这种方法通常适用于再销售者未对商品进行改变外形、性能、结构或更换商标等实质性增值加工的简单加工或单纯购销业务。成本加成法以关联交易发生的合理成本加上可比非关联交易毛利作为关联交易的公平成交价格，这种方法通常适用于有形资产的购销、转让和使用，劳务提供或资金融通的关联交易。交易净利润法以可比非关联交易的利润率指标（包括资产收益率、销售利润率、完全成本加成率等）确定关联交易的净利润，这种方法通常适用于有形资产的购销、转让和使用，无形资产的转让和使用及劳务提供等关联交易。利润分割法根据企业与其关联方对关联交易合并利润的贡献计算各自应该分配的利润额，这种方法通常适用于各参与方关联交易高度整合且难以单独评估各方交易结果的情况。

（2）转让定价方法的可比性分析

在实践中，选择合理的转让定价方法应进行可比性分析。可比性分析因素主要包括以下 5 个方面。

1）交易资产或劳务特性，主要包括有形资产的物理特性、质量、数量等，劳务的性质和范围，无形资产的类型、交易形式、期限、范围、预期收益等。

2）交易各方功能和风险，功能主要包括研发、设计，采购、加工、装配、制造、存货管理、分销、售后服务、广告、运输、仓储、融资、财务、会计、法律及人力资源管理等。在比较功能时，应关注企业为发挥功能所使用资产的相似程度；风险主要包括研发风险、采购风险、生产风险、分销风险、市场推广风险、管理及财务风险等。

3）合同条款，主要包括交易标的，交易数量、价格，收付款方式和条件，交货条件，售后服务范围和条件，提供附加劳务的约定，变更、修改合同内容的权利，合同有效期，终止或续签合同的权利。

4）经济环境，主要包括行业概况、地理区域、市场规模、市场层级、市场占有率、市场竞争程度、消费者购买力、商品或劳务可替代性、生产要素价格、运输成本、政府管制等。

5）经营策略，主要包括创新和开发策略、多元化经营策略、风险规避策略、市场占有策略等。

可比性分析应特别考察关联交易与非关联交易之间在功能风险及经济环境上的差异，以及影响营业利润的其他因素，具体包括行业和市场情况，经营规模，经济周期和产品生命周期，执行功能、承担风险和使用资产，成本、费用、所得和资产在各交易间的分摊，会计处理及经营管理效率等。

2. 预约定价安排管理

预约定价安排管理是指税务机关对企业提出的未来年度关联交易的定价原则和计算方法进行审核评估，并与企业协商达成预约定价安排等工作的总称。税务机关与企业协商、确认后，达成预约定价安排，使征纳双方就未来交易价格达成一致。预约定价安排的谈签与执行通常经过预备会谈、谈签意向、分析评估、正式申请、协商签署和监控执行 6 个阶段。预约定价安排包括单边、双边和多边 3 种类型，由设区的市、自治州以上的税务机关受理。若预约定价安排的谈签或执行同时涉及两个以上省（自治区、直辖市）和计划单列市税务机关，由国家税务总局统一组织协调。企业可以直接向国家税务总局书面提出谈签意向。

（1）预约定价安排的适用范围

预约定价适用于自企业提交正式书面申请年度的次年起 3～5 个连续年度的关联交易和同时满足以下条件的企业：①年度发生的关联交易金额在 4 000 万元人民币以上；②依法履行关联申报义务；③按规定准备、保存和提供同期资料。

预约定价安排的谈签不影响税务机关对企业提交预约定价安排正式书面申请当年或以前年度关联交易的转让定价调查调整。如果企业申请当年或以前年度的关联交易与预约定价安排适用年度相同或类似，经企业申请，税务机关批准，可将预约定价安排适用于申请当年或以前年度关联交易的评估和调整。

预约定价安排期满后自动失效。企业需要续签的，应在预约定价安排执行期满前 90 日内向税务机关提出续签申请，报送预约定价安排续签申请书，并提供可靠的证明材料，说明现行预约定价安排所述事实和相关环境没有发生实质性变化，并且一直遵守该预约定价安排中的各项条款和约定。税务机关应自收到企业续签申请之日起 15 日内作出是否受理的书面答复，向企业送达预约定价安排申请续签答复书。税务机关应审核、评估企业的续签申请资料，与企业协商拟订预约定价安排草案，并按双方商定的续签时间、地点等相关事宜，与企业完成续签工作。

（2）预约定价安排的基本要求

1）自主进行。在预约定价安排正式谈判后和预约定价安排签订前，税务机关和企业均可暂停、终止谈判。涉及双边或多边预约定价安排的，经缔约各方税务主管当局协商，可暂停、终止谈判。终止谈判的，双方应将谈判中相互提供的全部资料退还给对方。

2）保密义务。税务机关与企业在预约定价安排预备会谈、正式谈签、审核、分析等全过程中所获取或得到的所有信息资料，双方均负有保密义务。税务机关每次和企业会谈，均应对会谈内容进行书面记录，同时载明每次会谈时相互提供资料的份数和内容，并由双方主谈人员签字或盖章。

3）豁免。税务机关与企业不能达成预约定价安排的，税务机关在会谈、协商过程中所获取的有关企业的提议、推理、观念和判断等非事实性信息，不得用于以后对该预约定价安排涉及交易行为的税务调查。

（3）预约定价安排的基本流程

《特别纳税调整实施办法（试行）》对预约定价安排的实务操作程序作了详细规定。我国预约定价实施程序包括预备会谈、谈签意向、审核评估、正式申请、协商签署和监控执行等环节。其中，审核评估过程是关键环节。

税务机关应自收到企业提交的预约定价安排正式书面申请及所需文件、资料之日起 5 个月内，进行审核评估。根据审核评估的具体情况得出审核评估结论。因特殊情况，需要延长审核评估时间的，税务机关应及时书面通知企业，并向企业送达预约定价安排审核评估延期通知书，延长期限不得超过 3 个月。

税务机关主要审核评估的内容如下。

1）历史经营状况。分析、评估企业的经营规划、发展趋势、经营范围等文件资料，重点审核可行性研究报告、投资预（决）算、董事会决议等，综合分析反映经营业绩的有关信息和资料，如财务报告、会计报表、审计报告等。

2）功能和风险状况。分析、评估企业与其关联方之间在供货、生产、运输、销售等各环节，以及在研究、开发无形资产等方面各自所拥有的份额、执行的功能及在存货、信贷、外汇、市场等方面所承担的风险。

3）可比信息。分析、评估企业提供的境内、境外可比价格信息，说明可比企业和申请企业之间的实质性差异，并进行调整。若不能确认可比交易或经营活动的合理性，应明确企业需进一步提供的有关文件、资料，以证明其所选用的转让定价原则和计算方法公平地反映了被审核的关联交易和经营现状，并得到相关财务、经营等资料的证实。

4）假设条件。分析、评估对行业盈利能力和对企业生产经营的影响因素及影响程度，合理确定预约定价安排适用的假设条件。

5）转让定价原则和计算方法。分析、评估企业在预约定价安排中选用的转让定价原则和计算方法，以及是否真实地运用于以前、现在和未来年度的关联交易及相关财务、经营资料之中，是否符合法律、法规的规定。

6）预期的公平交易价格或利润区间。通过对确定的可比价格、利润率、可比企业交易等情况的进一步审核和评估，测算出税务机关和企业均可接受的价格或利润区间。

（4）预约定价安排的实施难点

预约定价制度顺利实现需要税企双方高度配合，但执行过程中，受各种主客观条件的限制往往增加了实施难度，具体表现在以下几个方面。

1）预约定价安排的适用范围有限。从我国当前的实践来看，首先，此安排只有在双边或多边协议中方显优势；其次，预约定价安排管理程序复杂，企业要花费大量的人力、物力、财力，从成本和效率角度上来说，可能只有大中型以上的跨国公司才适用此安排。

2）税企双方对转让定价方法的使用无统一标准，容易产生分歧。企业在对自身的功能和风险进行分析之后，按其承担的功能和风险寻找可比企业，使用的在预约定价期间的转让定价方法并不一定能被税务机关认可。如果仍采用传统方法判断关联企业交易是否符合正常交易原则，则预约定价安排将无法弥补传统方法的根本缺陷。

3）实践中价格难以确定。因为正常交易的货物品质、生产经营时间、地点、条件、环境等因素不同，以及价格不同，要确定一个使征纳双方及不同征税机关共同接受的正常交易价格难度较大，所以推行预约定价进程缓慢。

4)税务机关对预约定价监控管理时,要对其中列明的转让定价方法进行分析,以判断其是否建立在公平交易的基础上，是否具有合理性。但是，在进行审核分析时应以什么标准来衡量，目前尚无统一的标准，这将使此安排在推广时难度增大。另外，预约定价安排需要税务机关的事后监督、检查，对税务人员的专业知识水平，以及税务机关的管理手段和水平要求较高，大多数国家尤其是发展中国家难以满足这方面的要求。

5）纳税人资料提供可能带来的潜在影响。当需要裁定哪些信息或事实是相关联的时候，纳税人因为没有法律的保护，可能被税务机关要求提供更多在正常情况下是保密的资料，而且所有资料都是当期交易或交易前的资料，因此从纳税人的角度来看就更为敏感。此外，如果一个试行中的预约定价协议由于不能达成一致意见而放弃，纳税人可能遭受巨大损失，而且可能导致在任何的诉讼中丧失优势。

6）预约定价安排可能涉及一些潜在问题。很多跨国企业的中国子公司在品牌本地化的过程中收获颇丰，在一定程度上都形成了营销无形资产。但在一些预约定价安排的谈签过程中，集团公司往往淡化子公司这方面的功能，只承认子公司承担了分销功能，并以此作为子公司分配承担分销功能所能获得的基础利润的依据，这往往有悖公平原则。

3. 成本分摊协议管理

成本分摊协议管理是指税务机关对企业与其关联方签署的成本分摊协议是否符合独立交易原则进行审核评估和调查调整等工作的总称。成本分摊协议主要适用于企业与其关联方共同开发、受让无形资产，或者共同提供、接受劳务的情形。

成本分摊协议的参与方应本着成本与受益相关原则，对开发、受让的无形资产或参与的劳务活动享有受益权，并承担相应的活动成本。关联方承担的成本应与非关联方在可比条件下为获得上述受益权而支付的成本相一致。

企业与其关联方签署成本分摊协议，有下列情形之一的，其自行分摊的成本不得税前扣除：①不具有合理商业目的和经济实质；②不符合独立交易原则；③没有遵循成本与收益配比原则；④未按本办法有关规定备案或准备、保存和提供有关成本分摊协议的同期资料；⑤自签署成本分摊协议之日起经营期限少于 20 年。

4. 受控外国企业管理

受控外国企业管理是指税务机关对受控外国企业不作利润分配或减少利润分配进行审核评估和调查，并对归属于中国居民企业所得进行调整等工作的总称。受控外国企业是指由居民企业，或者由居民企业和居民个人（以下统称为中国居民股东，包括中国居民企业股东和中国居民个人股东）控制的设立在实际税负低于规定税率水平 50%的国家（地区），并非出于合理经营需要对利润不作分配或减少分配的外国企业。控制，此处是指在股份、资金、经营、购销等方面构成实质控制。其中，股份控制是指由中国居民股东在纳税年度任何一天单层直接或多层间接单一持有外国企业 10%以上有表决权股份，且共同持有该外国企业 50%以上股份。中国居民股东多层间接持有股份按各层持股比例相乘计算，中间层持有股份超过 50%的，按 100%计算。

中国居民企业股东能够提供资料证明其控制的外国企业满足以下条件之一的，可免于将外国企业对不作分配或减少分配的利润视同股息分配额，计入中国居民企业股东的当期所得：①设立在国家税务总局指定的非低税率国家（地区）；②主要取得积极经营活动所得；③年度利润总额低于 500 万元人民币。

5. 资本弱化管理

资本弱化管理是指税务机关对企业接受关联方债权性投资与企业接受的权益性投资的比例，是否符合规定比例或独立交易原则进行审核评估和调查调整等工作的总称。

企业资本由权益资本和债务资本构成。权益资本是所有者投入的资本，包括投入的资本金及由此形成的盈余公积和资本公积；债务资本是指资本市场、金融机构及关联企业的融资。在实践中，企业和企业的投资者为了最大化自身利益或基于企业所得税节税的目的，在融资和投资方式的选择上，往往降低股本的比例，安排资本结构中较大的债权资本的比例，从而造成企业负债与所有者权益的比值超过一定的限额，形成了“资本弱化”现象。通俗地讲，资本弱化，是指企业通过加大借贷款（债权性投资）而减少股份性投资（权益性投资）比例的方式增加税前扣除，以降低企业税负的一种行为。企业权益资本与债务资本的比例应为1∶1，当权益资本小于债务资本时，为资本弱化。由于各国税法中通常规定，债权资本所产生的利息可以在所得税前列支，而股息收入必须课税。因此企业往往把资本弱化作为有效的避税手段，以实现企业价值最大化。

资本弱化与一般的常规避税方法相比，具有隐蔽性更强、危害性更大的特点，因此，利用资本弱化避税问题，受到各国税务当局的密切关注。经济合作与发展组织（Organisation for Economic Cooperation and Development，OECD）提倡采用固定比率法和正常交易法两种方法应对资本弱化问题。固定比率法也称为安全港规则，即在税收上对债务资本和权益资本的比例进行限制。如果公司债务对股本的比率在税法规定的固定比率内，则债务的利息支出允许在税前扣除；如果超过法定比率，则超过部分债务的利息支出不允许税前扣除。正常交易法，即在决定贷款或募股资金的特征时，要看关联方的贷款条件是否与非关联方的贷款相同，如果不同，则关联方的贷款可能被视为隐蔽的募股，要按资本弱化法规对利息进行征税处理。

我国虽然未在官方文件中提及“资本弱化”的概念，但是在实践中已采取措施防止资本弱化对我国税基的侵蚀。这些规定和措施包括：对关联方的规定，对外商投资企业实行资本金管理，如在合营企业的注册资本中，外国合营者的出资比例一般不得低于25%的规定；2008年9月19日，财政部和国家税务总局出台了《关于企业关联方利息支出税前扣除标准有关税收政策问题的通知》（财税〔2008〕121号），对《企业所得税法》第四十六条及《企业所得税法实施条例》第一百一十九条的未尽事宜进行了明确规定。至此，备受关注的关联企业间债权性融资利息税务处理问题有了进一步操作的依据。

这里结合财税〔2008〕121号文件，对关联企业间债权性投资和权益性投资的税务处理进行解析。

（1）明确债权性投资和权益性投资的内涵

《企业所得税法实施条例》第一百一十九条对债权性投资和权益性投资作了较原则和宽泛的定义，但对企业从关联方接受债权性投资和权益性投资的方式进行了明确。根据该条规定，从关联方获得的债权性投资是指企业从关联方获得的需要偿还本金和支付利息或者需要以其他具有利息性质的方式予以补偿的融资，如购买企业债券。从获得方式上，债权性投资既包括直接从关联方获得的债权性投资，又包括间接从关联方接受的债权性投资。其中，间接从关联方获得的债权性投资包括：①关联方通过无关联第三方提供的债权性投资。②无关联第三方提供的、由关联方担保且负有连带责任的债权性投资。③其他间接从关联方获得的具有债务实质的债权性投资。债权性投资不仅包括贷款和债券等传统方式，还包括补偿贸易、融资租赁、背靠背贷款或者委托贷款等各种具有负债实质的债权性融资。权益性投资，是指企业接受的不需要支付偿还本金和支付利息，投资人对企业净资产拥有所有权的投资。本节认为权益性投资的范围包括投资人对企业投入资本及形成的资本公积、盈余公积和未分配利润等。权益性投资反映的是所有者对企业资产的剩余索取权，是企业资产中扣除负债后应由所有者享有的部分，反映所有者投入资本的保值增值情况。

（2）债权性投资所产生的利息在税前扣除的规定

《企业所得税法》第四十六条规定：企业从其关联方接受的债权性投资与权益性投资的比例超过规定标准而发生的利息支出，不得在计算应纳税所得额时扣除。《企业所得税法实施条例》第一百一十九条规定：企业所得税法第四十六条所称标准，由国务院财政、税务主管部门另行规定。同时，财税〔2008〕121 号文件具体规定如下。

1）在计算应纳税所得额时，企业实际支付给关联方的利息支出，不超过以下规定比例和《企业所得税法》及其实施条例有关规定计算的部分，准予扣除，超过的部分不得在发生当期和以后年度扣除。

企业实际支付给关联方的利息支出，除符合财税〔2008〕121 号文件第二条规定外，其接受关联方债权性投资与其权益性投资比例为：金融企业为 5∶1；其他企业为 2∶1。

2）企业如果能够按照《企业所得税法》及其实施条例的有关规定提供相关资料，并证明相关交易活动符合独立交易原则的；或者该企业的实际税负不高于境内关联方的，其实际支付给境内关联方的利息支出，在计算应纳税所得额时准予扣除。

（3）关于关联方利息具体内容的规定

结合《企业所得税法》《企业所得税法实施条例》的相关规定，对关联方利息具体内容概述如下。

1）关联方利息涵盖的范围。关联方利息支出包括直接或间接关联债权投资实际支付的利息、担保费、抵押费和其他具有利息性质的费用。

2）不予扣除利息支出的计算公式如下：

不得扣除利息支出＝年度实际支付的全部关联方利息×（1－标准比例÷关联债资比例）

关联债资比例＝年度各月平均关联债权投资之和÷年度各月平均权益投资之和

3）关联方利息支出扣除方式。对于不得在计算应纳税所得额时扣除的利息支出，不得结转到以后纳税年度，应按照实际支付给各关联方利息占关联方利息总额的比例，在各关联方之间进行分配。其中，分配给实际税负高于企业的境内关联方的利息准予扣除；直接或间接实际支付给境外关联方的利息应视同分配的股息，按照股息和利息分别适用的所得税税率差补征企业所得税，如已扣缴的所得税税款多于按股息计算应征所得税税款，多出的部分不予退税。

6. 一般反避税管理

一般反避税管理是指税务机关按照《企业所得税法》第四十七条的规定，对企业实施其他不具有合理商业目的的安排而减少其应纳税收入或所得额进行审核评估和调查调整等工作的总称。

除上述特别纳税调整的6项内容外，这里强调母子公司所得税处理中的费用问题。由于母子公司存在关联关系，母子公司间提供服务支付费用是典型的关联交易，直接影响母子公司所在地的税务利益，因此备受征纳双方的关注。母子公司间的发生的费用处理应遵循如下原则。

1）公平交易原则是母子公司间提供服务所得税处理的前提。母公司为子公司提供各种服务而发生的费用，应按照独立企业之间公平交易原则确定服务的价格，作为企业正常的劳务费用进行税务处理。母子公司未按照独立企业之间的业务往来收取价款的，税务机关有权予以调整。

2）服务合同协议是母子公司间提供服务所得税处理的税务凭证。母公司向子公司提供各项服务，双方应签订服务合同或协议，明确规定提供服务的内容、收费标准及金额等。凡按上述合同或协议规定所发生的服务费，母公司应作为营业收入申报纳税，子公司作为成本费用在税前扣除。

3）成本分摊协议是母子公司间提供服务所得税处理的重要方法。在具体操作上，一般由母公司与子公司签订服务费用分摊合同或协议，以母公司为子公司提供服务所发生的实际费用并附加一定比例利润作为向子公司收取的总服务费，在各服务受益子公司（包括盈利企业、亏损企业和享受减免税企业）之间按规定合理分摊。

4）管理费不构成母子公司间提供服务，不得扣除。母公司以管理费形式向子公司提取费用，子公司因此支付给母公司的管理费，不得在税前扣除。因为母公司作为控股股东派员参与子公司股东会议是行权行为，并非向子公司提供某种可资交易的“服务”，不应当收费。即使收费，其实质是权益性投资收益的分配。对子公司而言，权益性投资收益分配是不得税前扣除的，对母公司而言是投资收益，在多数情况下属于免税收入。

9.3 非货币性交易

9.3.1 非货币性交易及其类型

非货币性交易，是指交易双方用非货币性资产进行的交换，这种交换不涉及或只涉及少量的货币性资产（即补价）。其中的非货币性资产，是指除现金、应收账款、应收票据及准备持有到期末的债券投资等货币性资产以外的资产。

从非货币性交易所涉及资产的种类和构成上看，非货币性交易可分为整体非货币性资产交易、多项非货币性资产交易和单项非货币性资产交易。

1. 整体非货币性资产交易

整体非货币性资产交易一般发生在整体资产置换和整体资产对外投资（整体资产转让）等资产重组业务中。

1）整体资产置换，是指一家企业以其经营活动所涉及的全部资产（含对应负债，下同）或其独立核算的分支机构与另一家企业的经营活动所涉及的全部资产或其独立核算的分支机构进行整体交换，资产置换双方的法人实体都不解散。

2）整体资产对外投资是一家企业不需要解散而将其经营活动所涉及的全部资产或其独立核算的分支机构转让给另一家企业，以换取接受企业的股权，投资方企业实质上变成了一家投资公司。

2. 多项非货币性资产交易

多项非货币性资产交易是指一次非货币性交易同时涉及多个类别或多个项目的非货币性资产，但这些资产并不具有独立的盈利能力。

3. 单项非货币性资产交易

单项非货币性资产交易的对象仅为单个项目或品种的非货币性资产。

此外，从非货币性交易是否涉及补价来划分，可将其分为不涉及补价的非货币性交易和涉及补价的非货币性交易。非货币性交易一般不涉及货币性资产，表现为交易双方非货币性资产之间的直接相互置换。但在非货币性交易中，有时可能也会涉及少量的货币性资产作为补价。例如，当交易双方的非货币性资产的公允价值存在差异时，价高一方通常会要求价低一方在交易的同时补偿支付一部分货币性资产。当支付的货币性资产占换入资产公允价值的比例（或占换出资产公允价值与支付的货币性资产之和的比例）小于等于25%时，仍视为非货币性交易；反之，则视为货币性交易，按一般购销业务进行会计处理。

9.3.2 非货币性交易的会计计价及所得税处理

根据会计准则及会计制度要求，企业间的非货币性交易如不涉及补价，双方均按换出资产的账面价值加应支付的相关税费确定换入资产的入账价值，不得确认损益；如涉及补价，收到补价方只将补价中的一部分确认为损益，计入“营业外收入（或营业外支出）”科目。然而，这一规定与现行企业所得税制度对非货币性交易下收益和成本的确认存在较大差异。

1. 不涉及补价的非货币性交易

不涉及补价的非货币性交易会计处理的原则是：双方均以换出资产的账面价值加上应支付的相关税费，作为换入资产的账面价值，均不得确认损益。《企业所得税法》的规定是：企业换出非货币性资产在税收上应作销售处理，按公允价值确认其计税收入和按账面价值确定其计税成本，调整应纳税所得额；换入非货币性资产的计税成本应按接受资产的公允价值加上应支付的相关税费确认。在进行所得税纳税调整时，还应区别以下两种情况进行处理。

1）如换出非货币性资产的公允价值大于其账面价值的，在调整计算应纳所得税时，应调整增加应纳税所得额。

【案例 9-1】A 公司和 B 公司均为增值税一般纳税人，适用的增值税税率为13%，且没有发生除增值税外的相关税费。2019 年 8 月 10 日，A 公司以外购的甲材料 5 000 千克与 B 公司交换乙材料 4 000 千克。甲材料账面价值每千克 11 元，公允价值每千克 12 元；乙材料账面价值每千克 17 元，公允价值每千克 15 元。

分析：A 公司换出资产的公允价值 60 000 元大于其账面价值 55 000 元，会计分录如下：

借：原材料——乙材料　55 000
　　应交税金——应交增值税（进项税额）　7 800
　　贷：原材料——甲材料　55 000
　　　　应交税金——应交增值税（销项税额）　7 800

A 公司在计算应纳所得税时，应做如下调整：换出甲材料应确认计税收入 60 000 元（5 000×12），计税成本 55 000 元（5 000×11），应调整增加应纳税所得额 60 000－55 000＝5 000（元）；换入乙材料的计税成本应为 60 000 元，应调整增加 5 000 元。

2）如换出非货币性资产的公允价值小于换出非货币性资产的账面价值，在调整计算应纳所得税时，应调整减少应纳税所得额。

上例中，B 公司换出资产的公允价值 60 000 元小于其账面价值 68 000 元，会计分录如下：

借：原材料——甲材料 68 000
　　应交税金——应交增值税（进项税额） 7 800
　　贷：原材料——乙材料 68 000
　　　　应交税金——应交增值税（销项税额） 7 800

B 公司在计算应纳所得税时，应做如下调整：换出乙材料应确认计税收入 60 000 元（4 000×15），计税成本 68 000 元（4 000×17），综合影响应调整减少应纳税所得额 8 000 元；换入甲材料的计税成本应为 60 000 元，应调整减少 8 000 元。

2. 涉及补价的非货币性交易

涉及补价的非货币性交易会计处理的原则是：支付补价的企业，应当以换出资产的账面价值加上补价及应支付的相关税费，作为换入资产的入账价值；收到补价的企业应当以换出资产的账面价值减去补价，加上应确认收益及应支付的相关税费，作为换入资产的入账价值。同时，收到补价的企业由于其用于交换的资产一部分价值的盈利过程已经完成，会计上应确认已实现部分的利润（亏损），并将其计入营业外收入（或营业外支出），即

应确认的收益（或损失）＝补价－补价×换出资产账面价值÷换出资产公允价值

这里需要注意的是，在非货币性交易中，如果同时换入多项资产，则应按换入各项资产的公允价值与换入资产公允价值总额的比例，对换出资产的账面价值总额与应支付的相关税费进行分配（涉及补价的应作相应调整），以确定换入资产的入账价值。

这里如何理解会计准则中的“相关税费”？在非货币性交易过程中，换出资产方应支付的税金通常有增值税、消费税、印花税、企业所得税，以及流转税的附加税——城市建设维护税及教育费附加。那么，哪些税金应计入换入资产入账价值呢？通常来讲，应将增值税和消费税两大流转税计入资产价值，而相关的应付企业所得税额属当期所得税费用，不应计入资产价值；企业交纳的印花税均应计入当期管理费用，非货币性交易印花税也不例外；至于城市建设维护税和教育费附加，本着重要性原则可直接计入当期损益。

企业换出非货币性资产在税收上应作销售处理，按公允价值确认其计税收入和账面价值确定其计税成本，调整应纳税所得额；换入非货币性资产的计税成本应按接受资产的公允价值加上应支付的相关税费确认。

（1）换出资产的企业所得税处理及其差异

按照税法的规定，非货币性交易原则上应视同销售，并随着换出资产的类别不同而各有所异。

1）整体非货币性资产交易。

对于整体非货币性资产交易，只有符合免税重组情形的，转让企业可不确认资产转让所得或损失，否则整体资产换出方应确认全部资产转让所得或损失。

国税发〔2000〕118 号文件规定，在整体资产置换交易中，作为资产置换交易补价的货币性资产占换入总资产公允价值不高于 25%的，经税务机关审核确认，资产置换双方企业可以均不确认资产转让的所得或损失。在整体资产转让（即以整体资产对外投资）业务中，如果接受投资的企业支付给投资企业的交换额中，除接受企业股权以外的现金、有价证券、其他资产，即所谓非股权支付额不高于所支付的股权的票面价值（或股本的账面价值）20%的，经税务机关审核确认，转让企业可不确认资产转让所得或损失。上述条件称为免税重组条件。需要注意的是，在国税发〔2000〕118 号文件规定，只要是符合免税重组条件的，经税务机关审核确认，转让企业可完全不确认资产转让所得或损失。但国税发〔2003〕45 号文件规定，国税发〔2000〕118 号文件所规定的企业整体资产转让、整体资产置换业务中，取得补价或非股权支付额的企业，应将所转让或处置资产中包含的与补价或非股权支付额相对应的增值，确认为当期应纳税所得额。这一规定，就与上述会计准则和会计制度中确认非货币性交易补价中所包含的收益相一致。但是不符合上述免税重组条件的，整体资产换出方应确认全部资产转让所得或损失。

由此，我们可以将整体非货币性资产交易的会计处理与企业所得税纳税处理归纳比较如下。

第一，在存在补价或非股权支付额的情况下，会计准则和税法都根据补价的相对比例规定了非货币性交易或免税重组成立的前提条件。税法中所规定的整体资产置换的免税重组条件等同于会计准则中判断非货币性交易是否成立的条件——补价的相对比例都为 25%，因而会计上不确认整体资产的交易收入及相应损益的规定与税收上不计算全部交易所得或损失的原则与前提也是一致的，两者都只对补价或非股权支付额中所包括的收益予以确认。但税法中关于整体资产对外投资的免税重组条件显然有别于会计准则中的非货币性交易条件，不仅仅是两者的比例不一，更重要的是比例所体现的内涵有着明显差异。

第二，在对整体非货币性资产交易的会计核算中，只要支付的补价占换入资产公允价值（或占换出资产公允价值与支付的货币性资产之和）的比例小于等于 25%，就可将其作为非货币性交易处理；交易中的公允价值（如资产评估价值）

以及补价只需经过双方企业权力机构批准并签署协议即具有法定效力。在纳税处理上，作为整体资产置换交易补价的货币性资产占换入总资产公允价值不高于25%，或作为整体资产转让补价的非股权支付额不高于所支付的股权的票面价值（或股本的账面价值）20%，都只是整体资产置换或整体资产转让免税重组的必要条件，而非充分条件。原因就在于国税发〔2000〕118 号文件规定免税重组要报经主管税务机关批准，如果转让企业和接受企业不在同一省（自治区、直辖市），或不在同一省（自治区、直辖市）的企业之间进行整体资产置换，须报经国家税务总局审核确认方可确定是否属于免税重组。在审核确认的过程中，不仅要从形式条件上看与补价有关的相对比例指标的大小，而且要审查重组行为是否具有经济合理性，是否保持经营活动的连续性和股东权益的连续性，当事人双方是否会通过连续多次的重组以达到避税目的。

2）单项非货币性资产交易。

税法中关于单项非货币性资产交易的处理与会计准则间的差异更为明显。在企业所得税方面，关于视同销售的行为均应视同对外销售处理，调整当期应纳税所得额。此外，在国税发〔2000〕118 号文件和国家税务总局发布的第 6 号令中，以非货币性资产对外投资以及债务重组中用于抵偿债务的非货币性资产均应视同销售，要求计算资产转让所得或损失，调整当期应纳税所得额。但企业以非货币性资产对外投资或抵偿债务时，如果视同销售的当期所得数额较大，在一个纳税年度内缴纳企业所得税确有困难的，在报经税务机关批准后，可作为递延所得，将其平均摊销到交易发生当期及随后不超过 5 个纳税年度内的应纳税所得额中。

由此，本书可将单项非货币性资产交易的会计处理与企业所得税处理归纳比较如下。

第一，在存在补价但符合非货币性交易条件时，会计上仅将补价中所包含的这部分收益予以确认，计入“营业外收入”科目，而税法则要求确认资产转让的全部所得或损失，仍应就两者间的差额进行纳税调整。

第二，在存在补价且不符合非货币性交易条件时，会计核算与税法规定相一致，都要确认交易损益。

3）多项非货币性资产交易。

会计准则所规定的多项非货币性资产交易中换出资产的会计处理方法，也建立在非货币性交易会计确认与计量的原则框架之内。税法中未使用“多项资产”这一概念，但由于税法仅对整体非货币性资产交易作了单独列举和定义，除此之外的非货币性交易一律统称为“以物易物”“以部分非货币性资产投资”等。显然，这里的“多项资产”并不符合税法中“整体资产”的定义，其涉税处理原则和方法与单项非货币性资产交易应是一致的。不过，如果企业一揽子换出多项资产，且只有一个总的作价，换出的多项资产中可能既有一般货物，也可能包括动产、不动产、无形资产等。由于不同资产的计税依据不同，如何将总的作价合理分配到各项具体资产中作为其视同销售额或营业额，税法并无具体规定。

此外需要强调的是，补价是由于换出资产的公允价值大于换入资产的公允价值而取得的，税法对换出资产已确认了计税收入和计税成本，确定了相应的应纳税所得额，对补价收益（或损失）就不应再计入应纳税所得额，否则就会重复计算收益（或损失），已计入“营业外收入”科目的补价收益应调整减少应纳税所得额，已计入“营业外支出”科目的补价损失应调整增加应纳税所得额。在进行所得税纳税调整时，也应区别以下两种情况进行处理。

第一种情形：对于涉及补价的非货币性交易且换出非货币性资产的公允价值大于其账面价值的，在调整计算应纳所得税时，首先应调整增加应纳税所得额，将补价收入中所确定的收益再调整减少应纳税所得额。

【案例 9-2】A 公司和 C 公司均为增值税的一般纳税人，适用的增值税税率为 13%，且没有发生除增值税外的相关税费。A 公司在 2019 年 8 月 15 日，以本企业生产的 W 产品 100 件与 C 公司交换生产用钻床 1 台。W 产品账面价值每件 100 元，公允价值每件 120 元；钻床的账面原值 20 000 元，已提折旧 10 500 元，公允价值 10 000 元，C 公司换入的 W 商品，作为商品准备对外销售，C 公司另外支付银行存款 4 040 元。

分析：A 公司换出资产的公允价值 12 000 元大于其账面价值 10 000 元，且收到补价，按相关会计制度规定进行如下会计处理：

借：固定资产　　8 193.33
　　银行存款　　4 040
　　贷：库存商品——W 产品　　10 000
　　　　应交税金——应交增值税（销项税额）　　1 560
　　　　营业外收入　　673.33

A 公司在计算应纳所得税时，应进行如下调整：换出 W 产品应确认计税收入 12 000 元，计税成本 10 000 元，应调整增加应纳税所得额 2 000 元，“营业外收入”科目反映的补价收益 673.33［（1－10 000÷12 000）×4 040］元，应调整减少应纳税所得额；换入钻床的计税成本应按公允价值 10 000 元确认，应调整增加 1 806.67 元（10 000－8 193.33）。

C 公司换出资产的公允价值 10 000 元大于其账面价值 9 500 元，并支付补价，按相关会计制度规定进行如下会计处理：

借：固定资产清理　　9 500
　　累计折旧　　10 500
　　贷：固定资产　　20 000
借：库存商品——W 商品　　11 980
　　应交税金——应交增值税（进项税额）　　1 560
　　贷：固定资产清理　　9 500
　　　　银行存款　　4 040

C 公司在计算应纳所得税时，应进行如下调整：固定资产清理的计税收入应以公允价值 10 000 元确认，应调整增加应纳税所得额 500 元；C 公司换入甲商品的计税成本应为 12 000 元，应调整增加 20 元（12 000－11 980）。

第二种情形：对于涉及补价的非货币性交易且换出非货币性资产的公允价值小于其账面价值的，在调整计算应纳所得税时，首先应调整减少应纳税所得额，将补价收入中所确定的损失再调整增加应纳税所得额。

【案例 9-3】A 公司和 D 公司均为增值税一般纳税人，适应增值税税率为 13%，且没有发生除增值税外的相关税费。2019 年 6 月 10 日，A 公司以生产的甲产品 1 000 件与 D 公司交换乙材料 10 000 千克，D 公司换入甲产品作为生产用原料。甲产品账面价值每件 115 元，公允价值每件 110 元；乙材料账面价值每千克 11 元，公允价值每千克 10.5 元。D 公司另以存款支付 A 公司补价 5 650 元。

分析：A 公司换出资产的公允价值 110 000 元（1 000×110）小于其账面价值 115 000 元（1 000×115），且收到补价 5 650 元，其会计处理如下：

借：原材料——乙材料　　109 743.18
　　应交税金——应交增值税（进项税额）　　13 650
　　银行存款　　5 650
　　营业外支出　　256.82
　　贷：库存商品——甲产品　　115 000
　　　　应交税金——应交增值税（销项税额）　　14 300

A 公司在计算应纳所得税时，应进行如下调整：换出甲产品视同销售应确认计税收入 110 000 元，计税成本 115 000 元，应调减应纳税所得额 5 000 元，“营业外支出”科目显示的补价损失 256.82 元［（1－115 000÷110 000）×5 650］，应调增应纳税所得额。换入材料的计税成本应为 105 000 元，应调减 4 743.18 元（109 743.18－105 000）。

D 公司换出资产的公允价值为 105 000 元，其账面价值 110 000 元并支付补价，其会计处理如下：

借：原材料——甲材料　　115 000
　应交税金——应交增值税（进项税额）　　14 300
　贷：原材料——乙材料　　110 000
　　应交税金——应交增值税（销项税额）　　13 650
　　银行存款　　5 650

D 公司计算应纳所得税时，应做如下调整：换出乙材料应确认计税收入 105 000 元，计税成本 110 000 元，应调减应纳税所得额 5 000 元；换入甲产品的计税成本应为 110 000 元，应调减应纳税所得额 5 000 元。

（2）换入资产的企业所得税处理及其差异

换入资产计价所产生的纳税影响：换入资产被使用或对外销售后，其计价金额构成了计提折旧或分期摊销或结转销售成本的基础，直接影响当期及以后相应各期的应纳税所得额。但《企业所得税暂行条例》及其实施细则中，只规定接受投资的固定资产、无形资产等应以合同、协议确定的合理价格或者评估确认的价格确定，未列举规定其他各种非货币性交易情形下换入资产的入账价值。不过在随后的一些规范性文件中作了某些具体规定。

1）国税发〔2000〕118 号文件规定，企业以部分非货币性资产（含单项非货币性资产）对外投资，包括股份公司的法人股东以其经营活动的部分非货币性资产向股份公司配购股票，应在投资交易发生时，将其分解为按公允价值销售有关非货币性资产和投资两项经济业务。也就是说，非货币性交易换入的股权投资成本可以其公允价值为基础确定，而接受投资方也可按经评估确认的价值确定所取得的非货币性资产计税成本。

2）企业若以整体资产对外投资，包括股份公司的法人股东以其经营活动的全部或其独立核算的分支机构向股份公司配购股票，如属应税重组，则应在交易发生时，将其分解成按公允价值销售全部资产和进行投资两项经济业务，取得的股权投资成本处理原则与单项或多项非货币性资产投资相同；同时，接受投资方可按取得的非货币性资产公允价值作为其入账价值。反之，如属免税重组，则转让企业（投资方）取得接受企业的股权投资成本，应以其原持有的资产账面净值为基础确定，不得以评估确认的公允价值为基础确定；接受投资企业接受转让企业的非货币性资产的成本，国税发〔2000〕118 号文件规定须以转让企业的原账面净值为基础确定，不得按经评估确认的价值进行调整。

3）企业若以整体资产置换方式换入非货币性资产，如属应税重组，则应将其交易分解为按公允价值销售全部资产和按公允价值购买另一方全部资产的经济业务进行所得税处理，即换入资产应按资产的公允价值入账；反之，如属免税重组，则交易双方换入资产的成本应按换出资产的原账面净值为基础确定。

由此，我们将换入资产入账价值方面会计处理与企业所得税纳税处理异同归纳总结如表 9-1 所示。

表 9-1 换入资产入账价值方面会计处理与企业所得税纳税处理异同

<table>
<tr><th rowspan="2">交易类别</th><th rowspan="2">换入资产内容</th><th rowspan="2">税收征免优惠</th><th colspan="3">资产入账价值基础比较</th></tr>
<tr><th>会计准则</th><th>税法</th><th>结果</th></tr>
<tr><td rowspan="2">单项或多项非货币性资产投资</td><td>投资方换入股权</td><td>无</td><td>账面价值</td><td>公允价值</td><td>不一致</td></tr>
<tr><td>接受投资方换入非货币性资产</td><td>无</td><td>评估确认值</td><td>评估确认值</td><td>一致</td></tr>
<tr><td rowspan="4">整体资产投资</td><td rowspan="2">投资方换入股权</td><td>应税重组</td><td>账面价值</td><td>公允价值</td><td>不一致</td></tr>
<tr><td>免税重组</td><td>账面价值</td><td>账面价值</td><td>一致</td></tr>
<tr><td rowspan="2">接受投资方换入整体非货币性资产</td><td>应税重组</td><td>评估确认值</td><td>评估确认值</td><td>一致</td></tr>
<tr><td>免税重组</td><td>评估确认值</td><td>评估确认值</td><td>一致</td></tr>
<tr><td rowspan="2">整体资产置换</td><td rowspan="2">置换双方换入整体非货币性资产</td><td>应税重组</td><td>评估确认值①</td><td>公允价值</td><td>一致②</td></tr>
<tr><td>免税重组</td><td>账面价值</td><td>账面价值</td><td>一致</td></tr>
</table>

注：① 在整体资产置换交易中，应税重组的前提是作为资产置换交易补价的货币性资产占换入总资产的公允价值高于 25%，这一前提也不符合会计准则中非货币性交易成立的条件。因而在会计处理上，交易双方对换出资产应确认实现销售收入，对换入资产则作为按公允价值购入一笔资产处理。

② 这里“一致”的结论是基于假定评估确认值符合公平交易原则，符合税法中对“公允价值”的定义。如果会计核算中据以入账的评估确认值显失公允，在计税时主管税务机关不同意作为计税成本，要求作纳税调整，则另当别论。

9.4 跨境重组

近年来，中资企业海外并购势头迅猛，这主要得益于我国经济快速发展带来的核心技术产品和品牌的累积、海外大量优质企业价值低估，以及人民币国际化进程不断加快等，尤其是随着国家“一带一路”倡议的确立和推进，跨境重组活动日益频繁，重组内涵不断提升。中资发起的海外重组并购从最初的资源占有型逐渐向技术获取型和市场拓展型转变，以技术升级、市场开发成为主要驱动因素，制造业、能源、矿产、医疗健康和消费品行业并购重组活跃。在投资的地区上，收购资产的地域分布也更加广泛，除原有欧洲、北美洲外，亚洲取代北美洲位列 2018 年中资海外并购的第二热门区域。据晨哨数据研究部统计，2016 年，中资共发起了 729 宗海外并购交易，披露金额合计约 3 318.74 亿美元，较 2015 年同比增长 73.16%。之后，受中美贸易摩擦等国际环境不利因素影响，中资海外并购规模有所下降。2017 年，中资企业发起的海外并购交易共有 573 宗，披露金额合计约 2 961.09 亿美元。2018 年，中资发起的海外并购共计 492 宗，其中 332 宗披露了交易金额，披露金额合计 1 447.67 亿美元，2019 年，中资发起的海外并购数量 591 宗，披露金额合计为 686 亿美元，并购金额同比降幅有大幅收窄。然而“一带一路”沿线国家和地区的投资并购却呈现活跃态势。2018 年中资企业在“一带一路”沿线国家和地区发起的投资并购交易共计 122 宗，同比增长 13.64%，2019 年“一带一路”沿线国家新签对外承包工程合同额 1 548.9 亿美元，占同期总额的 59.5%，同比增长 23.1%，随着政策的不断推进，“一带一路”沿线国家在中资海外并购中所扮演的角色将更加凸显（张巍，2016）。

9.4.1 跨境重组的内涵

在市场经济活动中，“重组”一词具有 3 种层面的不同含义。一是通俗意义上企业所有权的重要变化，包括合并、分立、收购等形式的所有权结构变动。二是民法典意义上的一种特殊机制，即对陷入财务困境企业具有要求权的债权人，可以按照相关法律规定，更改其拥有的法定权利的一种机制。三是税法意义上的特殊解释，即企业所有权结构调整中达到税法相关要求的涉税调整。

本书所探讨的跨境重组，主要是指税法意义上境外企业对我国企业的重组，以及我国企业对境外企业的重组活动。

9.4.2 跨境重组引发的税收问题

由于跨境重组涉及不同国家的税收法律体系，因跨境重组引起的资本、劳务、技术等频繁的跨境流动必然会伴随着复杂的跨境涉税风险。例如，对外支付的扣缴义务、关联业务往来涉税申报及纳税问题、境外投资所得涉税处理、税收协定待遇是否能充分享受等，因此，了解国际税收政策的变化趋势以及解决跨境重组活动中的涉税问题，对于重组企业来讲至关重要。从公司所有权结构调整和公司、股东两层税收结构看，公司和股东都是独立的纳税实体，在重组前，目标公司原有资产的潜在收益和损失不变，原有股东持有股票的潜在收益或损失也不变，且目标公司和原有股东在实现上述收益或损失时的纳税义务不变。但重组后，目标公司和原有股东的上述收益和损失、纳税义务，则可能由于重组方式的不同而发生变化，难以确定上述收益或损失是否已经实现，以及相关纳税义务是否发生或推迟。这还可能引发相关国家或地区税收管辖权的冲突与协调。

9.4.3 跨境重组的税收政策导向

重组作为现代企业生存与发展的一种经营策略和理性选择，有利于整合部分陷入财务困境企业的资源，扩大收购公司主营业务的范围，保护目标公司投资者的合法权益，但也易引发企业利用重组进行避税等问题。因此，各国在制定有关重组的税收政策时，一方面对符合税法规定条件的重组采用免税或推迟确认收益和纳税义务的政策，以促进企业有效整合资源，扩大生产经营规模，创造更多的社会财富和就业机会；另一方面，针对虚假重组、有意避税行为，采取较为严苛的征税政策，以防企业通过重组达到避税的目的，即遵循鼓励重组和反避税的双重价值取向的税制政策导向，这对于跨境重组来说应同样适用。

9.4.4 跨境重组的模式及其税务处理

1. 境外—境外模式

境外—境外模式主要是指境外非居民企业将其持有的境内居民企业股权转让给境外另一非居民企业。根据财税〔2009〕59号文件第七条第（一）项的规定，此类跨境重组如享受特殊重组待遇，除应满足第五条规定的境内特殊重组五个条件外，还须符合以下3项要求。

（1）收购方为被收购方100%直接持股子公司

从财税〔2009〕59号文件来看，对享受特殊重组的跨境重组适用范围规定更加严格，将收购双方为间接拥有和被同一人拥有两种情形排除在特殊重组适用范围外。

（2）重组未导致股权转让所得预提税负担变化

为了防止跨国集团利用重组避税，导致我国税款流失，财税〔2009〕59号文件将股权转让所得预提税税负未发生变化作为适用特殊重组的条件之一。重组企业需注意以下问题。

1）测算预提所得税税负时，须考虑税收协定因素。《企业所得税法》将纳税人分为居民企业和非居民企业，其中在我国未设立机构场所的非居民企业应就来源于中国境内所得交纳预提所得税。《企业所得税法实施条例》第七条第三项规定，权益性投资资产转让所得按照被投资企业所在地作为境内外所得的划分标准。在境外—境外模式中，由于被收购股权在境内，无论该股权由重组前的被收购方持有还是由重组后的收购方持有，转让股权所得均为我国境内所得，均需按10%的税率缴纳预提所得税。但我国与很多国家签订了税收双边协定，可能导致不同国家实际税负有所不同。例如，日本某公司将持有的中国公司100%股权转让给位于韩国的直接持股全资子公司。根据中日双边税收协定，日本公司转让中国公司股权所得，中国拥有征税权，即按10%税率征收预提所得税。根据中韩双边税收协定，韩国公司转让中国居民企业股权所得仅在韩国征税。因此，该重组交易导致了股权转让所得预提税实际税负发生了变化，不能适用特殊性重组。

2）关注股息预提所得税是否变化。财税〔2009〕59 号文件只将重组股权转让的资本利得的预提所得税未发生变化作为适用特殊性重组的强制性条件，并未明确转让前后非居民企业股息的预提所得税税负变化是否须作为考虑因素。仍以前述重组为例，中日协定股息税率为 10%，而中韩协定股息税率仅为 5%，上述跨境股权转让将导致我国对中国公司股息分红实际征收税款减少。因此，企业在制订重组方案时，需要考虑股息预提所得税是否发生变化这一因素，以免出台新规定对上述条款给予扩大化解释而带来的困扰。

例如，中国的一家外商独资企业原来由位于美国的全球总部持股，现在集团内进行股权整合，由位于韩国的亚太区总部持股，而韩国的这家公司是美国公司的全资子公司。这种从境外到境外的跨境重组之所以能够享受特殊性重组的待遇，主要是因为能够满足权益的连续性，即虽然直接持股人发生了变化，但是原来的股东还可以通过股权控制新的直接持股人，权益依然连续。因此，符合特殊性重组的核心要件要求。按照财税〔2009〕59 号文件的规定，这种类型的重组除满足特殊性重组的 5 个基本条件外，还要满足以后再次转让中国居民企业的股权时，预提所得税税率没有发生变化的要求。这主要是考虑我国与某些国家一旦签订税收协定约定，这些国家的企业转让中国企业的股权，中国将无权征税。如果没有股权转让预提所得税税率的限制，一些跨国公司可能会利用税收协定进行恶意的税收筹划。

（3）转让方非居民企业向主管税务机关书面承诺在 3 年（含 3 年）内不转让其拥有受让方非居民企业的股权

为了防止交易方以获得税收优惠为目的，人为设计符合特殊性重组条件的交易框架，重组后再迅速变卖股权套现以避税，财税〔2009〕59 号文件强调转让方取得的受让方股权 3 年内不得转让。但在实际执行该条款时，尚有一些问题需待明确。

1）3 年（含 3 年）如何计算。由于转让方为境外非居民企业，世界各国对股权转让采取不同的法律监管形式，股权转让行为的生效要件也存有很大的差异，这里的承诺 3 年起算点是股权登记变更时，还是股权转让合同生效时，还是重组完成时？此外，3 年是指连续 3 个纳税年度，还是连续 36 个月？这些问题还需进一步明确。

2）如收购方被清算、收购方和被收购方合并、收购方被转让给集团内另一家 100%控股的非居民企业等，这些情形发生时是否违反上述 3 年持有期的规定。

本书建议重组方应及时关注、了解相关税收政策，详细咨询主管税务机关，尤其是向省级税务机关了解关于跨境重组备案的要求。

2. 境外—境内模式

境外—境内模式是指境外非居民企业将其持有的我国居民企业股权转让给我国境内的居民企业。根据财税〔2009〕59号文件第七条第（二）项的规定，此种模式如适用特殊性重组，除应满足第五条外，还须符合收购方为被收购方100%直接持股子公司这一规定。

《企业所得税法》取消了对外资企业的一系列优惠政策，尤其是不但终结了再投资退税，而且改变了分配给未在中国设立机构场所的非居民企业股息红利免税的规定，转而按10%税率征收预提所得税。相比之下，我国居民企业之间股息红利所得却适用免税优惠。这使原来很多在避税地注册离岸公司以享受外资税收优惠的虚假外资丧失了原始动力，开始考虑在税率过渡优惠结束后将股权转回国内。由于财税〔2009〕59号文件限定，只有受让方是转让方的100%直接控股子公司才能享受特殊性重组待遇，如拟受让方不符合条件，建议先由境外非居民企业在中国设立全资子公司，由该子公司收购目标公司股权，再采取以股换股形式将拟受让方股权注入该子公司，完成境外股权的境内回归。

3. 境内—境外模式

境内—境外模式是指境内居民企业将其拥有的资产或股权向境外非居民企业投资。根据财税〔2009〕59号文件第七条第（三）项的规定，此种模式如适用特殊性重组，除应满足第五条外，同样须符合受让方为转让方100%直接持股子公司的规定。

财税〔2009〕59号文件第八条对适用特殊性重组的境内—境外模式规定了不同于前两种模式的税务处理，即“其资产或股权转让收益如选择特殊性税务处理，可以在10个纳税年度内均匀计入各年度应纳税所得额”。该规定主要是防止利用跨境重组将境内资产潜在增值转移至境外避税。例如，我国居民企业甲公司将持有的居民企业乙公司的100%股权转让给100%直接控股香港丙公司，该股权计税基础1亿元，评估价11亿元，增值10亿元。如果适用财税〔2009〕59号文件第六条第（二）项进行税务处理，甲公司不确认股权转让收益，该收益的纳税义务递延由丙公司股权再转让时承担。由于丙公司股权再转让时只按10%交预提所得税，我国可征收税款1亿元，而由甲公司负担税款，则可征收税款2.5亿元。显然，这将导致我国税收权益的流失。又如，我国居民企业将持有的非居民企业股权转让给境外非居民企业，适用境内股权收购特殊性重组规则将导致我国税收管辖权的丧失。因此，财税〔2009〕59号文件规定，此种模式的跨境重组的征税主体仍为转让方居民企业，但允许将股权转让所得均匀计入各年度应纳税所得额。

需重点提示的是，受让方取得股权或资产的计税基础可以公允价值确定。

在实践中，这三种跨境重组模式遇到的最大问题就是很少能有企业完全符合 100%股权加直接持股两个硬性指标。跨境股权收购多发生在跨国集团内部，由于经济结构或战略布局的调整，将股权在集团内部下属公司间进行架构重建，因此多为同一控制下股权收购或者收购双方为间接持股。对于这种有合理商业目的且确不存在避税动机的跨境重组，建议企业向税务主管机关申请适用财税〔2009〕59 号文件第七条第（四）项“财政部、国家税务总局核准的其他情形。”进行尝试。

此外，跨国重组的模式是多种多样的。例如，我国居民企业吸收合并境外非居民企业全资子公司，此种跨境重组是否可以享受特殊性重组待遇。又如，直接持有中国居民企业 100% 股权的境外非居民企业股东在境外清算，或在境外被其 100% 控股的母公司合并的，以及直接持有中国居民企业 100% 股权的境外非居民企业股东在境外与被同一人拥有 100% 股权关系的一个或多个企业合并，因而导致境外股权发生转让的，是否可以享受特殊性重组待遇等。这些问题都需要进一步加以明确。

9.4.5 综合案例分析

【综合案例 1】

境外非居民企业 A 100%控股境内两家居民企业 B 和 C。A 将 C 的 100%股权转让给 B。转让之后，C 成为 B 的全资子公司。C 企业 100%股权的计税基础为 2 500 万元，评估价格为 1 亿元。转让之前，B 的注册资本中有 1 700 万元未到位。转让协议中，双方约定：股权收购价格为 2 500 万元，其中 1 700 万元为注册资本到位，800 万元为新增注册资本。也就是说，A 其实是将 C 的股权作价 2 500 万元投资到 B，其中 1 700 万元是填补原先注册资本的缺口，800 万元是新增注册资本。

上述的股权收购价格，已得到 C 所在地相关部门批准。B 已完成工商变更，且已获得当地相关部门批文：同意 1 700 万元未到位的注册资本改为股权出资，同意新增注册资本 800 万元。

【解析】

上述重组过程，满足财税〔2009〕59 号文件第七条第（二）项所规定的跨境重组条件。但该重组事项的问题出在 B 的支付对价：1 700 万元注册资本到位，能否界定为股权支付？

实践中通常有两种意见：一是认为未到位的注册资本，是 A 应当给 B 的，是 B 对 A 的债权，所以这 1 700 万元是债权支付，而不是股权支付；二是认为支付的对价应为1亿元，而不应是获批的2 500万元。那么7 500万元差额的对价算是支付了吗？

1. 交易性质的判定

在分析会计处理和税务处理之前，首先需要界定该交易的法律性质，而界定其性质的法律基础应当是《公司法》等。从交易描述来看，基于不同的视角，该交易可以视为如下两种类型。

1）从非居民企业A公司的视角，该交易可以视为A以其持有的100%的C公司的股权作为投资投入B公司中，即通常所说的“以股权出资”。当然，本案例里面有以下3个特殊的方面。

① C公司的股权评估价为1亿元，A公司对C公司股权的计税基础为2 500万元。

② B公司仅仅增加了800万元的注册资本，尽管本次实际收到的实收资本为2 500万元（包含了以前欠缴的1 700万元）。

③ 不知道C公司净资产的账面价值（假设为2 500万元）。

2）从居民企业B公司的视角，该交易可以视为B公司支付对价（先不管到底支付的是否全部都是股权支付对价）收购了A公司持有的100%的C公司的股权——这属于典型的股权收购交易。

因此，分析结果表明，尽管最终的法律结果是一样的，但站在不同的交易主体视角，该交易出现了以非货币财产（股权财产）投资和股权收购重组交易的竞合。在税法上，以非货币性资产投资和股权收购重组存在各自的税法规则，可见分析清楚该重组事项的交易性质显得尤为重要。

2. 案例分析

根据非货币性资产投资和股权收购重组的所得税处理原则，以及《企业所得税法》及其实施条例，本书认为企业以非货币性资产对外投资应当视同处置资产缴纳企业所得税，理由如下。

第一，《企业所得税法实施条例》第五十八条第（五）项规定了投资取得固定资产的计税基础的确定规则：“通过捐赠、投资、非货币性资产交换、债务重组等方式取得的固定资产，以该资产的公允价值和支付的相关税费为计税基础”。《企业所得税法实施条例》第六十二条、第六十六条、第七十二条等分别对投资取得的生物资产、无形资产、存货的计税基础进行了确定。前述这些税法条款规定，被投资公司取得投资公司投入的非货币性资产的计税基础，应当按照该资产的公允价值和支付的相关税费确定。也就是说，对于以非货币性资产投资而言，视为按照公允价值转让或出售非货币性资产和投资两项业务进行处理。只有这样，投资公司实现并确认了投入的非货币性资产的内在增值或贬值之后，该等值资产在被投资公司的计税基础才需要按照公允价值进行确定，并使资产的计税基础得以延续。

第二，《企业所得税法实施条例》的这些相关条款采用的通用描述是“……投资、非货币性资产交换……”，因此，本书认为《企业所得税法》及其实施条例将“投资”行为与“非货币性资产交换”行为并列表述，是要将它们区别开来。从这个意义上讲，税法的规定与《企业会计准则》的规定是一致的，即通常将非货币性资产交换界定在一般性的交换中，而不包含企业投资和企业重组交易。

如果非货币性资产的公允价值大于其计税基础，投资人应确认转让所得。具体处理如下。

（1）选择按照以非货币性资产投资处理

如果交易各方选择按照以非货币性资产投资处理，则对于 A 而言需要确认所得＝10 000－2 500＝7 500（万元），这时并不是说增资协议约定为 2 500 万元就按 2 500 万元进行处理。

（2）选择按照股权收购重组处理

如果你是交易各方，第一选择当然是希望按照股权收购重组处理。那么该交易是否可以适用股权收购重组的特殊性税务处理呢？下面来进行分析（假定除了财税〔2009〕59 号文件第六条第（二）项规定的特别要件之外的其他要求都满足）。

第一，是否满足“收购企业购买的股权不低于被收购企业全部股权的 75%”这一要件？结论显然是满足的，B 公司购买了 100%的 C 公司股权。第二，是否满足“收购企业在该股权收购发生时的股权支付金额不低于其交易支付总额的 85%”这一要件？在分析这个要件是否满足时，需要解决上面提出的两个争议问题。

第一个问题：该交易中，交易支付总额是多少？

一般情况下，交易的支付总额（即总对价）是由交易各方协商确定的。在本交易中，“双方约定：股权收购价格为 2 500 万元，其中 1 700 万元为注册资本到位，800 万元为新增注册资本。”那么，是否 2500 万元就是交易的支付总额呢？答案是否定的，理由如下。

1）按照《公司法》第二十七条的规定：“股东可以用货币出资，也可以用实物、知识产权、土地使用权等可以用货币估价并可以依法转让的非货币财产作价出资；但是，法律、行政法规规定不得作为出资的财产除外。对作为出资的非货币财产应当评估作价，核实财产，不得高估或者低估作价。法律、行政法规对评估作价有规定的，从其规定。”

在本案例中，C 公司的价值评估为 10 000 万元，不能将其作价 2 500 万元投入 B 公司中。尽管这属于 A 公司 100%同一控制下的内部重组，如何作价并不影响其利益，但这不能作为确定交易支付总额的依据。

2）按照《企业会计准则第 20 号——合并准则》的规定，该交易属于同一控制下的“控股合并”，应当适用“权益结合法”进行账务处理。《企业会计准则第 20 号——合并准则》第六条规定，“合并方在企业合并中取得的资产和负债，应当按照合并日在被合并方的账面价值计量。合并方取得的净资产账面价值与支付的合并对价账面价值（或发行股份面值总额）的差额，应当调整资本公积；资本公积不足冲减的，调整留存收益。”同时，按照 2014 年修订后的《企业会计准则第 2 号——长期股权投资准则》第五条规定：“企业合并形成的长期股权投资，应当按照下列规定确定其初始投资成本：（一）同一控制下的企业合并，合并方以支付现金、转让非现金资产或承担债务方式作为合并对价的，应当在合并日按照被合并方所有者权益在最终控制方合并财务报表中的账面价值的份额作为长期股权投资的初始投资成本。长期股权投资初始投资成本与支付的现金、转让的非现金资产以及所承担债务账面价值之间的差额，应当调整资本公积；资本公积不足冲减的，调整留存收益。合并方以发行权益性证券作为合并对价的，应当在合并日按照被合并方所有者权益在最终控制方合并财务报表中的账面价值的份额作为长期股权投资的初始投资成本。按照发行股份的面值总额作为股本，长期股权投资初始投资成本与所发行股份面值总额之间的差额，应当调整资本公积；资本公积不足冲减的，调整留存收益。”

如果假定 C 公司净资产的账面价值也是 2 500 万元，按照账面价值 2 500 万元作为长期股权投资的初始成本并没有问题，但这仅仅是站在会计处理上的同一控制下资源并没有脱离控制的角度来规定的，并不是税法意义上的交易价格。税法上，即使是关联方之间的交易也需要按照独立主体之间的独立交易原则来处理。因此，本交易中，2 500 万元显然远远小于 1 亿元的评估价，并不公允，不能依据协议约定价值来确定。那么，应如何确定呢？实质上还是要以标的资产的公允价值（评估价）来确定。

第二个问题：该交易中，股权支付金额是多少？

按照《公司法》第二十八条规定：“股东应当按期足额缴纳公司章程中规定的各自所认缴的出资额。股东以货币出资的，应当将货币出资足额存入有限责任公司在银行开设的账户；以非货币财产出资的，应当依法办理其财产权的转移手续。

股东不按照前款规定缴纳出资的，除应当向公司足额缴纳外，还应当向已按期足额缴纳出资的股东承担违约责任。”

从《公司法》的规定和理论来看，A 公司对 B 公司负有缴付出资的义务。从某种意义上看，也可以视为 B 公司拥有对 A 公司的债权。A 公司以其持有的 100% 的 C 公司股权作为出资投入 B 公司中，其中 1 700 万元仅仅属于 A 公司在设立 B 公司时未缴付义务的清结。或者说，B 公司以拥有对 A 公司的 1 700 万元的债权作为对价支付给 A 公司而换取了价值 1 700 万元的 C 公司股权。从《公司法》理论来看，A 公司认缴的 1 700 万元出资额属于 B 公司已经发行在外的股权，对其变更为以股权出资并不能增加注册资本的总额。这就意味着 B 公司并没有新增发股权，不会构成本次股权收购交易或本次股权出资的股权支付对价。事实上，1 700 万元的股权是 A 公司设立 B 公司时，B 公司获得 A 认缴的出资额的催缴权利而发行的股权支付对价。

B 公司还增发了价值 800 万元的股权给 A 公司以换取了价值 800 万元的 C 公司股权，这显然属于股权支付对价。需要注意的是，即使计入实收资本（A）中的金额不到 800 万元，也并不意味着该股权就不值 800 万元，因为有限责任公司的股东享有被投资公司的权益是按照股权比例来分享的，它实质上对应的是净资产的份额。

根据相关资料，B 公司增资 800 万元后的注册资本为 3 500 万元，意味着增资前 B 公司的注册资本为 2 700 万元。所以，可以推算出 B 公司收购时的净资产的公允价值 x 如下：

$$1\div(1+x)=800\div3\,500$$

解得：

$$x\approx3.375\text{（亿元）}$$

在上述的背景资料已知的情况下，我们按照实务中正常交易来分析：按照独立各方之间的公平交易原则，C 公司的股东 A 公司增资部分的权益在增资后的 B 公司的股权比例应该是多少呢？$1\div(1+3.375)\approx22.86\%$，可以计算出 A 公司投入 B 公司的 1 亿元中到底有多少要计入实收资本中，有多少需要视为溢价投入而计入资本公积（资本溢价）中。假设计入实收资本中的金额为 Y，则：

$$Y\div(Y+2\,700)=22.86\%$$

解得：

$$Y\approx800\text{（万元）}$$

计入资本公积（资本溢价）的金额为 9 200（10 000－800）万元。其中的 1 700 万元并非新增发股份作为支付对价，仅仅是抵销欠缴的出资义务，因此案例中本次增资中实际应计入资本公积（资本溢价）的金额应为 7 500（9 200－1 700）万元。

在上述假定中，计入实收资本的金额为 800 万元，但并不意味着股权支付额就是 800 万元，而应该是 1 亿元。因为增资完成后，A 公司在 B 公司中享有权益的增加部分的价值＝（1＋3.375）×22.86%≈1（亿元）。同时，从被收购标的的公允价值来看也是 1 亿元。

按照《企业会计准则第 20 号——合并准则》和《企业会计准则第 2 号——长期股权投资准则》的规定（同一控制下的控股合并），B 公司的会计处理如下：

借：长期股权投资——C　　2 500
　　贷：实收资本——A　　2 500

需要注意的是，上述分录中的实收资本（A）2 500 万元包含 A 公司以前对 B 公司认缴的出资额而未实缴的 1 700 万元。从工商登记来看，本次交易只变更增加注册资本 800 万元。

那么从会计处理上看，企业实际只收到 2 500 万元的资产，那么剩余的 7 500 万元去哪里了？因为这个时候 B 公司账面反映的仅仅是资产的历史成本价值，而并没有反映其资产增值部分（增值部分隐含在资产中，并未体现在账面价值中）。如果按照独立主体交易的话，还需要计入资本公积（溢价）7 500 万元。会计处理如下：

借：长期股权投资——C　　10 000
　　贷：实收资本——A　　2 500
　　　　资本公积——资本溢价　　7 500

分析结论：如果总对价就是 2 500 万元，则股权支付比例＝800÷2 500＝32%＜85%。所以，整个交易不能满足特殊性税务处理的要件。如果总对价是 10 000 万元，则股权支付比例＝（10 000－1 700）÷10 000＝8 300÷10 000＝83%＜85%，也不满足特殊性税务处理的要件。

因此，整个交易不能适用特殊性税务处理，只能适用一般性税务处理。

3. 结论

1）会计处理上，由于属于同一控制的控股合并，因此采用权益结合法进行处理。A 公司取得的 B 公司股权的长期股权投资，按照“被合并方所有者权益在最终控制方合并财务报表中的账面价值的份额作为长期股权投资的初始投资成本”；如果被合并的 C 公司的账面价值就是 2 500 万元，则会计处理中的长期股权投资就是 2 500 元。但计入实收资本中的金额为 1 700 万元，仅仅是 A 公司欠缴的注册资本的缴付。

2）税务处理上，B 公司只增加了注册资本 800 万元，但这并不是说就仅发行了价值 800 万元的股权。因为股权代表的价值是对应的所有者权益部分的价值为 8 300 万元（有 7 500 万元隐含在资产中并未体现在账面价值中）。同时，剩余的 1 700 万元并不是新增发股权来支付对价的，而是用 A 公司应缴付的出资来抵销的。我们可以发现，交易支付总额是按照标的资产的公允价值确定的，而股权支付按照财税〔2009〕59 号文件第二条和国税〔2010〕4 号公告第六条的规定来确定是很明确的。

【综合案例 2】

随着国家“一带一路”倡议的实施，越来越多的中国居民企业走出国门，通过收购拥有先进技术和管理经验的境外目标公司等方式，在境外成立控股公司，逐步发展成为同时拥有境内外企业的跨国集团。为提高境内公司的盈利水平，往往采取将境外优质资产注入境内子公司的跨境重组方式。那么，这种居民企业之间的跨境重组是否能享受企业所得税特殊性税务处理？

背景资料：2015 年 1 月 6 日，烟台 A 股份公司发布重大资产重组预案：拟收购烟台 B 公司持有的香港 C 公司 100%股权，采取定向增发的形式支付收购款项。

该项重组方案中，股权收购比例 100%、股权支付比例 100%，那么此次重组是否符合财税〔2009〕59 号文件或财税〔2014〕116 号文件的规定，适用特殊性税务处理或者非货币资产投资递延纳税呢？

【解析】

1. 财税〔2009〕59 号文件的税务处理

（1）相关文件的规定

按照财税〔2009〕59 号文件第七条规定，跨境重组如享受特殊重组待遇，除应满足第五条规定的境内特殊重组 5 个条件，还须符合以下条件。

1）非居民企业向其 100%直接控股的另一非居民企业转让其拥有的居民企业股权，没有因此造成以后该项股权转让所得预提税负担变化，且转让方非居民企业向主管税务机关书面承诺在 3 年（含 3 年）内不转让其拥有受让方非居民企业的股权。

2）非居民企业向与其具有 100%直接控股关系的居民企业转让其拥有的另一居民企业股权。

3）居民企业以其拥有的资产或股权向其 100%直接控股的非居民企业进行投资。

4）财政部、国家税务总局核准的其他情形。

满足跨境重组特殊性税务处理条件，即可暂不确认股权转让的所得或损失；被收购企业的股东取得收购企业股权的计税基础，以被收购股权的原有计税基础确定；收购企业取得被收购企业股权的计税基础，以被收购股权的原有计税基础确定；收购企业、被收购企业的原有各项资产和负债的计税基础和其他相关所得税事项保持不变。

（2）符合特殊性税务处理的跨境重组的方式

1）境外—境外：非居民企业之间转让境内居民企业的股权，受让方必须是转让方 100%控制的企业，标的物是境内居民企业股权。

2）境外—境内：非居民企业向居民企业转让居民企业股权，受让方必须是转让方 100%控制的企业，标的物是境内居民企业股权。

3）境内—境外：居民企业向非居民企业转让其拥有的资产或股权，受让方必须是转让方100%控制的企业，标的物是资产或股权。

从上述案例中的重组方式看，居民企业转让非居民企业的股权，严格意义上不属于上述3种股权收购方式，唯一接近的就是境内—境外的方式。

有种观点认为，完全符合特殊性税务处理的要求，股权收购比例和股权支付比例都符合要求，具有合理商业目的，且不以减少、免除或者推迟缴纳税款为主要目的：该上市公司为增加市场竞争力，提升盈利能力，收购大股东持有的境外公司股权。

分析财税〔2009〕59号文件中的3种跨境重组方式可知，第一种和第二种转让的标的物都是境内居民企业的股权，第三种是居民企业持有的股权或资产，可能是境内股权、资产，也可能是境外股权、资产。本案例中，B公司转让C公司的股权，就是将持有的境外子公司的股权转让给A公司。

2. 财税〔2014〕116号文件的税务处理

财税〔2014〕116号文件第五条规定：本通知所称非货币性资产，是指现金、银行存款、应收账款、应收票据以及准备持有至到期的债券投资等货币性资产以外的资产。本通知所称非货币性资产投资，限于以非货币性资产出资设立新的居民企业，或将非货币性资产注入现存的居民企业。

这里的非货币性资产可以看成B公司持有的香港C公司的股权投资A公司，取得A公司的定增股票，以非货币性资产注入A公司。本案例中，非货币资产包括股权，但是境内公司的股权还是境外公司的股权，没有明确。

3. 居民企业之间转让境外子公司股权的税务处理分析

本案例中，B公司转让境外C公司的股权，那么按照《企业所得税实施条例》第七条的规定：企业所得税法第三条所称来源于中国境内、境外的所得，按照以下原则确定：权益性投资资产转让所得按照被投资企业所在地确定。

第一种和第二种方式下的股权转让所得是来源于境内所得，第三种方式下既可能包括境内所得，又可能包括境外所得。在本案例中，B公司的股权转让所得性质，按照被投资企业所在地确定属于境外所得。同样非货币资产对外投资，如果以境外子公司的股权进行投资，应该按照公允价值确认为来源于境外的股权转让所得。

既然是境外所得，那么投资东道国按照所得来源地原则拥有优先征税权，所以要看我国同对方国家或地区签署的税收协定或安排的具体条款内容。

本案例中，转让的是香港公司的股权，那么按照《内地和香港特别行政区关于对所得避免双重征税和防止漏税的安排》第二议定书的规定：一方居民转让其在另一方居民公司资本中的股份或其他权利取得的收益，如果该收益人在转让行为前的十二个月内，曾经直接或间接参与该公司至少百分之二十五的资本，可以在该另一方征税。本案例中香港税务当局对B公司的股权转让所得就有优先征税权，就是说B公司的股权转让收益首先在香港被征税，然后作为来源于境外所得按照财税〔2009〕125号文件的规定进行境外所得税收抵免。

由此，财税〔2009〕59号文件的重组标的物包括非货币性资产，只有是境内的资产或股权，才能按照特殊性税务处理；转让境外资产或股权属于来源于境外所得，尽管转让方和支付方都是居民企业且境内支付，但是境外已经被征税或免税（本案例中转让香港公司股权收益，香港对资本利得是免税的），其所得都应按照境外所得税收抵免的操作程序。实质就是中国有征税权的境内所得，才能按照特殊性税务处理，享受递延纳税；否则该笔所得已经在境外缴税，境内主管税务机关就不可能进行特殊性税务处理。

4. 政策建议

本案例严格意义上均不属于跨境重组中的境外—境外、境外—境内、境内—境外3种模式中的任何一种。为鼓励跨国并购，减轻企业税负，支持“走出去”企业更好地发展，本书建议对这种居民企业之间转让境外股权或资产的跨境重组业务可考虑有条件地适用特殊性税务处理的税收优惠政策。

（1）居民企业身份的认定

如果香港C公司仅作为控股公司的目的成立，没有经营任何实际业务，且实际管理机构在境内，按照国税发〔2009〕82号文件的规定认定为居民企业，那么B公司的股权转让收益则属于来源于境内所得，完全可以按照特殊性税务处理进行。当然，如果认定为居民企业之后，主管税务机关各项征收管理工作应完全按照境内企业来对待和处理。

（2）跨境重组境外所得有条件享受特殊性税务处理

1）境外股权转让所得免税，在对方国家放弃征税权的情况下，是否可以按照境内所得适用特殊性税务处理，以减轻企业的财务压力。也就是说，B公司的境外股权收益可以暂不确认损益，待其将持有的A公司股票出售再确认损益，主管税务机关可以要求企业提供境外所得减免税的证明文件。

2）境外所得已征税款的情况下，境外已征税款按照规定限额先进行抵免，超过抵免限额部分可以在不超过5年的期限内，用以后年度税款扣除限额的余额补扣，以充分体现财税〔2009〕59号文件递延纳税的本意。

第 10 章 企业重组所得税制的国际借鉴及其完善

10.1 外国企业重组所得税税制

10.1.1 外国企业重组所得税制度

从世界范围来看，西方发达资本主义国家企业重组经历了从自由竞争阶段到资本垄断阶段，再到混合经济阶段的发展历程。从 19 世纪末开始，以美国为代表的发达国家在证券市场发展的历程中，共经历了 5 次比较大的重组浪潮，这在很大程度上推动了各国经济的发展和产业结构的调整。第一次浪潮发生在 19 世纪末 20 世纪初，以基础设施企业的资产重组为重点，其主要特征是横向并购，将大量中小型企业合并为少数大公司，以达到扩大企业规模、提高市场占有率、实现规模效益、抵御经济风险的目的。第二次浪潮发生在 20 世纪 20 年代。相比较于第一次浪潮，在横向并购占比较大的同时出现了相当规模的纵向并购，即同一部门的不同行业间进行资产重组。该阶段并购的重要动机是寡头及规模经济。第三次浪潮发生在 20 世纪 50～60 年代，此次有两个明显特点：一是以大型企业之间的资产重组及混合兼并为主要方式，且混合并购超过横向并购居于主体地位，形成跨行业的“巨无霸”企业；二是跨国并购异军突起，由于全球经济一体化的萌芽，大型企业发展的空间分布开始出现多样化发展的趋向，催生了跨国并购的兴起。第四次浪潮发生在 20 世纪 80 年代，由于杠杆收购策略的运用和垃圾债券融资手段的出现，借贷兼并成为一种重要方式。这次浪潮主要是由金融财团推动的，同时对金融衍生工具的运用起了推波助澜的作用。第五次浪潮从 20 世纪 90 年代初期延续至今。这次浪潮呈现出 4 个新的特点：一是并购规模巨大，出现了明显的强强联合趋势，产生了许多“巨无霸”的跨国企业集团。20 世纪 90 年代中期以来，全球涌现出了许多巨型跨国公司相互之间并购的案例，对世界经济产生了重要影响。例如，1995 年美国迪士尼公司宣布以 290 亿美元收购美国广播公司的母公司，成为全球最大的娱乐公司。二是并购数量增多，产业进一步向国际化发展。

目前的跨国并购活动主要发生在能源业、电信业、银行业，这说明兼并国基于自身产业结构调整，着眼于统一的世界市场，将其传统产业、夕阳产业转移到其他国家，从而优化本国的产业结构。三是以换股为主要交易方式的横向并购显著增加。跨国并购从并购双方的行业相互关系划分主要有 3 种方式：竞争对手之间的横向并购、供应商和客户之间合并的纵向并购和既非竞争对手又在纵向上不具有现实或潜在横向关系的企业之间的混合并购。四是跨国企业兼并与剥离并存。一方面，各公司争相并购其他公司，另一方面也纷纷把与自己主业无关的分支机构剥离出去。例如，美国通用汽车公司把所属的电子数据系统公司售出，这与第三次兼并浪潮中的多元化经营形成了鲜明对比。在五次浪潮的推动下，发达国家重组十分活跃，并在重组的方式、操作程序、政府监管和中介机构等方面形成了较为完善的体系，这对于丰富我国企业重组相关理论体系，推动重组活动的开展具有十分重要的借鉴意义。

从税收层面来看，重组活动尤其是跨境重组往往会使国家税基受损、税款流失，减少本国财政收入，同时会影响资本的正常流动，破坏公平竞争的经济环境。为此，各国在制定各项政策措施推动本国重组活动开展的同时，纷纷制定相应的反避税政策措施以防止类似避税行为的泛滥。

1. 美国

美国企业重组并购始于 19 世纪末，经过 100 多年的发展演变，美国已逐渐形成了一套比较严密、系统的企业并购税收法律体系，实现了鼓励真实重组、倡导自由竞争、打击偷漏税、适当控制垄断的政策目标。美国企业重组税制主要涉及公司所得税和个人所得税，核心框架是对并购重组交易相关的公司和股东的联邦所得税结果进行评价。此外，州和地方的所得税也会影响重组企业的纳税义务。美国企业的跨国并购还涉及税收协定的适用。美国企业重组所得税处理的一项重要原则是资产的处置会导致应税收入的实现和立即确认。因此，企业重组原则上属于应税行为，而免税重组只是该原则的例外。

美国免税重组有 7 种类型：A 型（合并）、B 型（股权收购）、C 型（资产收购）、D 型（分立）、E 型（资本结构重组）、F 型（公司身份地点变更）、G 型（破产或资不抵债情况下的重组）（在美国税法中，第 368 条界定的 7 种交易类型指的是免税重组（corporate reorganizations）类型，美国税法中没有应税重组类型一说）。在这些免税重组的情形下，具体涉及以下重组事项可不确认收益和损失。

1）以股票换财产。股份公司以自身股票换取财产，不确认收益或损失。

2）向股份公司转让财产。转让人以财产换取股份公司股票，交换后，转让人得以控制被投资公司的，不确认财产转让收益或损失。

3）在某些重组中交换股票或证券。作为重组当事人的股份公司相互交换股票不确认收益或损失。收购式重组中，目标企业股东依此不确认收益。

4）分派受控股份公司股票。股份公司向其股东分派受控股份公司股票，或向其股东分派受控股份公司股票并换回股东持有的该公司股票，不确认收益或损失。

5）完全清算子公司。股份公司在完全清算子公司时，收到子公司分派的财产，不确认收益或损失。

6）目标公司不确认收益或损失。在重组中，目标公司根据重组计划换取收购方股票，不确认收益或损失。目标公司依据重组计划将财产分派给股东，不确认收益或损失。股权收购中，目标公司依此不确认收益。

美国并购重组税制的发展充分彰显了其鼓励并购与防止避税两种立法价值取向的统一。一方面，美国基于不同的经济发展时期，制定了相应的一系列税收优惠政策鼓励和推动重组活动，最终建立和形成了较为完善的并购税收法律体系。1918年起，美国财政部、国内收入局（Internal Revenue Service，IRS）、法院和国会，不断对企业并购重组税制进行立法、修订、补充和完善。1918年，国会通过了一部给予某些重组税收优惠的法规，并于1924年扩大了符合税收优惠政策的重组种类，而且这次税改力度很大，以致公司无论在何时、以何种方式取得另一个公司的绝大部分资产，都可享受不确认收益的税收待遇。这就很容易导致重组双方人为地调整公司资产销售和股利分配政策，并使之形式上符合不确认收益的要求。显然，这一时期的免税重组政策仅适用于最古典的A型重组交易。未施加任何要件，导致了纳税人避税行为的滥用。但从1934年起，国会对原有的重组法规进行许多修改，司法部门也介入其中，并要求国会重点明确重组活动特殊的交易内涵，以及重组在明确的法定要求之外所应包含的一些内在含义。此外，美国最高法院还借鉴1926年“收入法案”中的案例，提出了持续拥有权益的要求（雷霆，2014）：①权益必须是确定和实在的，而且表现为已支付对价中的主要部分；②收取的对价可以仅为收购公司所有权的一小部分；③收取任何具有股本权益性质的股票，包括没有选举权的优先股，都将构成持续拥有权益；④债券甚至是长期债券不足以构成持续拥有权益，只有股票才行；⑤目前尚未明确对价中股票应占多大比例，但40%可能是足够的；⑥一些早期最高法院的判例要求，在交易结束后，目标公司的股东应持有收购公司的股票或资产，而不是持有收购公司母公司的股票，但这一要求后来发生了变化，且在三方重组的情况下，允许将目标公司的股票或资产下放给收购公司下属的子公司。

另一方面，美国制定了较为严苛的反避税措施。在美国鼓励并购重组的背景下，重组双方利用税收优惠政策偷逃税款的行为频频出现。随着避税活动的发展，美国逐渐完善了反避税的法律要件。美国联邦法院在司法实践中创立了免税重组必须符合的普通法要件，即合理商业目的、持续经营及股东利益持续等。这有效阻止了以享受免税重组待遇为目的的并购交易避税行为。同时，在税收实践中，对所有并购重组交易都进行实质重于形式的分析，交易的法律形式与经济利益不一致的，税务局和法院有权重新界定交易性质。其中，对于多步骤重组交易，如果其实质上彼此结合、相互联系，而且以特定的结果为目标，则允许税务局运用实质课税原则合并交易的步骤，忽略中间交易，只关注最终结果，将多步骤交易作为一项交易来处理。这一交易原则已应用于我国的重组实践中。总之，美国并购重组税制的立法精神及其税收实践，对我国企业重组税制的建立和完善产生了深远的影响。

此外，为防止企业避税行为，美国针对资本弱化问题制定了严格的税法规制。美国资本弱化税制的主要表现为“收益剥离”规则，目的是防止受控美国公司通过向其关联方（直接或间接拥有 50%以上公司股份）支付利息进行税前扣除而破坏税基。关联方包括享受美国免税或税收优惠的个人、合伙或公司（包括居民公司和非居民公司）。因此，这对根据税收协定享受减免预提税的外国公司进行利息支付造成了影响。根据该规则，如果一家美国公司在一个纳税年度中出现超额利息费用——超过利息支付前的应税收入 50%（调整后）的利息费用，则其利息扣减将受到限制。但如果美国公司在税收年度末的资产负债率低于 1.5∶1，则这一年不适用“收益剥离”规则。

迄今为止，美国作为全球企业并购市场最为发达的国家，虽然其并购重组税制存在一些缺陷和漏洞，但仍不失为全球最为详尽、规范、系统、成熟的并购重组税收制度体系（林德木，2010）。

2. 英国

作为西方老牌发达资本主义国家，英国的企业并购重组从 19 世纪末开始经历了 100 多年的发展历程，并在长期的发展和演进过程中，构建了一套完整的税收法律制度体系。英国并购所得税制的法律渊源：《1988 年所得和公司税法》、《1992 年资本利得税法》、《2001 年资本津贴法》及每年的财政法案等。同时，欧洲法律、双边税收协定也是英国并购重组税制的重要法律渊源。此外，欧盟并购指令也对英国并购重组税制有一定的影响。

1）具体探讨英国《1992 年资本利得税法》。根据《1992 年资本利得税法》第 139 条第 5 款，享受税收优惠的企业重组，必须满足英国税务及海关总署（Her Majesty’s Revenue and Customs，HMRC）“合理的商业目的”审核测试。该测试程序为可选程序，由纳税人申请而进行。纳税人在交易前书面向 HMRC 提出申请，并列出相关交易的细节。HMRC 在收到申请 30 日内作出该重组是否满足真正的商业目的而不是避税的决定。如果 HMRC 批准纳税人的申请，其决定具有约束力；若结果是否定的，纳税人可向 HMRC 的主管税务局局长申诉。在实际运作中，除非获得测试批准，否则交易很少继续进行。企业重组税收优惠，如符合规定条件的集团公司内部转让资本资产（不包括存货）产生的资本利得，根据《1992 年资本利得税法》无须缴纳资本利得税，对于企业重组中产生的亏损，区分交易亏损、投资公司超额管理费和资本亏损等类型分别处理。其中，对于交易亏损，只要交易持续进行，交易亏损可以无限期向后结转，但有一些限制条件，如 3 年内所有权不得变更，交易性质不得发生重大改变等。对于投资公司的超额管理费，任何情况下不得结转至其他公司；资本亏损只可以从资本利得中冲抵，任何情况下不得结转至其他公司。

2）英国应对资本弱化的规则是以公平交易标准为原则。公平交易法是在非控制的融资交易中，主管税务当局通过考察关联方贷款的条件、性质、资产负债率等相关事项是否与非关联方相同或类似来判断从关联方取得的贷款的水平或程度，从而确认贷款利息支出是否属于正常交易；如果不相同或不相类似，则从关联方取得的贷款被视为隐藏资本，那么其超额贷款利息支出（借款公司实际支付的利息与按公平交易原则应当支付的利息之差）就不允许在税前扣除，并将超额利息视同股息征收所得税或预提税。也就是说，公平交易法的目的就是通过对超额债务利息成本的调整来提高借款人的应税所得，从而防范投资企业利用资本弱化手段避税。公平交易法作为一种准确、灵活而又公平的方法，它往往是依据具体案件的具体特征而作出具体的判断，力图排除任何由关联企业之间的关联关系所导致的对市场力量的扭曲，从而更加准确地判断关联企业之间的真实意图，以此判定企业是否存在资本弱化现象。英国公司向关联方贷款时，如果没有按照公平交易原则支付利息，则不允许扣除超额利息，并将不允许扣除的这部分利息视为股息，按照股息的规定征税。按照公平交易标准来检验该项贷款的数量和条件是否合理，在贷款双方之间不存在特殊关联关系就不可能发生该项贷款的情况下，这部分贷款利息就按股息处理。这里的关联企业是指提供贷款的公司对英国公司的贷款占该公司贷款总额的 75%，跨国公司对英国公司和贷款公司的贷款占它们贷款比例的 75%；如果没达到该标准，则两家公司是非关联企业，支付的利息可以全部扣除。不区别对待居民和非居民关联方，即给英国公司提供贷款的企业无论是设在英国境内的居民公司，还是设在英国境外的非居民公司，只要符合上述标准，都要受有关法规的限制。

3. 日本

日本作为亚洲的发达国家，在国内企业并购和外资企业并购方面构建了一套完善的税法制度体系，尤其在法律管制方面独具特色。例如，税法中对免税重组有严格的限制条件，同时体现兼并企业人事安排的特定要求；又如，为规制企业并购行为构建反垄断法等。日本在2001年公司税法修订之前，其企业并购的税收处理原则是免税。2001年税法修正案出台后，对2001年4月1日以后发生的并购原则上予以征税；只有符合特定要求时，才免予征税。根据企业所得税法，对于符合条件的资质兼并，存续企业按照被兼并企业的账面价值转让资产、负债，持续经营实现盈利的，不对存续企业征税；而对于不符合条件的非资质兼并，是按市场价值确认被兼并企业的资产、负债等，所以对存续企业征税。2001年以前，存续企业不允许结转被兼并企业的亏损；2001年税改后，符合条件的资质兼并，存续企业可以结转被兼并企业的亏损，但集团公司内部兼并的亏损结转受到一些限制。同样，兼并亏损企业的结转，也有一些限制条件。其中，免税重组的资质条件，主要有持续持有股票、无现金补偿及业务相关性等要求。此外，日本并购税制还体现了该国企业人事制度的典型特点，接管被兼并企业员工的比例要求也是免税并购的资质要件之一，如要求被兼并企业的员工80%或以上被存续企业接管等。

10.1.2 外国企业重组所得税税制的特点

纵观各国企业重组所得税税制，虽然税收处理标准、具体方式不同，但目标一致，都体现了鼓励重组和防范避税的双重价值取向，同时各国税收制度皆与其本国的公司法、反垄断法、证券交易法等相配套，并随着经济形势的发展变化而不断地调整完善。归纳各国企业重组所得税税制，其共同点主要表现在以下几点。

1. 制定税收优惠政策鼓励合理的重组行为

各国通常鼓励企业开展合理的重组活动，特别是鼓励股权交易方式的重组。为此，各国纷纷制定一系列的税收优惠政策以推动合理重组的开展。一些国家为了提高核心竞争力，甚至规定国家特别鼓励发展产业的兼并重组可享有税收优惠，如亏损结转和费用扣除等。

2. 确立相类似的免税重组适用条件

为防范企业以避税为目的的重组，各国在具体立法中无一例外地将商业合理目的原则、营业连续性原则、股东权益连续性原则作为免税重组的适用条件。第一，企业重组必须具有合理商业目的。考察世界上重组税制较为成熟的国家，都将“合理商业目的”作为构成企业重组适用特殊性税务处理的前提条件。任何重组行为必须具有合理商业目的，否则不能满足递延纳税的适用条件。第二，企业重组必须满足营业连续性原则。判定营业连续性的关键是看目标公司的原历史性营业或原营业资产的重大部分在进入收购方后能否得到继续运营或使用。第三，企业重组必须满足股东权益连续性要求。股东权益连续性是指股东对营业企业的投资者利益，即股东对公司总资产中扣除负债所余下的净资产的所有权，在经过变化的公司形式下仍然继续存在。因此，股东权益的连续是设计免税重组税制的基石（李峰和杨德银，2015）。纵览世界各国免税重组税制的适用条件，从客观方面均是通过两个连续性的满足，使目标公司的股东对于其股息的利益继续连续和经营活动的利益继续连续，没有构成产生征税的经济地位的重大变化。第四，跨境重组税收制度基于税收主权和税收利益的双重考量。生产要素的跨境流动引起税源的国际化，主权国家通过制定恰当的税法规则，充分行使税收管辖权以有效保护自身利益。从世界范围来看，各国对非居民企业来源于本国的所得征收所得税基本上都是依据来源地税收管辖权，以使税收利益在国家之间进行均衡或非均衡分配。

3. 设置防范资本弱化的严格措施

企业债务资本与权益资本的比例超过规定的最高限度就构成资本弱化。由于资本弱化是企业重组中常见的避税手法，从20世纪80年代后期开始，美国、英国、德国、法国、加拿大、日本、澳大利亚和新西兰等发达国家都相继建立了防范资本弱化的法律规则（苏毓敏和赵岩，2010）。其中，较为常用的有固定比率法，即通过对企业债务资本（从关联方接受的债权性投资）与权益资本的固定比率实行限制来防范资本弱化，当企业资本结构比例超过税法规定的债务与权益的固定比例时，对于超过固定比例部分的债务，其利息支出不允许作为财务费用在税前扣除，并将超过部分的利息支出视同股息分配征收所得税或预提税。这种债务权益的固定比率又称安全港规则，即企业的债务利息支出在港内是安全的，允许享受税前扣除的优惠；而在港外则是不安全的，不允许税前扣除并按规定征收所得税或预提税。例如，经济合作与发展组织对资本弱化的认定标准为企业债务资本与权益资本之比高于1∶1的比例；美国、法国、德国则实行高于1.5∶1的比例；葡萄牙、加拿大实行高于2∶1的比例；澳大利亚、日本、南非、新西兰、韩国、西班牙等国实行高于3∶1的比例；丹麦实行高于4∶1的比例等。

4. 构建完善的反避税法规体系

从世界各国企业重组所得税税制的发展历程来看，所得税税制所体现的宗旨之一就是确立了反避税的价值取向，通过反避税法规体系健全东道国涉外税收征管法律制度，加强对跨国经济活动的法律监督，减少跨国避税的机会等。反避税法规体系的共性体现在以下几个方面。

1）设置应纳税所得额扣除事项的限制条款。对应纳税所得额各国都会针对融资费用、免税交易和亏损结转等设置限制条款。例如，德国的税制特点是直接税和间接税并重的税制模式，并基于此构建了独具特色的反避税措施。德国的《反避税法》是 1972 年 1 月 1 日颁布的“涉外税法”，旨在提高境内纳税人试图通过在避税天堂设立壳公司达到避税的目的。如果德国纳税人持有欧盟（或欧洲自贸区）范围以外某企业 10%及以上，或价值在 150 万欧元以上的股份，则无论是直接还是间接持有，该纳税人须就此事项向德国税务机关进行披露。同时规定，金融机构须向金融主管部门报告其代表客户在欧盟（或欧洲自贸区）范围外“第三国”设立或管理的特定股权结构。例如法国《税收法典》第 238 条规定，除非纳税人能够证明有相反的事实，否则其中的某些支付，尤其是对避税地所做的支付将被推定为虚假支付，不得从应税所得中扣除。

2）对跨国关联企业实行严格的税务申报制度。要求跨国关联企业定期向税务当局报告国内外一切与纳税有关的事实，包括其营业及所得的详细情况。例如，美国法律要求跨国纳税人根据自身情况如实申报其与外国实体的相互关系及各种交易往来，并应在规定的期限前寄给国内税收署，否则将被处以罚金。

3）加强对跨国关联企业的相关税务调查。各国税务当局除了通过跨国关联企业的合作取得有关资料，还经常通过对其相关方，如其他纳税人、会计师、审计师、税务顾问、银行等对象进行范围广泛的税务调查，以搜集情报，对付关联企业的跨国避税活动。

4）强化税务监督。加强对跨国关联企业税务登记，尤其是变更登记的管理是税务监督的重要内容。许多国家法律规定，如果公司（企业）改变名称，变动经营地址，发生合并、分立等，必须在规定的期限内到税务机关办理相应的税务登记。不少国家还规定，公司（企业）特别是跨国关联企业所申报的税务报表必须经过注册会计师的审核。美国、日本等发达国家均有健全的会计审核制度。

5）确立跨国纳税人在避税案件中的举证责任。通常在民事诉讼中，原告负有举证责任。但在可能存在跨国避税活动的情况下，各国往往规定举证责任倒置，被告即有关纳税人负有举证责任。根据这些国家的法律，纳税人有义务提供证明其所从事的交易属于正常、不存在逃避税收问题的证据；否则，税务当局则可以认定其交易构成逃避税收的行为，继而依规进行处罚。例如，德国《所得税法》第 20 条第 2 款规定，纳税人在所有涉及外国事实的案件中负有举证责任。法国《税收法典》第 238 条规定，除非纳税人能够证明有相反的事实，否则对避税地所做的支付将被推定为虚假支付，不得从应税所得中扣除。1996 年，法国又授权税务部门加强对转移定价的审核。如发现问题，税务部门可以依法责成有关纳税人就以下事宜限期举证：交易企业之间的关系、定价的方法和理由及境外公司有关交易在所在国的税收待遇。逾期不报者，税务部门有权根据已掌握的材料调整补税，并对有关当事人处以罚款。

5. 在计税成本的确定、亏损结转方面

各国在计税成本的确定、亏损结转方面都有严格的限制条件。在免税交易中，受让方受让资产的计税成本，按原来的账面成本确定；在应税交易中，受让方受让资产的计税成本，则按新确定的计税价格确定，各国倾向于以市场公允价值为基础确定应税交易后各项资产的价值。在亏损结转的处理方面，过去目标公司的巨额亏损往往成为收购公司降低税收负担的有力工具，但近些年多数国家对亏损结转的使用都规定了严格条件。

6. 关于跨境重组中重复征税问题的处理

对于跨境重组由于纳税期间不同可能产生的重复征税问题，各国一般通过双边税收协定中的“特别规定”予以解决。例如，允许重组资产所在国税务当局与重组企业签订协议，约定推迟确认跨国重组产生的所得；双方商定对于居住国税法认定的免税交易给予税收递延待遇的，经纳税人申请，来源国也暂不征税。

10.2 企业重组所得税政策存在的问题及其完善

10.2.1 企业重组所得税政策存在的问题

与发达国家的百年并购史、完善规范的企业并购重组税制相比，我国企业并购历史较短，企业重组所得税税制体系构建较晚。我国现行企业重组所得税政策虽然已经在价值取向、原则和框架上对企业重组业务的所得税处理进行了明确规范，但是仍然存在许多问题和缺陷，主要表现如下：一是在范围上，企业重组所得税政策与企业重组实践契合度不够理想；二是在功能上，基于所得税制度的固有功能与当前税制结构优化方向，特殊性税务处理适用范围不够细化，免税重组类型较少；三是在可操作性上，企业重组所得税政策存在逻辑性不够严密，技术性细则不够完善、规范等问题（蔡昌，2011）。

1. 企业重组所得税政策与企业重组实践契合度不够理想

随着我国经济体制改革不断向纵深推进，企业并购重组呈现出形式多样、纷繁复杂的特性，一些新兴重组模式悄然兴起，如债务重组中债务托管方式、资产重组中股权托管方式的出现等。这些新兴的重组模式尚未纳入现行重组税收框架体系中予以明确和规范。此外，现行的企业重组所得税政策未对一些特殊重组方式作出专门规定。目前，许多企业集团基于战略布局调整、资产整合、上市等商业目的，纷纷在集团内部开展重组交易。但由于我国现行企业重组所得税政策并未就集团内部重组加以专门规定，倘若按照财税〔2009〕59 号文件的规定，参照外部企业的重组活动征税将使企业集团难以承受内部重组所产生的高额税负，迫使其放弃相关的商业安排，从而不利于企业集团的优化整合。

2. 特殊性税务处理适用范围不够细化，免税重组类型较少

企业重组适用特殊性税务处理的要件之一是“具有合理的商业目的，且不以减少、免除或者推迟缴纳税款为主要目的”。但是，如何界定“合理商业目的”，目前尚存在概念不明、判别标准模糊及可操作性不强等问题，由此所带来的后果是税务机关拥有过多的自由裁量权，有悖于税制公平的原则。从现行制度安排来看，一开始是从“合理商业目的”的反面（即“不具有合理商业目的”）安排的特征来加以判别的。2008 年，国家税务总局发布的《新企业所得税法精神宣传提纲》（国税函〔2008〕159 号）对“不具有合理商业目的”的适用进行了限定，认为“不具有合理商业目的”的安排通常具有以下特征：一是必须存在一个安排，即人为规划的一个或一系列行动或交易；二是企业必须从该安排中获取“税收利益”，即减少企业的应纳税收入或者所得额；三是企业获取税收利益是其安排的主要目的。只有同时满足以上 3 个条件，才可认定该安排不具有合理商业目的，并推断其已经构成避税事实。此后，为进一步明确“不具有合理商业目的”的判断标准，2015 年，国家税务总局发布了《关于非居民企业间接转让财产企业所得税若干问题的公告》（2015 年公告第 7 号，以下简称《公告》）。《公告》首次以正面的形式对“合理商业目的”给出了具体判断标准，并明确了应直接认定为不具有合理商业目的的具体情形。这与以前立法和解释中对“不具有合理商业目的”特定解释有很大的不同。尽管《公告》较以前的解释有了很大改进，界定的标准也更加明确，但依然存在一些问题：一是对一些概念没有界定，存在着模糊的问题，如对“价值”的界定，是市场价值、账面价值还是公允价值未予以明确；二是仅依据实

际履约能力和风险承担能力两个因素来判定被转让企业是否具有经济实质也明显不足；三是采用“可替代性”的方法测试转让行为是否具有“合理商业目的”过于理想化，由于该法耗时比较长、征收成本高及国际税收情报交流难度大等原因，在实践中难以实施（延峰等，2015）。

3. 企业重组所得税政策存在逻辑性不够严密，技术性细则不够明确、完善和规范等问题

现行的所得税重组政策中存在概念界定不明确，相关的细则、解读和释义较为有限。在具体执行过程中由于操作性细则不够完善、规范，征纳双方理解差异而产生口径不一致的情况较为普遍。下面就本书所讨论的企业重组类型加以分析（魏志梅，2013）。

（1）债务重组

按照我国现行企业债务重组所得税制度的相关规定，企业债务重组活动在不同的条件下可以采用一般性税务处理或特殊性税务处理两种方式。但是，现行企业债务重组所得税相关政策对特殊性税务处理的规定不够明确，给企业债务重组活动的开展带来不利影响。一方面，债务重组企业在适用特殊性税务处理时，财税〔2009〕59 号文件对“暂不确认”的期限未加以界定，对企业在债务重组中确认的应纳税所得额构成未加以明细，对企业多笔债务重组业务是否可以合并计算未加以明确，这样往往会导致债务重组各方以及税务机关之间理解差异而产生分歧；另一方面，我国企业债务重组所得税政策对于多步骤交易规则的规定过于粗略、宽泛，不利于税务机关的管理。此外，企业债务重组活动所规定的适用特殊性税务处理条件的准入门槛较高、类型也较少，在一定程度上阻碍了债务重组的开展。债务重组符合规定条件的，交易各方仅对其交易中的股权支付部分对应的债务重组所得，才可以进行特殊性税务处理，但这一所得应如何计算确认未有明确。对于企业发生的债权转股权业务，对债务清偿和股权投资两项业务“暂不确认”有关债务清偿所得或损失，但对债务人何时确认所得尚没有明确规定（邓文娟，2014）。

（2）股权收购

在股权收购重组业务中，关于股权收购所得税处理存在诸多需要进一步明确和完善的地方。对于股权收购中的股权出资是视同销售还是企业重组？财税〔2009〕59 号文件“收购企业购买的股权不低于被收购企业全部股权的 75%”的“全部股权”如何界定？同一家转让公司还是多家转让公司，或者是按照多家转让公司直接持有被转让公司的股份加上收购企业已持有被转让公司的股份达到 75% 以上把握？此外，为体现特殊性税务处理适用于企业的战略性重组而不是一般的

股权转让收购的价值取向，财税〔2009〕59 号文件规定了较高的收购比例：企业购买的股权不低于被收购企业全部股权的 75%，且收购企业在该股权收购发生时的股权支付金额不低于其交易支付总额的 85%的，可以适用特殊性税务处理。然而实践中，越是超大型公司越是达不到 75%的股权收购比例。原因在于超大型企业（如上市公司），其控制权较为分散，在上市公司的股权收购中难以达到 75%的比例，它们很难享受特殊性税务处理的税收优惠，不利于重大重组活动的开展（侍磊和巫珊玲，2013）。

另外，按现行税法规定，收购方取得股权的计税基础应以公允价值为基础确定，但实践中股权公允价值难以确定时，税务机关应按照何种调整方法予以调整？财税〔2009〕59 号文件没有明确被收购企业的股东取得收购企业股权的计税基础、收购企业取得被收购企业股权的计税基础确定的具体计算公式。股权收购重组适用一般性税务处理时，要求准备“相关股权公允价值的合法证据”，但未明确该合法证据的具体内容（尹磊和吴小海，2015）。

（3）资产收购

在资产收购重组业务中，关于资产收购所得税处理存在诸多不够明确的地方。关于资产收购的内涵，如何理解直接用于生产经营活动的资产？关于投资资产公允价值，上市公司报经证监会批准并向社会公告的合同价格与实际交易时的公允价值存在重大差异情况下，应如何确定相关资产的计税基础？现行规定强调以公允价值确定计税基础，公允价值在没有市场价格的情形下，该如何操作？资产收购中承接债务，是否属于非股权支付，应如何进行税务处理？此外，由于我国国有企业占有主导地位，在国有企业重组中，经常有政府或国资委发起的国有企业重组，这类重组有别于普通企业重组经常采取指令性划转资产或股权的行为。那么，国有企业资产无偿划拨应如何进行税务处理？

（4）合并、分立

对于合并、分立重组所得税处理，关于税收优惠承继和亏损弥补是核心问题。但现行政策对于这一问题的处理规定过于宽泛。对合并涉及优惠承继且合并各方优惠待遇不一致的，应按企业资产占合并后总资产的比例划分应纳税所得额，但这里的“资产”界定较为模糊，究竟指的是总资产还是净资产？是按账面价值还是按公允价值计算？对于同一控制下企业在年度中的合并，且同时涉及亏损弥补和优惠承继，应如何计算合并当年的应纳税所得额？此外，对于非同一控制下的特殊合并中，交易既涉及股权支付又涉及非股权支付，财税〔2009〕59 号文件规定对占比较少的非股权支付的转让所得与损失进行确认。然而在实践操作中进行“确认”较难，原因如下：一是合并企业接受被合并企业的资产，一方面以账面价值入账；另一方面需要将非股权支付部分已确认的转让所得与损失分配到各项资产中去。二是一项资产中的一部分需要按账面价值入账，另一部分需要按公允价值进行若干分摊。三是对于资产的计价基础，由于存在会计与税法的差异，而且差异的调整计算复杂、递延时间较长，要实现正确的纳税调整，必须建立完善的台账管理来实现对每项资产与负债的详细跟踪管理，然而现实中操作难度较大。从税务机关来说，对这些事项的监管难度也较大。

此外，现行企业重组政策未明确并购费用的税务处理。从国际税制来看，主要有两种处理方式：一是认为企业并购费用属于当期可扣除的经营费用，直接计入当期损益；二是将企业并购费用视为资本性支出，不可当期扣除。我国对企业并购费用属于当期可扣除的经营费用，还是不可当期扣除的资本性支出，目前尚无明确的法律依据。但并购费用事关并购双方当事人的税收利益，无疑会对并购活动的选择开展产生较大影响。

（5）跨境重组

我国现行税制对特殊性税务处理规定只明确了股权和资产收购交易在符合条件的情况下可以选择适用，但未明确是否适用于非居民企业的跨境合并和分立。在跨境重组可选择适用特殊性税务处理的列示中，未涉及海外中间控股公司将其所持子公司的股权作为清算资产分配回母公司可否适用特殊重组的情况；财税〔2009〕59号文件还规定"非居民企业向其100%直接控股的另一非居民企业转让其拥有的居民企业股权，没有因此造成以后该项股权转让所得预提税负担变化"。这里是仅考虑公司层面股权转让所得预提税负担的变化，还是需同时考虑股东层面股息预提税负担的变化等。此外，财税〔2009〕59号文件规定，企业发生涉及中国境内与境外之间（包括港澳台地区）的股权和资产收购交易，在同时符合规定的条件下，可以选择适用特殊性税务处理规定。但实际上由于跨国公司架构相对复杂，其股权转让很难完全同时符合规定的条件。

4. 在反避税问题上，税收政策碎片化、缺乏体系性

从2.3节可知，我国税收制度的顶层设计虽然体现了反避税行为的价值取向，但从我国的立法模式来看，我国采取的是税种实体法与程序法分立的模式，由于单行法律调整对象单一，法律漏洞在所难免，因而政府不得不制定大量位阶效力偏低的规范性文件以提高相关法律的适用性，这就造成规范性文件内容分散零乱，且法律层级较低，大大削弱了法律的权威性。我国现有的反避税政策大多散落在《企业所得税法》，以及大量的规范性文件中，如《特别纳税调整实施办法（试行）》（国税发〔2009〕2号）、财税〔2009〕59号文件等。总体来看，税收政策过于碎

片化，尚未构建起系统性的反避税制度体系。

5. 在协调性上，企业重组所得税政策缺乏与其他税收政策的有效衔接

1）企业所得税政策之间缺乏协调一致性。关于集团企业内部清算，按照财税〔2009〕60 号的规定，属于应税行为；而按照财税〔2009〕59 号文件，企业通过一定的运作，如子公司清算后使其资产全部回到母公司，或者通过母子公司合并等，使其符合特殊重组的要求，可以递延纳税。这易于使当事人产生避税动机。关于财税〔2009〕59 号文件与《国家税务总局关于加强非居民企业股权转让所得企业所得税管理的通知》（国税函〔2009〕698 号）的衔接问题。对于跨境重组，国税函〔2009〕698 号规定："境外投资方（实际控制方）通过滥用组织形式等安排间接转让中国居民企业股权，且不具有合理的商业目的，规避企业所得税纳税义务的，主管税务机关层报税务总局审核后可以按照经济实质对该股权转让交易重新定性，否定被用作税收安排的境外控股公司的存在。"如果一家集团企业重组交易不符合国税函〔2009〕698 号文件的规定，但仍符合财税〔2009〕59 号文件关于特殊性重组的相关要求，是否可以适用财税〔2009〕59 号文件相关规定等。

2）企业重组所得税政策缺乏与个人所得税相关政策的协调。由于重组事项往往不仅涉及企业法人，而且涉及股东，从理论上讲，企业重组税收政策应保持企业所得税和个人所得税的协调一致。目前两税存在诸多不协调的情形。例如，企业进行战略性重组时的实际控制人是自然人，如果出现同一控制下自然人向法人转让股权的情形，能否适用特殊性重组政策等尚无明确规定。又如，在股权转让公允价值的确定方面，《个人所得税法》有明确规定：根据《国家税务总局关于加强股权转让所得征收个人所得税管理的通知》（国税函〔2009〕285 号），对申报的计税依据明显偏低（如平价和低价转让等）且无正当理由的，主管税务机关可参照每股净资产或个人股东享有的股权比例所对应的净资产份额核定。但在企业所得税法方面，虽然现行税法及《税收征管法》规定"企业之间的交易，其转让价格不符合独立交易原则而减少应纳税所得额的，税务机关有权按照合理方法进行调整"，但企业所得税重组政策未就具体调整方法予以明确。从《企业所得税法》及其实施条例中明确的各类调整方法来看，主要适用于对商品购销、劳务、无形资产等关联交易的调整，而股权转让收入的基础是企业的价值，上述方法难以用来评估企业整体价值。

10.2.2 完善我国企业重组所得税政策建议

针对我国企业重组所得税政策存在的问题及税制缺陷，借鉴国际税制的成功

经验，结合所得税制度的固有功能与当前税制结构优化方向，完善我国企业重组所得税政策制度，以推动我国企业并购重组活动的蓬勃开展。

1. 构建与企业重组实践相适应的企业重组所得税政策体系

近年来，随着我国经济体制改革向纵深推进，我国企业重组呈现蓬勃的发展态势，企业重组规模的不断扩大催生了重组新方式、新形态的不断涌现，重组业务中的涉税问题也日益成为企业关注的焦点。现行重组税收政策理论体系严重滞后于重组实践的发展需要，为此，借鉴国际税制的成功经验，不断推进税制体系建设，清除企业重组的税收政策障碍，构建与企业重组实践相适应的企业重组所得税政策体系和管理制度是我们面临的重大研究课题。完善现行企业重组所得税政策体系，一方面应从制度的顶层设计出发，结合重组实际构建系统性的企业重组所得税政策的理论框架；另一方面，从优化企业重组所得税政策体系的逻辑起点出发，进一步明确企业重组特殊性税务处理适用的经济实质、权益的连续性、经营的连续性、合理的商业目的和纳税必要资金原则的实质和内涵，完善政策表达的逻辑层次，优化政策内容的技术细节，构建与企业重组实践相适应的企业重组所得税政策体系（赵晋琳，2010）。

2. 细化特殊性税务处理适用范围，建立明确、具体的判断标准

特殊性税务处理是我国促进重组业务开展最为重要的税收制度之一，在特殊性税务处理的适用要件中如何判定重组行为具有“合理商业目的”是征纳双方所面临的核心问题。本书认为应全面综合考虑企业重组各方面因素，科学判定合理商业目的的内涵，建立明确、具体的判断标准，尽量减少税务机关的自由裁量空间（郝晓薇等，2015），具体可从以下几个方面加以甄别。

1）考察重组交易的实质，即企业重组必须是正当的重组活动，其目的在于资源整合，且重组的本质性要求和实质性内容要与此相吻合。

2）考察重组交易的结果，主要包括企业重组的经济结果和法律结果。对重组交易结果的考察不仅分析重组交易的法律结果是否构成法律权利和责任的重大变化，还要分析重组交易的经济结果是否给重组各方带来超乎寻常的收益或损失。如果法律结果和经济结果所形成的综合影响，使企业重组各方产生重大的未来税收状况的变化，那么应该对这一重组具有的“合理商业目的”持质疑态度，并进一步判断是否存在对重组交易的恶意操纵和扭曲（何晓蓉和刘爱明，2010）。

3）考察企业重组前后税负变化情况。判断企业重组交易目的是否具有正当商业意图时，应特别注重以下因素：重组安排是否仅存在税收利益而无实质性商业利益，重组安排的税收结果与商业结果或经济结果是否一致，重组交易各方是否

按照独立交易原则交易，重组安排的法律形式和重组交易实质之间是否存在较大差别等（高立新和兰英见，2012）。

3. 完善政策表达的逻辑层次，优化政策内容的技术细节

针对现行企业重组所得税政策中存在的政策之间逻辑层次不够清晰，技术性细则不够明确、完善和规范等问题，分别就不同的重组类型提出完善建议（李时，2011）。

（1）债务重组

完善我国企业债务重组所得税制度，应遵循经济实质原则、量能课税原则及纳税必要资金原则，建立鼓励企业进行债务重组活动及反避税型债务重组活动的价值取向；在政策技术规则方面，应明确规定“暂不确认”的具体期限，规定企业债务重组确认的应纳税所得额构成，明确企业多笔债务重组业务以单次重组为计算标准；适当降低企业债务重组活动所规定的适用特殊性税务处理条件的准入门槛，扩充适用特殊性税务处理的债务重组类型；借鉴美国税制的相关规定对多步骤交易规则加以细化，遵循实质课税原则，可将多步骤交易作为一项交易处理，合并交易的步骤，忽略中间交易，重点关注最终结果（陈斌才，2018）。

（2）股权收购

1）在实践中，关于股权出资的性质是一个存有争议的问题，即关于如何看待股权出资是视同销售还是企业重组的问题。股权出资视为一种投资行为没有什么争议，但对股权出资如何进行税务处理存在不同看法：一是将股权出资视同销售。原因在于《企业所得税法实施条例》第二十五条规定，企业发生非货币性资产交换等，应视同销售货物等。这里股权出资是否视同销售以资产转移行为是否发生权属改变作为判断标准。当资产所有权属在形式和实质上均未发生改变时，可作为内部处置资产，不视同销售确认收入；当资产所有权属已发生改变时，则应按规定视同销售确定收入。二是将股权出资视同股权收购企业重组。原因在于投资方通过股权出资将股权注入被投资方，获取被投资方的股权，投资企业相当于收购方，被投资企业为被收购方，收购方以股权支付，符合财税〔2009〕59 号文件关于股权收购的规定，如股权出资符合条件还可以适用特殊性税务处理规定。三是以上两种观点的折中。理由在于对于股权出资来讲，上述两种观点都有道理。至于哪种观点正确，主要看双方签订的合同是如何规定的。若合同内容为股权出资，并以此股权出资额为准增加获得股权的企业股本，就应该将股权出资视同销售。若合同内容为股权收购，收购方以股权支付对价，股权出资则应确认为企业重组。基于上述观点，使用本企业股权作为支付对价的表述，事实上就是通常意义上的对本企业股权出资（增资）。股权支付是指企业重组中购买、换取资产的一

方支付的对价中，以本企业或其控股企业的股权、股份作为支付的形式。如果投资方使用股权出资，则是换股；如果投资方使用资产出资，则是资产收购。从财税〔2009〕59号文件对股权收购的定义及相关文字的表述来看，股权收购的基本形式应该包括增资、股权对换和股权转让等形式。可见，在相关法律文件中应就股权收购的不同形式加以明确，如果以自身的股权出资，应视为企业重组业务的形式；如以控制的子公司股权或其他股权出资，则应视同销售（吴爱琴，2011）。

2）关于股权收购比例问题。第一，应具体明确说明财税〔2009〕59号文件要求股权收购中，收购企业购买的股权不应低于被收购企业全部股权的75%才能适用特殊性税务处理中的“全部股权的75%”的内涵。建议明确为全部资本的75%，即包括注册资本、资本公积和未分配利润。第二，对集团内部重组，考虑到公司集团的经营架构较为复杂，多层间接控股的情况普遍存在，财税〔2009〕59号文件可适当放宽股权收购比例的限制。建议如下：一是在股权收购中，如果直接收购的股权不能达到75%的要求，但收购方直接与间接收购或拥有被收购方的股权加总达到75%的比例要求时，可以视同其满足股权收购的特殊性税务处理规定。二是对“不低于被收购企业全部股权的75%”的判定，还应综合考量以下因素：具有合理的商业目的，非以减少、免除或者推迟缴纳税款为目的，并未导致注销后相关交易适用预提所得税的减少等；股权转让后购买方拥有实际控制权，且中国公司的业务延续性不受影响；股权转让给购买方后，中国业务公司资产及与股权相应的所得税管辖权仍保留在中国境内。此外，尤其是对于超大型公司股权收购比例问题，应充分考虑其股权收购的特殊性。通常这类公司战略性重组涉税金额比较大，更需要适用特殊性税务处理，以缓解面临的资金压力。为此，可借鉴会计法规的执行标准，通过控制权来界定是否适用特殊性税务处理，适当放宽对股权比例方面的要求（尹磊和吴小海，2015；周兰翔，2015）。

另外，股权收购中出现股权公允价值难以确定时，税务机关应明确具体的调整方法，并建议国家税务总局以操作指南的方式明确股权收购特殊性税务处理方式下，被收购企业的股东取得收购企业股权的计税基础、收购企业取得被收购企业股权的计税基础确定的具体计算公式。股权收购重组适用一般性税务处理时，税务机关应明确要求准备“相关股权公允价值的合法证据”的具体内容。

（3）资产收购

在资产收购重组业务中，进一步明确关于资产收购所得税处理相关问题。关于资产收购的内涵，把握是否直接用于生产经营活动的资产，可结合企业经营实际，通过企业所拥有的能为企业带来收益的资产所占企业资产比例，来衡量其是否为直接相关的经营性资产，并在税法中明确相关事项。

关于投资资产公允价值，当出现上市公司报经中国证监会批准并向社会公告的合同价格与实际交易时的公允价值有重大差异的情形时，相关资产计税基础的确定可依据以下原则：在没有关联关系的情况下，应以合同价格确定计税基础。因为双方签订交易合同时，依据的是当时的市场价格。如果没有补充条款，该价格为双方的交易价格。签订合同之后所发生的价格变动风险，按照合同约定由合同双方各自承担。税务机关应尊重双方所签订的价格，不能干预双方正常交易。另外，应参照《中小企业板信息披露业务备忘录第 7 号——日常关联交易金额的确定及披露》（深交所中小板公司管理部）补充关联交易方面的内容，按照以下原则公允定价，并在关联交易公告中充分披露定价政策和定价依据：一是交易事项实行政府定价的，可以直接适用该价格；二是交易事项实行政府指导价的，可以在政府指导价的范围内合理确定交易价格；三是除实行政府定价或政府指导价外，交易事项有可比的独立第三方的市场价格或收费标准的，可以优先参考该价格或标准确定交易价格；四是交易事项无可比的独立第三方市场价格的，交易定价可以参考关联方与独立的第三方发生非关联交易的价格确定；五是交易事项既无独立第三方的市场价格，也无独立的非关联交易价格可供参考的，可以按照合理成本费用加合理利润、资产评估结果等作为定价依据（吴莉和胡基学，2015）。

对于在资产收购中承接债务，建议不列入非股权支付的构成部分。因为承接债务被算作非股权支付，在资产收购中很多企业将很难符合特殊性税务处理的条件。

对于国有企业资产无偿划拨税务处理，按照税法一般处理规定，划转资产或股权应视为捐赠行为，缴纳企业所得税。但我国特有的国有企业之间基于重组的划拨行为，建议按以下原则处理：一是无偿划拨行为不作为接受捐赠处理，而应视为同属于国资委管理的关联企业之间的转让，属于股权转让。二是资产无偿划拨行为给予特殊性税务处理。企业所得税制度建立在企业纳税能力基础上。对收入总额的确认，由于存续企业所持股权是无偿划拨，并未按照公允价值转让，且未获取股权转让金，缺乏纳税必要资金。因此，应对国资委主导的股权资产划拨情形专门给予特殊性税务处理待遇，即按原计税成本来确认资产的计税基础（高金平，2013）。

（4）合并、分立

对于合并优惠承继且各方优惠待遇不一致应如何计算应纳税所得额问题。从理论上讲，优惠金额应当充分考虑合并各方资产的盈利能力。净资产收益率是反映企业自有资本的获利能力。总资产报酬率是反映企业综合利用包括负债的所有资产的效果；账面价值仅是历史价值的反映，不能代表市场价值。因此，优惠金额的计算均应按总资产的公允价值。

对于非同一控制下合并的特殊性合并问题。为了简化操作，建议在非同一控制下的特殊合并中，对该非股权支付部分资产的所得与损失不予确认，合并企业对被合并企业的资产完全按原计税基础加以确定。因此，从鼓励企业重组适用特殊性税务处理条件的取向来看，按原计税基础确定合并企业对被合并企业的资产，应仅对合并企业的股东取得的非股权支付部分确认所得。

此外，对于并购费用问题。借鉴国际上的通行做法，可在税法中规定并购案涉及的特定交易金额作为限额，企业并购交易额在限额以下的，企业并购费用属于当期可扣除的经营费用，直接计入当期损益。企业并购交易额超过限额的，则将企业并购费用视为资本性支出，不予当期扣除。

（5）跨境重组

在跨国公司内部的跨境重组活动中，重组行为没有产生实际收益。建议借鉴发达国家对跨国公司内部重组经验，采取允许递延的规定。美国的税法规定，当美国居民企业将公司股份首次转让给外国公司时，如果该转让方按规定报送了《股权转让所得确认协议》并符合一定的条件，则转让方可以递延确认首次转让的收益。在股权转让所得确认协议中转让方应承诺自首次转让之日起 5 年内，若发生法律所规定的情形，则转让方应立即确认首次转让的收益并补税。同时，2009 年起美国将这一规定扩大应用于大部分的公司集团内部重组。因此，建议对于符合一定条件的公司集团内部的跨境重组在税法规定和条款解释上可以给予适当宽松的政策。

4. 构建完善的反避税法规体系

完善我国国际反避税制度，既要坚持预防和打击国际避税、维护税负公平的原则，又要坚持税收中性原则，特别是要积极配合“一带一路”倡议和企业“走出去”战略的有效实施。同时努力提高我国税收征管水平，提高税务执法人员的整体素质和执法水平，从税收政策与强化税收监管的角度构建反避税的制度体系（钱莹等，2015）。

1）从税法顶层设计出发制定《税法总则》，加快构建反避税的税制体系。为统筹我国税收领域的法律规范，提高我国税收法律的法律层级，强化税法的权威性，应尽快制定《税法总则》，在税收的“宪法”中确立反避税的立法精神、原则和标准，在税法中明确跨国关联企业的税务申报、税务调查及举证责任等内容，并在单行税法中针对特定税种确立反避税的特定方法和措施，构建层级明晰、内容衔接、操作性强的系统性反避税税制体系。

2）对跨国关联企业实行严格的税务申报制度。要求跨国关联企业定期向我国税务机关报告国内外一切与纳税有关的事实，包括跨国关联企业营业及所得的详细情况，与外国实体的相互关系及各种交易往来，并对违规者制定相关的处罚法则（杨娴，2011）。

3）加强对跨国关联企业的相关税务调查。税务机关除了通过跨国关联企业的合作取得有关资料，还应经常开展对其相关方（如注册会计师事务所、会计师、审计师、银行、市场监管局等）广泛的税务调查，通过广泛搜集信息情报应对关联企业的跨国避税活动。

4）确立跨国纳税人在避税案件中的举证责任。我国相关法律规定，对可能存在跨国避税活动的情况下，规定举证责任倒置，被告即有关纳税人负有举证责任，纳税人有义务提供证明其所从事的交易属于正常、不存在逃避税收问题的证据。对于无法提供举证的，税务机关有权根据已掌握的资料信息进行纳税调整，并对有关当事人进行处罚乃至追究法律责任。

5. 实现企业重组所得税政策与其他税收政策的有效衔接

1）企业所得税重组政策亟待与税制体系整体协调，尤其是加强同个人所得税政策的协调。由于企业重组不仅涉及企业法人，而且涉及股东个人，因而我国企业重组的所得税政策亟须与个人所得税相协调一致。例如，对实际控制人是自然人的企业进行战略性重组时，如果出现同一控制下自然人向法人转让股权的情形，则能否适用特殊性重组政策等予以明确规定。建议对同一项重组业务中既涉及个人所得税，又涉及企业所得税的，应该予以统一规范。又如，在股权转让公允价值的确定方面，《个人所得税法》明确规定：根据《国家税务总局关于加强股权转让所得征收个人所得税管理的通知》（国税函〔2009〕285 号），对申报的计税依据明显偏低（如平价和低价转让等）且无正当理由的，主管税务机关可参照每股净资产或个人股东享有的股权比例所对应的净资产份额核定。参照《个人所得税法》相关规定，在企业所得税法方面，对企业重组交易不符合独立交易原则而减少应纳税所得额的，税务机关有权按照合理方法进行调整，并对具体调整方法予以明确（陶迎艳，2013）。

2）企业所得税政策之间的协调。前述分析表明，现行所得税税收政策之间存在诸多口径不一，甚至内容相悖的问题。例如，关于集团企业内部清算所得问题，跨境重组中对境外投资方（实际控制方）通过滥用组织形式等间接转让中国居民企业股权问题等。为此，建议制定统一的税制规范，取消或重新制定部分税收政策，考虑政策实现和实际操作的难度和风险，最大限度地实现税收政策之间的有机衔接，做到税法的统一性和严肃性，从而真正实现税收政策的调控和导向目的。

参 考 文 献

白丽红，崔灵精，2011．企业重组业务特殊性税务处理的具体方法[J]．会计之友（7）：74-75.

蔡昌，2011．企业重组税制缺陷与反避税安排[J]．税务研究（6）：81-84.

陈斌才，2018．债务重组业务企业所得税政策的完善[J]．财务与会计（12）：49-50.

陈娟，2012．公司并购的税收效应研究文献述评[J]．经济学动态（11）：149-153.

陈泽明，2010．企业重组与产业转移[M]．北京：清华大学出版社.

崔淑莲，2011．股权出资的会计与税务处理选择探讨[J]．商业会计（26）：16.

邓文娟，2014．探讨企业重组业务企业所得税处理政策[J]．财经界（学术版）（20）：271，288.

樊竑，2010．企业重组业务所得税处理政策解读[J]．财会通讯（4）：106-107.

高金平，2013．资产重组税收制度建设的若干思考[J]．财政研究（9）：68-70.

高金平，2014．资产重组的会计与税务问题[M]．北京：中国财政经济出版社.

高立新，兰英见，2012．企业重组业务的企业所得税政策探讨[J]．涉外税务（8）：28-31.

郭安清，2011．企业分立业务会计与税务若干问题探讨[J]．会计师（7）：23-24.

郝晓薇，胡春，陈凌霜，2015．企业重组所得税政策完善刍议[J]．税收经济研究，20（4）：42-46.

何晓蓉，刘爱明，2010．新企业所得税法“合理性原则”的判断[J]．会计之友（5）：88-90.

胡正燕，吴金波，2013．企业并购中的纳税筹划文献综述[J]．当代经济（21）：150-152.

黄震，2011．浅谈债务重组和股权收购业务的会计与税务处理[J]．经营管理者（16）：27.

黄志彬，2011．试论企业重组业务所得税的处理[J]．时代金融（5）：36-37.

计金标，王春成，2011．公司并购税制的理论与实践[J]．税务研究（5）：36-39.

贾丽智，2010．企业重组中资产收购业务的会计及所得税处理[J]．财会月刊（35）：50-52.

姜宁，2009．企业并购重组通论：以中国实践为基础的探讨[M]．北京：经济科学出版社.

雷霆，2014．美国公司并购重组业务所得税制研究：原理、制度及案例[M]．北京：中国法制出版社.

雷霆，2015．企业并购重组税法实务：原理、案例及疑难问题剖析[M]．北京：法律出版社.

李德吉，2010．企业清算业务企业所得税处理的纳税解析[J]．会计之友（7）：95-96.

李飞，张艳，2011．浅析债务重组的会计与税法处理差异[J]．商业会计（31）：26-28.

李峰，杨德银，2015．试析股东权益连续视角下企业重组所得税政策[J]．税务研究（8）：37-40.

李国华，于荣艳，2011．浅议企业重组的所得税处理[J]．中国总会计师（7）：100-101.

李时，2011．企业并购重组中的所得税政策及其完善[J]．时代金融（33）：35-37.

林德木，2010．美国联邦公司并购税收制度研究[M]．北京：科学出版社.

林德木，2016．企业重组所得税制度研究[M]．北京：中国税务出版社.

毛谢恩，崔国，2017．对赌协议的企业所得税处理[J]．税务研究（6）：125-127.

钱莹，陈展，彭路，等，2015．国际税收领军人才系列文章（二）：BEPS 背景下完善我国受控外国公司税制的几点思考[J]．国际税收（9）：43-48.

任坐田，王磊，2011．企业重组适用特殊性税务处理的受让资产计税基础争议[J]．财会月刊：会计版（上）（16）：25-26.

上海国家会计学院，2011．企业并购与重组[M]．北京：经济科学出版社.

侍磊，巫珊玲，2013．债务重组企业所得税特殊性税务处理探析：基于财税〔2009〕59 号文件[J]．会计之友（2）：94-96.

苏毓敏，赵岩，2010．德国公司并购税制：变迁、内容及特点[J]．涉外税务（9）：53-56.

孙雪梅，2016．企业重组所得税政策运用与纳税筹划[J]．财会月刊（1）：56-58.

陶迎艳，2013．关于企业重组业务企业所得税处理问题的研究[J]．企业研究（10）：151-152.

王海勇，2015a．促进企业重组企业所得税新政解读[J]．中国税务（2）：49-51.
王海勇，2015b．完善企业重组所得税政策 促进经济结构战略性调整[J]．国际税收（2）：39-41.
王利娜，郭宏，2011．资产收购与股权收购税务处理相关问题探析[J]．涉外税务（5）：72-75.
王清剑，2013．关于税收调控对企业并购影响的研究综述[J]．云南财经大学学报（4）：149-155.
魏高兵，2012．企业重组中承诺补偿的税法评价[J]．国际税收（8）：39-42.
魏志梅，2013．企业重组所得税政策探析[J]．税务研究（4）：42-47.
吴爱琴，2011．企业重组业务所涉及的会计处理及所得税处理[J]．现代商业（21）：224.
吴莉，胡基学，2015．中国上市公司资产重组绩效评价[J]．当代经济（34）：52-54.
武娟，2010．企业重组税务处理方法解析[J]．企业研究（16）：138-139.
先礼琼，2011．债务重组所得税会计探讨与选择：财税〔2009〕59 号文解读[J]．财会通讯（16）：106-108.
辛连珠，2011．企业重组业务企业所得税处理若干问题研究[J]．注册税务师（1）：65-72.
徐强，2014．企业并购重组中的税收筹划方法[J]．商（33）：166.
延峰，曾立新，王晓琨，2015．“不具有合理商业目的”的判定及应对[J]．中国税务（3）：53-54.
杨焕云，2011．一宗特殊债务重组案的财税处理[J]．财会月刊（19）：48-49.
杨捷，2013．资源型企业并购重组中的模式选择[J]．经济师（4）：264-265.
杨娴，2011．我国受控外国企业税收管理研究与完善[J]．涉外税务（1）：46-50.
易茜，2012．所得税制度对企业并购的影响：一个文献综述[J]．财会研究（21）：17-19.
尹磊，2010．企业重组中分立业务的所得税处理[J]．财政监督（6）：9-10.
尹磊，吴小海，2015．对股权收购企业所得税待遇的若干思考[J]．税务研究（8）：40-47.
翟继光，2009．企业重组清算税务处理与节税筹划指南[M]．北京：立信会计出版社.
张春燕，2015．我国并购所得税制度改革的回顾与展望[J]．税务研究（8）：32-36.
张巍，2016．“一带一路”战略下央企重组整合研究[M]．北京：中国经济出版社.
张远堂，2011．公司投资并购重组节税实务[M]．北京：中国法制出版社.
章建良，2011a．企业重组所得税处理价值取向探析[J]．注册税务师（12）：22-24.
章建良，2011b．两类股权投资收益的税务处理比较及实务问题[J]．财会学习（3）：52-54.
赵翠英，吴晗悦，2018．企业重组中所得税税务政策研究与思考[J]．审计与理财（6）：28-31.
赵晋琳，2010．对我国企业跨境并购重组税收政策的一些看法[J]．涉外税务（3）：24-27.
周兰翔，2014．企业重组税收问题分析[M]．北京：经济科学出版社.
周兰翔，2015．股东权益连续与股权支付税政：兼论特殊重组股权支付的政策完善[J]．财会月刊（5）：90-92.